DIALOGUES QUÉBÉCOIS

DU MÊME AUTEUR

AUX MÊMES ÉDITIONS

Le Cas Dominique, *1971*
coll. « Points », 1974

Psychanalyse et Pédiatrie, *1971*
coll. « Points », 1976

Lorsque l'enfant paraît, tomes 1, 2 et 3
1977, 1978, 1979

L'Évangile au risque de la psychanalyse, tomes 1 et 2
coll. « Points », 1980, 1982

Au jeu du désir, *1981*

Séminaire de psychanalyse d'enfants, tome 1
en collaboration avec Louis Caldaguès, 1982

La Foi au risque de la psychanalyse
en collaboration avec Gérard Séverin
coll. « Points », 1983

L'Image inconsciente du corps, *1985*

Séminaire de psychanalyse d'enfants, tome 2
en collaboration avec Jean-François de Sauverzac, 1985

Enfances
en collaboration avec Alecio de Andrade, 1986

en cassettes de 60 minutes

Séparations et Divorces, *1979*

La Propreté, *1979*

CHEZ D'AUTRES ÉDITEURS

L'Éveil de l'esprit de l'enfant
en collaboration avec Antoinette Muel
Éd. Aubier, 1977

L'Évangile au risque de la psychanalyse, tomes 1 et 2
Éd. Jean-Pierre Delarge, 1977, 1978

La Foi au risque de la psychanalyse
en collaboration avec Gérard Séverin
Éd. Jean-Pierre Delarge, 1980

La Difficulté de vivre
Interéditions, 1981

Sexualité féminine
Scarabée et Compagnie, 1982

La Cause des enfants
Laffont, 1985

Solitude
Vertiges, 1986

Tout est langage
Vertiges-Carrère, 1987

FRANÇOISE DOLTO

DIALOGUES QUÉBÉCOIS

Édition réalisée avec la collaboration de Jean-François de Sauverzac

ÉDITIONS DU SEUIL
27, rue Jacob, Paris VIe

Je remercie Marie-Françoise Elkhouri, psychologue - Gisèle Laine Ammara, psychologue - Gaston Brosseau, chef du service psychologie de l'hôpital Maisonneuve-Rosemont - Claude Desjardins, directeur général de l'hôpital Maisonneuve-Rosemont - Reginald Deshayes, directeur du service hospitalier de Maisonneuve-Rosemont - qui m'ont permis de venir au Québec et de travailler avec eux en septembre 1983.

F. D.

ISBN 2-02-009605-6.

En 1983, des psychologues de l'hôpital de Maisonneuve-Rosemont, à Montréal, ont invité Françoise Dolto à un colloque qui avait pour thème... Françoise Dolto.

Ce fut un événement, de l'amplitude d'un transfert. Parce que aussi, pour reprendre une expression dont elle use parfois – à propos des enfants au moment de l'Œdipe –, Françoise Dolto, de son côté, « a enfoncé un coin », celui de la psychanalyse freudienne, dans une configuration que l'on peut dire « idéologique ».

Au Québec, en effet, l'orientation des psychothérapies d'enfants en institution se range assez souvent sous la bannière d'un idéal de bons sentiments, qui trouve son meilleur soutien dans le dépistage du « mauvais objet ». L'attirail des figures imaginaires du kleinisme, ravalées par une psychologie du comportement à l'emploi d'ouvre-boîtes, aux fins d'évaluations et diagnostics, y laisse bien des praticiens dans la perplexité.

Françoise Dolto apporte là une autre cartographie, celle du symbolique ; *et, ce qui était jusqu'alors inouï au Québec, dans ce champ, une* éthique du sujet.

Il faut, en regard, souligner que les participants psychologues, psychothérapeutes – souvent non analysés, si l'on excepte quelques psychanalystes –, avocats, travailleurs sociaux, éducateurs ont en charge, pour une part ou une autre, de jeunes délinquants, des enfants psychotiques récusés par la compétence psychiatrique. Ces « psy » sont donc, en un sens, laissés pour compte, comme ceux dont ils ont à s'occuper. D'où la considérable demande de savoir adressée à Françoise Dolto par une audience dont le disparate n'efface jamais le réel des questions qui la motivent. Françoise Dolto y répond par l'écoute. L'écoute de ce qui ne s'entend presque plus du désir d'un enfant dans des présentations de cas où le dossier juridique a d'abord donné gain de cause à la névrose de tel des parents, à l'imaginaire social d'une instance soucieuse de faire prévaloir la norme. Et si la variété de son auditoire la conduit à quelques rappels aux fondements de la pratique, c'est sans considération de différences en son public, ni ménagement pédagogique d'aucune sorte, que Françoise Dolto livre de son expérience clinique la pointe.

Ce qui est le lot des « psy » d'institution, ici, ne diffère sans doute pas foncièrement de celui des autres, ailleurs. D'où la valeur exemplaire de ces dialogues.

*A cette situation s'ajoutent, au Québec, les effets d'une solidarité *, active, pour ainsi dire nationale, qui, il y a quelque temps, s'est fait parachute d'une loi singulière dispensant le psychothérapeute de garder le secret professionnel, et donc d'assumer seul le dire et les fantasmes de son patient. Obligation lui est faite d'en dénoncer, le cas échéant, la supposée dangerosité aux services du Bien-Être social à la justice, voire à la police. Cette délation d'inconscient a incontestablement un résultat : elle le dénie, confondant fantasme et projet ; elle rend de fait impossible toute thérapie. Il est manifeste que les participants attendaient de l'Autre, en l'occurrence Françoise Dolto, qu'elle le leur signifie. D'autant que ceux mêmes qui en soulignent le caractère contraignant, admettent ne pas en connaître véritablement le contenu. Comme si l'ignorance d'une loi était la meilleure garantie de ne pas l'enfreindre, ou, au contraire, l'assurance de la subir davantage. Il faut encore dire que cette loi se boucle d'une autre disposition : c'est le juge qui prescrit une psychothérapie, au lieu d'un placement par exemple. Tels sont les deux verrous qui enferment dans l'espace institutionnel au Québec le thérapeute, comme complice forcé de la justice ou de l'assistanat social. Condition qui, bien sûr, est l'un des enjeux de ces dialogues.*

Françoise Dolto a été particulièrement sollicitée de répondre sur les problèmes des adolescents. Or, elle le montre bien, ce qui pourrait faire croire qu'ils sont plus souvent « thérapisés » au Québec qu'ailleurs est l'effet d'un déplacement : la prévention des troubles de l'enfance cède le pas à l'attention portée aux signes de délinquance, à proportion qu'une société

* Cf. chap. 6 et p. 226-227.

se focalise sur le manifeste, sur le comportement des individus et non sur leur être.

Autre particularité de ce séminaire, qu'on ne trouve dans aucun autre ouvrage de Françoise Dolto : les participants y présentent des cas, de façon circonstanciée ; certains sont même l'occasion de véritables séances de contrôle avec Françoise Dolto. Tous donnent lieu à un dialogue de travail.

Document exceptionnel, parce que Françoise Dolto, elle, y est au travail de l'écoute, retournant un cas autour d'un signifiant qu'elle a pointé – ou rétabli, quand nulle part il n'en était fait mention. Parce qu'on la voit, en chaque cas, vertébrer l'Œdipe du sujet, donner au symptôme son aplomb dans sa généalogie.

On le sait, le métier à l'œuvre ne peut pas aller chez elle sans l'éthique : soutenir l'enfant dans son désir. Le désir « est une passion qui n'a point de contraire », disait Descartes dans un de ses bons jours. Françoise Dolto y souscrit à sa façon, en rappelant « qu'il n'y a pas de négatif pour l'inconscient ». C'est pourquoi ce qui chez un sujet « porte fruit », symbolique ou mortifère, échappe à toute considération morale ; la psychanalyse n'ayant que faire du Bien, occupée seulement de faire accéder le sujet, dans la parole, à l'Autre qu'il est pour lui-même.

Jean-François de Sauverzac

1

Enfants adoptés

L'Œdipe des enfants abandonnés - Enraciner l'enfant dans sa scène primitive - Un jumeau est le placenta de l'autre - Un vol sain - Sur le placement - L'inconscient, ce n'est pas du « gentil » - L'âge de la miction en érection - Qui pompe l'air du père asthmatique ? - L'éjaculation précoce - L'énurésie, prudence inconsciente du garçon - Paiement symbolique d'une enfant de neuf mois - Question préliminaire à toute thérapie : « Qui souffre ? » - Recherche des parents biologiques et moi idéal.

PARTICIPANT : *En exergue au cas que je vais exposer, je voudrais rappeler cette citation connue de Freud : « Le contraire de l'amour ce n'est pas la haine, c'est l'indifférence. »*

Il s'agit d'un père, veuf depuis cinq ans, qui vient consulter pour son fils adoptif, âgé de onze ans, lequel lui a volé une somme relativement importante, sept cents dollars canadiens [1]. Le garçon s'est servi de cet argent pour acheter de l'équipement à ses amis de l'équipe de base-ball. Le père, appelons-le Monsieur A., voit cet enfant comme un délinquant et souhaite que nous le suivions en psychothérapie. Bien que j'aie suivi cet enfant pendant près d'un an, ce n'est pas de lui que je vais parler principalement, mais du père.

Après quelques rencontres, le fils a pris conscience que le vol n'était qu'une façon de punir son père, dont la concubine avait volé, aux yeux de l'enfant, la place de sa mère. Or, malgré l'amélioration de son comportement et le déclin de sa motivation à poursuivre une relation thérapeutique, son père l'obligeait à venir, ne tenant pas compte de son désir.

1. Environ quatre mille francs.

Je crois que, dès le départ, j'avais compris que MonsieurA. était dans un état de désespoir qu'il ne parvenait à surmonter que par procuration : son fils venait en thérapie à sa place. A la suite de la mort de sa femme, MonsieurA. était tombé dans une dépression profonde qui l'avait conduit en psychanalyse. Au bout de deux ans, il fut forcé d'interrompre à cause d'une opération de la colonne vertébrale – il souffrait d'une hernie discale. MonsieurA. est resté très agressif envers son analyste qui n'avait pas voulu lui garder une place à l'avance, à moins qu'il ne continuât à payer les séances pendant ces mois d'absence.

Monsieur A. me raconte tout cela à la première rencontre, en reconnaissant que sa manière de considérer son fils adoptif lui vient de problèmes affectifs qui lui sont propres. Il perçoit notamment son garçon comme « obèse », alors que l'enfant est tout simplement grasset. A cette époque, je lui conseille vivement de reprendre son analyse ; il n'en fait rien. Un an plus tard, il demande à me revoir d'urgence : sa décision est prise, il veut placer à tout prix son garçon pour ne plus jamais le revoir. Il veut l'abandonner. Sa décision est irrévocable et, si on ne place pas cet enfant, il va lui-même le reconduire au Bien-Être social[1]*. D'où vient cette résolution implacable et désespérée ?*

Ici, je dois fournir davantage d'éléments sur l'histoire de MonsieurA. Il est âgé de quarante-cinq ans. Il a un frère jumeau. A la naissance, MonsieurA. pesait deux livres, son frère en pesait trois. Il était condamné à mourir. Son frère, lui, avait été déclaré viable. Sa mère les plaçait sur la porte du fourneau aussitôt qu'ils devenaient bleus et, lorsque la parenté[2] *venait, en lui montrant les deux enfants, on déclarait que A. allait mourir d'une journée à l'autre, tandis que son frère prenait de plus en plus de forces. MonsieurA. affirme même que le prénom du frère a été choisi, tandis que le sien lui a été donné au hasard.*

Or, contre toute attente, A. a survécu. Il est demeuré frêle,

1. Le Bien-Être social est au Québec l'équivalent de la DDASS en France.
2. C'est ainsi que l'on appelle la famille au Québec.

alors que son frère jumeau est costaud. Ils se tiennent ensemble jusqu'à l'âge de treize ans. Puis, il y a rupture parce que A. décide d'aller au collège pour entreprendre des études classiques ; alors que son jumeau opte pour le cursus scientifique. A. est traité alors de « tapette », tandis que son frère devient un « blouson noir ». Tout ce que fait A. est constamment dénié et dénigré par sa mère. Il part de chez lui à vingt-trois ans.

Il revient quelques années plus tard avec sa future épouse. Sa mère ne fait que critiquer son choix. Il part à nouveau, et revient trois ans plus tard, avec le premier enfant que sa femme et lui ont adopté. La mère de A. ne cesse de dire : « C'est terrible, un enfant du péché ! » Monsieur A. est, en effet, stérile, et le couple a adopté à deux ans d'intervalle deux garçons, chacun à l'âge de cinq semaines. Le plus vieux, Jacques, réussit médiocrement à l'école et présente des troubles de comportement qui ne tardent pas à provoquer son renvoi du collège. Il est pourtant très aimé de son père. Quant au deuxième, Paul, Monsieur A. aurait préféré adopter à sa place une petite fille, mais il s'est soumis au choix de sa femme : c'est l'enfant que nous avons vu ; il réussit facilement à l'école sans poser aucun problème de discipline.

Je voudrais ajouter ici que le frère jumeau de Monsieur A., de costaud qu'il était, est devenu franchement obèse. Il existe entre les deux frères une haine qui n'a d'égale que celle que Monsieur A. voue à son deuxième fils adoptif. Pour cet homme, sa famille n'existe plus. Son père est mort il y a dix ans. C'est à l'enterrement qu'il a vu sa mère et ses frères pour la dernière fois.

De sa stérilité il dit que c'est, au fond, une bénédiction, car il n'aurait engendré « que des enfants débiles et mongols ».

Quatre ans après la mort de son père, sa femme meurt en quelques jours d'un cancer du poumon. Avant de mourir, elle lui fait savoir qu'elle voudrait lui parler. Il se rend, inquiet, à l'hôpital et demande au médecin d'injecter à sa femme de la morphine avant qu'il ne la voie. Elle sombre alors dans un coma dont elle ne sortira plus.

De ce moment, son fils Jacques ne parle plus jamais de sa

mère, alors que Paul, le cadet, parlera d'elle tous les jours avec son père, pendant trois mois. Puis le comportement de Paul, de gai et joyeux, devient hostile. Le père a l'impression que l'enfant le rend responsable de la mort de sa mère. Il y a quelques mois, sa concubine a quitté Monsieur A., et selon lui, c'est de la faute de Paul.

Ce cas me touche beaucoup par son aspect tragique. Une des questions que je me pose est celle-ci : est-ce que cet homme, qui a été investi comme enfant mort par sa mère, ne tente pas, par l'abandon de son fils, de se réconcilier avec elle ? N'est-ce pas là un acte de réparation, dans lequel il jette au-dehors de lui l'enfant mort, pour devenir lui-même vivant ? Réparation qui serait symbolisée par le rejet de son fils hors de la famille.

Lorsque A. est venu me revoir, il y a quelque temps, il a insisté sur le fait que, cette fois-ci, il venait pour lui. *Vous dites avec raison, madame Dolto, que tout enfant doit être* adopté *par ses propres parents. Il me semble que ce ne fut pas le cas pour cet homme, et qu'il a répété la même chose avec son deuxième enfant.*

Il n'est pas rare de rencontrer des parents qui, ayant adopté un enfant, déclarent, quelques années plus tard, qu'ils ont été trompés par la société d'adoption, qu'on leur a livré une mauvaise marchandise. A ce propos, il me vient à l'esprit l'histoire d'une femme qui, tout en gardant le garçon qu'elle avait eu avec un homme de passage, a eu une attitude de rejet aussi massive envers son fils que Monsieur A. Elle a souhaité souvent la mort de cet enfant. Et sa haine pour les hommes est telle qu'elle s'est mariée et a forcé son mari à subir une vasectomie, pour adopter ensuite deux filles qu'elle adore comme si elles étaient le fruit d'elle seule.

Des rencontres de Monsieur A. avec l'assistante sociale en vue du placement nous apprenons d'autres détails intéressants. Monsieur A. se marie en 1959, après avoir fréquenté sa future épouse pendant un an. N'ayant pas terminé ses études, il ne désire pas avoir d'enfant immédiatement. Lorsque la situation financière s'améliore, le couple se sent prêt. A.

apprend alors qu'il est stérile. C'est au bout de huit années de mariage que le couple décide d'adopter son premier garçon.

A cette époque déjà, Monsieur A. craint de perdre sa place auprès de sa femme, mais il semble bien s'adapter à cette nouvelle vie. Le premier fils est perçu comme brillant, les parents sont fiers de lui, bien que, d'après l'échelle de développement que le père lui-même m'a apportée, il se situe dans la moyenne.

Le second, Paul, adopté deux ans plus tard, s'annonce beaucoup plus précoce que le premier ; il aurait, selon le père, un quotient intellectuel de 140. Mais Monsieur A., face à ce bébé facile, très choyé par sa mère et très attaché à elle, se sent complètement délaissé. Du reste, il dit de sa femme qu'elle était « plus mère qu'épouse ».

A la travailleuse sociale Monsieur A. avoue que, depuis la mort de sa femme, il aurait aimé rester seul avec son fils aîné. Il aurait souvent eu des fantasmes de mort ou d'accident concernant Paul. Et l'idée de placement est présente pour lui depuis longtemps. Il ne veut même plus payer le collège de son garçon ni recevoir aucun appel de lui. C'est un enfant mort. *Pour l'instant, il ne nous est pas venu à l'idée de renoncer au placement de cet enfant. Nous comptons toutefois sur l'analyse de Monsieur A. afin que, avec le temps, il perçoive différemment son fils.*

A la deuxième rencontre avec la travailleuse sociale, à laquelle on lui a demandé de venir avec Paul, il a une attitude cynique, dévalorisante et méprisante pour son enfant. Il ne quitte pas le ton de la colère. Lorsque l'enfant apprend que son père a pris la décision ferme de le placer, il s'effondre en larmes et le supplie de le laisser tout au moins au collège, le seul endroit où il se sente à son aise, qui soit pour lui une famille.

Monsieur A. refuse catégoriquement, et déclare ne plus rien pouvoir donner à son fils pour le moment. Il ne se contente pas de lui infliger ce rejet, il lui certifie que Jacques, son frère, lui non plus, ne l'accepte pas et qu'il ne désire garder aucun contact avec lui.

L'une des premières questions qui nous est venue à l'esprit est celle-ci : Qu'y a-t-il à la base d'un rejet aussi massif? Est-il lié à l'impossibilité d'une filiation, parce que le père voit dans son enfant son jumeau rival ?

FRANÇOISE DOLTO : La question que je me suis posée tout au long est : les jumeaux ont-ils eu un frère, né après eux ?

P. : *Oui.*

F. D. : Le problème est là : ce n'est pas le jumeau de Monsieur A., c'est la naissance d'un puîné après lui, qui est le nœud de ce conflit.

P. : *Ce petit frère, il n'en a jamais parlé.*

F. D. : Évidemment. C'est parce qu'il n'en a jamais parlé que cela fait problème. A., cet enfant faible, qu'en appelant « tapette » on désignait comme la « fille » par rapport à son jumeau, le « mâle », était encore tout en pulsions réceptives, lorsqu'il était au collège : pour lui, apprendre c'était « prendre », tandis que pour son jumeau, c'était une question de technique : il s'agissait de « faire ». L'opposition entre eux était celle de l'oral et de l'anal. Or, à la naissance du puîné, A. n'avait certainement pas encore été sevré. L'arrivée de ce dernier garçon l'a empêché de se masculiniser. Plus tard, il voulait adopter une fille, tout comme, quand il était petit, il aurait voulu une petite sœur ; comme sa mère peut-être le voulait elle-même : or la naissance du puîné l'a obligé trop tôt à rester le jumeau du jumeau au lieu d'être un jumeau qui prend son autonomie – même s'il est faible comparé à l'autre – comme tout jumeau sait la prendre, si on sait l'élever, surtout à partir de la marche, au plus tard au moment de l'Œdipe. Pour en rester à la scène primitive (qui est toujours la base enrichissante du narcissisme), A. est resté accroché à son jumeau qui était le garant vivant de sa scène primitive. Dans son frère, il retrouvait le représentant du placenta qui le reliait à son père et à sa mère.

P. : *De sorte que la haine qu'il voue à son frère...*

F. D. : C'est un cannibalisme interne. Il aurait voulu, lui, être enceint d'une petite sœur, mais puisque c'était un petit frère, il voulait le faire disparaître. Le manger, d'abord, puis, si l'on peut dire, le conchier. Cet homme a dû avoir des troubles digestifs d'ailleurs, parce que c'est sur le mode digestif qu'il nie son fils Paul. Il le nie de ne pas avoir pu l'incorporer, le mettre en lui. Sa femme, elle, aimait Paul, mais, lui, il ne pouvait pas l'aimer. Après la mort de sa femme il n'a pas pu le rejeter vraiment, le conchier – ce qui les aurait soulagés tous les deux. Il a du moins tenté de le faire en l'envoyant en thérapie et en cherchant à l'y maintenir.

Dans ce cas, on ne voit que le côté du père, puisque la mère est morte ; qu'elle en est morte ! Cette jeune femme qui, n'étant pas stérile, a dû adopter deux enfants ! Et d'ailleurs, est-ce si certain ? Qu'est-ce que l'histoire de son premier enfant ? Que s'est-il passé, qu'il lui fallait avouer à son mari avant de mourir et qu'il lui a interdit de dire ? Car c'est lui qui ne pouvait rien dire... D'autre part, que signifiait le fait que l'aîné, Jacques, n'ait pas parlé du tout de sa mère après sa mort, et qu'il ait investi son père comme mère ? Du fait qu'il avait un petit frère, il a dû souffrir comme son père avait lui-même souffert de la naissance de son puîné. Ce qui s'est passé dans l'histoire de la mère, nous ne le saurons jamais, mais Jacques a répété l'histoire du père – la jalousie à l'égard du puîné –, en investissant son père comme tel et comme représentant de la mère. C'est pourquoi Jacques voulait sans doute lui aussi une petite sœur, comme le père en voulait une. Pourquoi la femme de Monsieur A. a-t-elle refusé d'adopter une fille ?

Dans l'autre histoire que, par votre inconscient, vous avez mêlée à celle-ci, une femme a fait stériliser son mari pour être certaine d'avoir des filles, tout en lui restant fidèle – car elle aurait pu avoir une fille d'un autre jules, si elle avait été sûre qu'il était un homme à avoir des filles. Cette femme a donc refusé d'avoir des garçons, elle voulait des filles pour avoir la certitude, probablement, de ne pas avoir un garçon né d'une autre femme, comme cela a pu se produire dans sa famille. Pourquoi, de son côté, la femme de Monsieur A., qui était lui-même stérile, a-t-elle refusé d'avoir une fille ? C'est comme si elle avait été soumise à son mari au point de l'aider à répéter dans son fantasme à lui ce que sa mère lui avait fait ; elle ne voulait pas de fille, lui voulait une sœur. Je pense que c'est cela.

Et je crois, tout de même, que le problème posé par Paul, le fils de Monsieur A., cet enfant de onze ans, c'est celui de son adoption : c'est déjà beau qu'on l'ait élevé jusqu'à onze ans. Et pourquoi à onze ans aurait-il besoin d'un père pour l'aimer ? Huit ans est l'âge où un enfant peut être totalement dégagé de ses parents. Grâce à une psychothérapie analytique, c'est à trois ans qu'il peut être complètement dégagé de la dépendance à l'égard des parents, s'il n'en a pas : un enfant abandonné a une force beaucoup plus grande qu'un enfant qui a ses parents. Le corps de ces enfants abandonnés va bien puisque, maintenant, on peut le dire ainsi, on n'a plus le droit de mourir en pouponnière ; mais, dans leur psychisme, il n'y a plus les éléments de la communication. A seize, dix-sept mois, ils demandent une famille ; mais, à trois ans, ils peuvent refuser une famille. Ils ont besoin d'être assistés par des adultes, mais, dans leur inconscient, ils ont une famille intérieure qui est celle de leur scène primitive ; et c'est là le travail de la thérapie analytique : donner à l'enfant sa famille intérieure, sa mère intérieure, son père intérieur.

Jusqu'à trois ans, et depuis l'âge de dix-huit mois, un enfant peut s'auto-materner, pourvu que n'importe quelle personne maternante lui serve de modèle à introjecter. Comme ces personnes dépendent toujours d'un chef, de la directrice de l'établissement, l'enfant se trouve dans une situation triangulaire où le chef est un représentant paternant, garant du règlement, auquel la personne maternante est obligée d'obéir pour s'occuper de cet enfant – c'est la loi. L'image paternante extérieure permet donc à l'enfant d'introjecter ce que j'appelle le devenir auto-paternant, le comportement qu'il faut avoir à tel âge, dans tel lieu.

Vous me direz : le problème va être costaud, au moment

de l'Œdipe ! En effet, car l'Œdipe doit se faire par rapport au père introjecté et par l'interdiction de l'inceste. A ce moment-là, ces enfants plaident le faux pour savoir le vrai ; ils diront ainsi à un père adoptif : « Tu es mon père... » Je ne sais pas si au Canada la situation est la même – en France, le cas est fréquent – : les jeunes adultes et les adolescents qui savent qu'ils ont été abandonnés, qui n'ont plus de parents (ils peuvent les connaître par beaucoup de recoupements), cherchent toujours à savoir où ils ont été abandonnés, où ils sont nés ; et ils évitent les rencontres amoureuses dans leur lieu de naissance pour éviter un inceste. S'il arrive que l'un d'eux veuille épouser une fille de la même région d'origine que lui, il va craindre que ce ne soit sa sœur ; de même, les filles ont peur que celui qu'elles épouseraient ne soit leur frère. C'est pourquoi ces jeunes gens désirent se marier dans une région où ils croient n'avoir aucun risque de rencontrer quelqu'un qui leur soit barré par l'interdit de l'inceste. L'Œdipe est profondément inscrit chez l'être humain ; on s'en rend compte bien plus nettement dans de tels cas que dans les familles ordinaires ; ce serait anti-vie de le réaliser. L'Œdipe doit être et rester un fantasme ; un fantasme assez puissant, puisque ces jeunes ont peur de rencontrer leur frère ou leur sœur en n'importe qui ; pour savoir vivre, ce fantasme de l'inceste et de son interdit est nécessaire, et en tous lieux. Ces enfants ont du mal à avoir une amitié chaste avec quelqu'un qui pourrait être leur frère ou leur sœur ; ce problème n'apparaît pas du tout lors de la période de latence, mais au moment de la puberté ; il leur devient très difficile à supporter.

Cependant les enfants abandonnés qui peuvent profiter d'une psychanalyse sont beaucoup plus solides que les autres ; leur thérapie est d'ailleurs beaucoup plus facile que celle des enfants qui ont leurs parents ; parce qu'ils ont tout ce qu'il leur faut, sans quoi ils seraient morts. Le psychique est la métaphore de l'équilibre du corps, une métaphore de la communication ; le corps communique avec le monde extérieur pour absorber et rejeter ce qui lui est nécessaire pour maintenir son homéostasie : le psychisme fonctionne de même. S'ils vivent, c'est donc que ces enfants avaient de quoi, sinon ils n'auraient pas survécu. A partir du moment où on le sait et où on leur parle de leur désir en ce sens-là, ils progressent de façon fantastique.

Supposons qu'un enfant, Paul, qui a comme père Pierre, rêve d'un père qui serait comme Jules, un oncle ou le père d'un camarade. « Ça veut dire que Jules est le modèle que tu as en toi, c'est celui-là que tu as à advenir. En tout cas, pour l'instant. Et ne t'en fais pas si, dans quelques mois, tu as dans l'idée de devenir un autre homme. Cela signifie que tu as en toi beaucoup de possibilités ; et puis tu changeras de modèle, parce que tu auras rencontré quelqu'un d'autre ; jusqu'au jour où, de modèle en modèle, tu sauras qu'il n'y a pas de modèle sur terre. C'est de toi que tu as à te soutenir, et toi, c'est celui qui a choisi de naître le jour où tu t'es mis dans la graine de vie maternelle qui avait rencontré la graine de vie paternelle. » Un psychanalyste ne peut enraciner un enfant que dans sa scène primitive, qui lui donne des fantasmes d'advenir à tel modèle. Si le modèle dont parle l'enfant n'en est pas vraiment un pour lui, ça dégringolera ; il en parle quelquefois, comme par provocation, en psychothérapie ; quelquefois, au contraire, il s'agit véritablement d'un modèle. Mais, avec un enfant de onze ans on joue sur du velours, puisque ce modèle est périmé : « Mais qu'est-ce que tu attends encore de ce monsieur qui a déjà beaucoup fait pour toi ? Qui t'a permis de vivre, d'avoir une famille, d'aller à l'école ! Maintenant c'est à toi de jouer ; et au revoir ! Tu n'as plus du tout besoin de ce père. »

P. : *Je voulais rappeler que la consultation demandée par le père de Paul a commencé autour d'un vol pour l'achat d'un équipement de base-ball pour une équipe.*

F. D. : C'est ça, pour une société.

P. : *L'enfant s'achète une famille pour créer une société.*

F. D. : En effet, et cela dès huit ans.

P. : *Puis le père finit par voler la place de l'enfant dans la préoccupation du thérapeute. Je crois que c'est le genre de situations que l'on met du temps à comprendre, quand il y a un vol de place ; le vol circule partout dans cette histoire. Seriez-vous d'accord qu'on formule le problème ainsi : que la fonction du thérapeute est d'*interdire *ce vol, de dire au père : « Vous n'avez pas le droit de voler la place de votre fils. »*

F. D. : Mais sûrement pas ! Je crois qu'à partir du moment où vous interdiriez quelque chose, vous ne pourriez plus parler. Non, il ne s'agit pas du tout d'interdire. C'est au contraire : « Qui vous a volé votre place, Monsieur A. ?... » Et c'est ce frère puîné dont il ne parle pas.

P. : *Et qu'il met à la place de son frère jumeau ?*

F. D. : Non, pas du tout. Il a déplacé sur son frère jumeau sa haine du père et de la mère, mais surtout de la mère. Parce que le frère jumeau contenait pour lui la scène primitive. Le cas particulier des jumeaux est que l'autre représente la permanence du placenta qui devrait depuis longtemps être enterré, c'est-à-dire refoulé. Or il est tout le temps présent. « Terre » c'est aussi « taire » ; c'est ce qui ne se dit pas. En français les signifiants combinés, terre-taire par exemple, les homophones, sont très riches... Comme chez beaucoup de jumeaux, l'un est identifié aux pulsions actives et l'autre aux pulsions passives. Qui dit « pulsions passives » ne veut pas dire « rien » ; les pulsions passives ne sont pas stériles. D'ailleurs, cet homme n'est sûrement pas stérile ; à quatre-vingt-dix ans, il aura un enfant. Il était stérile, le sperme n'est pas vivant maintenant, mais attendez, il viendra sûrement un enfant ! C'est ce qui est formidable, chez vous les hommes – vous en avez de la chance –, vous êtes féconds jusque après votre mort ! *(Rires.)*

A ce père vous étiez prêt à dire : « Vous n'avez pas le droit de prendre la place de votre fils » ; mais au nom de quoi ? Alors que c'est sacré pour lui, de rejeter cet enfant ! (par sacré, j'entends ce qui touche à la dynamique du sujet dans ce qu'elle a de plus essentiel). Et d'ailleurs, la mère en est morte parce que c'était sacré, pour elle aussi, d'aimer cet enfant et de ne pas vouloir de fille. Elle ne s'est pas voulue femme, or c'est au moment où ses fils devenaient pubères qu'elle est morte... C'est un couple dans lequel chacun était atteint d'un infantilisme affectif ; elle, par ricochet de sa fixation à son mari : elle, femme féconde qui avait accepté d'adopter. Enfin, qu'est-ce que cet homme avait de si séduisant pour qu'elle l'ait aimé au point de renoncer à sa fécondité ? Il était séduisant par son état de tension et de besoin ; c'est pour cela qu'elle l'a aimé. Cependant, il fallait bien que la sexualité de cette femme se vive ; et elle s'est vécue sur ce deuxième enfant, Paul, parce qu'il représentait son mari quand celui-ci était petit. Elle a aimé ce petit parce qu'il était le second, après le « méchant ».

A l'époque de son mariage, Monsieur A. devait encore parler de son jumeau en l'appelant le « méchant ». Sa femme l'a pris au mot ; elle a entendu cela au premier degré. C'est pourquoi elle a aimé le second fils, Paul. L'aîné, Jacques, avait la place du « méchant ». Il y avait donc le « fort » et le « faible ». Lorsque deux enfants n'ont que deux ans d'écart, le plus âgé ne passe pas véritablement pour l'aîné, mais pour le « fort » par rapport au second. Cette femme défendait donc le faible contre le fort, Paul contre Jacques.

Or Monsieur A., à la naissance de son frère puîné, avait dû accepter que sa mère n'ait pas de fille. Cette situation s'est répétée avec sa femme : il a consenti à ce qu'elle n'adopte pas une fille, mais un garçon, tout comme il avait dû admettre que sa mère ait un petit garçon au lieu d'une fille. Monsieur A. s'est vu lui-même dans ce second fils adopté, Paul. Il a retrouvé, avec cet enfant, la position qui était la sienne à l'égard du désir de sa propre mère. C'est donc comme s'il avait choisi une femme qui avait le même désir que sa mère, préférant le dernier au grand, ou le puîné aux jumeaux. Si lui-même désirait une fille, c'est que celle-ci l'aurait délivré précisément de son identification féminine.

Paul était bien lui-même le représentant de son père adoptif,

Monsieur A. Second fils comme lui, Paul occupait la place qui aurait dû être celle de Monsieur A. si celui-ci avait été aimé de sa mère. Mais il est apparu à Monsieur A. qu'en grandissant, son fils était aimé pour lui-même par la mère. Paul devenait son rival et celui de son frère, lequel est ainsi devenu le préféré de Monsieur A.

Le moment dramatique de cette histoire est celui où cet homme fait taire sa femme par la morphine. Ce qu'elle lui aurait dit alors l'aurait peut-être délivré ; car il a tout de même eu besoin de faire une dépression après la mort de sa femme. Avec cette morphine, ce n'est pas son corps qu'il a tué ; il l'avait déjà tué dans sa fécondité en obligeant sa femme à adopter des enfants – car elle aurait pu avoir recours à la fécondation artificielle, par exemple. En réalité, cet homme ne voulait pas être père, et cela dès le début, dès l'adoption du premier. C'est un homme très profondément atteint et, jusqu'à ce qu'il ait compris la jalousie qu'il a toujours éprouvée à l'égard de son frère puîné, il ne s'en sortira pas ; parce que, en ce moment, il est en homosexualité avec Jacques, qui le prend pour « maman-papa », tandis que le second est son bouc émissaire.

Paul, quant à lui, n'a rien à faire de ce frère ni de ce père ; rien ! Alors, pour vivre en société, il a volé ; ce vol est un geste sain, pathologique vis-à-vis de l'État, mais non vis-à-vis de la loi : d'ailleurs, juridiquement, le vol familial n'est pas un vol ; il signifie seulement, dans ce cas, que le temps est venu pour le sujet de s'en aller de cette famille qui ne lui apprend pas à vivre en société. Il n'empêche que si on vole en famille, on volera partout, à onze ans. Il est donc nécessaire qu'un enfant ne reste plus dans la famille à partir de ce moment-là. Sinon, il va buter contre des désirs de vengeance infantiles, au lieu de faire mourir le petit qui est en lui, et de se prendre en charge, selon les lois de la société.

P. : *Êtes-vous d'accord sur la nécessité du placement dans ce cas ?*

F. D. : Cela dépend de ce que le garçon vous aura dit. C'est lui qui doit décider. A onze ans, on ne peut pas faire autrement que d'être *ailleurs ;* on ne peut pas dépendre d'autrui, fût-ce de ses parents. « Placé », ça veut dire quoi ? Pourquoi pas « abandonné » ? A la société ? A l'Assistance publique ? Je crois que la seule chose à faire serait de lui demander : « Veux-tu garder le nom de ton père, le nom de ta famille adoptive, ou veux-tu en choisir un autre ? » Il n'est pas le fils engendré de cet homme ; celui-ci l'a accueilli, parrainé, lui a permis de vivre un certain temps, ce n'est déjà pas mal. Un enfant adoptif qui n'est pas introduit dans la tradition de la famille du père ni de celle de la mère n'est pas encore adopté. Un enfant n'est vraiment adopté que par deux familles adoptantes. C'est très clair ; dans les adoptions d'enfants, ce ne sont pas des pseudo-géniteurs qu'il faut considérer, mais les parents adoptifs, premier relais, premiers parents tutélaires, non pas de *rôle,* mais de *fait.* Tandis que les éducateurs, eux, tiennent des rôles. « Est-ce que votre père, votre mère, madame, se réjouissent du fait que vous adoptiez ? Votre frère, votre sœur, sont-ils d'accord avec votre projet d'adoption, monsieur ? » C'est ce qu'il faut demander aux parents éventuels, au lieu de les tarauder pour savoir s'ils sont mûrs ou non pour avoir un enfant. C'est la famille dans son ensemble qui compte, dans ses lignées. Un enfant est adopté par *une famille,* et non pas par deux personnes. Les parents biologiques ont, eux aussi, à adopter leur enfant, mais quand ils n'en sont pas capables, ce sont leurs propres parents qui servent de relais. Pour un enfant adopté, la situation est exactement la même. L'adoption n'est pas le remplacement de la scène primitive par une cellule familiale ; sa scène primitive, l'enfant l'a en lui. L'adoption, c'est la famille que chacun des parents donne à l'enfant, une place dans les deux lignées, une place dans le symbolique. Or, visiblement, dans ce cas dont nous parlons, ni l'un ni l'autre de ces enfants n'a de traditions, ni du côté de la mère ni du côté du père. Donc ils ne sont pas encore adoptés ; ils ont été élevés par élevage, mais ils n'ont pas d'éducation. L'éducation, ce sont les traditions qui se croisent, qui se marient dans un enfant, selon la dialectique qui est la sienne.

Il faut qu'un enfant puisse se situer comme le troisième d'une lignée, qu'il ait un père en même temps que la référence à celui que son père prenait pour modèle et aimait ; sinon l'enfant n'est pas élevé à devenir un homme. De même, il n'est pas élevé à savoir choisir une femme, si sa mère n'a pas eu elle-même pour modèle une mère. Cela n'implique pas nécessairement que la mère ait aimé sa mère. Mais il suffit qu'elle en parle pour faire repères dans le temps. Ce qui veut dire qu'il n'y a pas à introduire quoi que ce soit de « gentil » entre les membres d'une famille ; ce n'est pas le « gentil » qui structure l'inconscient, mais une référence à partir de laquelle le sujet se construit ; or, cette référence peut se trouver aussi bien sur le versant de l'hostilité que dans une relation positive ; dans un cas comme dans l'autre, le sujet est situé par rapport à la loi et au temps, dans un équilibre social.

Monsieur A., lui, cherche toujours à faire un duo avec une fille ou un garçon, il cherche à avoir un autre, qui ne soit pas son jumeau, au sens d'un être réel qui aurait été lié au même placenta, mais un représentant du double, du référent, dont nous avons tous besoin. « Hein Pierre ? N'est-ce pas Paul ? » comme disent tous les enfants qui s'adressent à leur autre ; cet autre grâce auquel on se sent être, c'est le camarade de choix, qui commence à prendre valeur pour l'enfant de trois ans : au moment de lâcher la maman, au moment où on l'introjecte, on trouve un camarade, généralement du même sexe ; c'est après l'Œdipe qu'il devient un ami possible, un répondant : « Je vais lui raconter, je vais voir ce qu'il va me dire, s'il est d'accord ou pas » ; il est l'autre qui sert de moi idéal référent. Mais, dans le cas de Monsieur A., il ne s'agit pas de moi idéal, mais d'un double qui lui est nécessaire pour survivre ; c'est un homme blessé, qui n'a pas été capable de supporter le sevrage au moment où sa mère a eu, après lui et son jumeau, un enfant du même sexe que lui.

X. : *Tout à l'heure, vous avez dit que Monsieur A. n'avait, au fond, « rien à foutre de ce fils ». Le déplacement que le thérapeute a fait sur le père ne signifie-t-il pas que le fils également n'avait rien à foutre de ce père-là ?*

F. D. : En effet ; il y avait deux aspects dans cette demande de thérapie : un père qui souffrait, un fils qui souffrait. Il était possible de s'occuper de chacun ; pourquoi pas ? Mais à condition de comprendre les processus propres à chacun. Or, cela a tourné à l'observation de cas, sans même qu'une thérapie soit amorcée avec l'enfant. Ce n'est pas une attitude analytique que de faire des projections du type : « C'est tout de même terrible, un homme qui rejette son enfant ! » Alors qu'à onze ans, la séparation du père et du fils doit avoir eu lieu depuis trois ans. Cela aurait pu s'opérer, effectivement, si Paul avait pu dire : « Papa est imbuvable, mais il y a l'oncle Untel qui est formidable. » Au lieu de quoi, ce garçon a fait une tentative pour attirer l'attention de son père, il a imité le jumeau de celui-ci en se disant : « Tiens, si j'imite le frère que papa n'aime pas, au moins il y aura une relation entre papa et moi. » Au début de votre exposé, vous avez rappelé le propos de Freud sur l'indifférence comme le contraire de l'amour. Mais pour cet homme, il ne s'agit pas d'indifférence ; c'est une souffrance : il souffre *à* cet enfant [1]. Cet enfant lui a volé quelque chose pour l'équipe de base-ball. Dans « base-ball » il y a « baiser ». D'autre part, tous les jeux avec une balle sont des jeux avec le fœtus, toujours. C'est pourquoi ce ne sont pas des jeux de femmes. Elles n'ont pas besoin de jouer à faire semblant, elles ne se le repassent pas. Tandis que les hommes se repassent les enfants des femmes ; et lorsque l'un d'eux met le ballon dans le but, il est tout content : « Ah, j'ai fait un enfant ! » Ensuite, les joueurs s'embrassent, par quatre, tout heureux que l'un d'eux ait fait un enfant. *(Rires.)* C'est vrai, c'est cela l'inconscient qu'il y a dans ces jeux.

Mais ce n'est jamais en donnant tort à un monsieur ou à une dame sur le comportement qu'il a avec son enfant que vous aiderez l'enfant ; jamais. Ce peut être le rôle d'un pédagogue extérieur, car en face de cet objet partiel pour la société qu'est un enfant, il faut bien prendre une décision. Dans le cas présent, il faut dire à Paul : « Voici deux solutions qui sont mauvaises toutes les deux ; laquelle choisis-tu, toi ? »

1. Allusion à une parole d'un jeune schizophrène (voir plus loin p. 200).

Car elles sont toutes mauvaises, les solutions, tant qu'on n'a pas compris de quoi il retourne vraiment. « Ton père, tu n'as plus besoin de lui. Le jour où tu as volé pour te faire des camarades, tu as montré que tu étais capable de vivre en société et que tu n'avais plus besoin de ton papa. Que préfères-tu : être placé dans une pension ou dans une famille ? Qu'au moins, ton père ne te voie plus ; puisqu'il s'est trompé en t'adoptant et que tu t'es trompé en l'adoptant. C'était une tromperie, des deux côtés, mais enfin cela vous a permis de vivre. Peut-être t'es-tu trompé en t'incarnant ; n'empêche que tu es là, et c'est mieux de continuer de vivre. »

Vous voyez, il s'agit de prendre le sujet dans son désir. Ce qui ne veut pas dire qu'on suivra son désir. De cette façon, l'enfant va se débrouiller ; en s'appuyant sur quelque chose qui n'est pas tout à fait ce qu'il veut ; mais il vit, il est dynamique, il avance. C'est cela notre rôle : soutenir la dynamique d'un sujet pour qu'il avance dans sa vie, pour qu'il arrive plus loin ; ce n'est pas de le contenter ; c'est justifier son désir en paroles et supporter ses reproches. A partir de ce moment-là, il fera comme il pourra. Mais tant qu'il est sous la dépendance d'une tutelle, il est obligé de subir ce qu'elle propose, qui n'est jamais adéquat à ce qu'il voudrait ; heureusement d'ailleurs, sinon il n'y aurait plus de vie, tout s'arrêterait à une dépendance jouisseuse !

P. : *Je dois dire que Paul est allé lui-même voir la direction de son collège pour expliquer son cas et demander à poursuivre ses études.*

F. D. : En ce sens-là, il s'identifiait à son père qui voulait faire des études.

P. : *Mais, je l'ai souligné, Paul a quand même des ressources ; il fait lui-même un choix, malgré cet abandon de la famille.*

F. D. : Ou peut-être : soutenu par cet abandon ! Il est très possible que, dans vingt ans, si l'on revoit ces deux garçons, l'un n'ait rien donné, l'aîné, parce que le père s'est fusionné à lui ; tandis que le second, Paul, aura peut-être pu s'en sortir après cette souffrance momentanée, s'il rencontre des gens qui l'aident à parler de sa difficulté, sans avoir pitié de lui.

P. : *On peut faire l'hypothèse que Paul cherche encore à recevoir quelque chose de son père.*

F. D. : Bien sûr ; mais c'est à nous, c'est à la société de lui dire : « C'est terminé, c'est à toi, à l'âge que tu as maintenant, de donner à ton père ; ce n'est plus à lui. Donne à ton père intérieur. »

P. : *Pour pouvoir donner, il faudrait qu'il ait suffisamment reçu. Je ne sais pas s'il a suffisamment reçu de ce père pour dire, à onze ans : « Maintenant, c'est moi qui vais donner. » Une seconde remarque, qui se rapporte au concept de scène primitive que vous avez plusieurs fois repris : dans la scène primitive, que je sache, il y a quand même deux partenaires.*

F. D. : Trois.

P. : *Trois ? Il y en a donc un dont nous n'avons jamais parlé, c'est le père de Monsieur A.*

F. D. : Je ne parle pas de la scène primitive de Monsieur A. ! Je parle de celle du fils, Paul, puisque c'est de lui qu'il s'agit.

P. : *Dans cette histoire, nous avons beaucoup d'éléments sur la mère de Monsieur A., sur son frère jumeau, mais qu'en est-il de son père ?*

F. D. : Monsieur A. a revu sa famille pour la dernière fois lors de la mort de son père, jamais plus ensuite. Monsieur A. avait une certaine relation au père puisque, pour un jumeau, le père est déjà un grand-père, le géniteur étant représenté, dans ce cas, par l'engendré mâle. Le jumeau, qu'il soit fille ou garçon, représente, pour l'autre, l'acte géniteur, le souvenir vivant de la vie utérine. Il représente les deux géniteurs, la scène primitive. Le jumeau de Monsieur A. était le compagnon du placenta. Le jumeau est le placenta, la partie du placenta restée vivante ; c'est ça, le problème des jumeaux.

P. : *Vous avez souligné le fait que Monsieur A. avait reproduit dans sa propre famille à lui le modèle de ses parents. On peut donc dire que sa femme a essayé de réparer ce que sa mère à lui ne lui avait jamais donné ; elle l'a accepté, l'a chouchouté pendant huit ans ; ils sont prêts à avoir des enfants ; or, c'est à ce moment-là qu'il dit qu'il a perdu une femme. Donc, à aucun moment il n'a accepté les efforts qu'elle faisait pour lui.*

F. D. : Mais sa femme, il ne l'avait pas perdue avant l'adoption du second ; il ne s'était rien produit de tel pour l'adoption du premier sur lequel il projette tellement, alors que, paraît-il, aux tests de bébé il n'y avait pas tellement de quoi ; tandis que le second qui est plus riche, avec un quotient intellectuel de 140, c'est la mère qui le chouchoutait ; c'est là, devant l'amour que Monsieur A. voit qu'elle a pour cet enfant, qu'il a le sentiment d'avoir perdu sa femme. C'était pour Monsieur A. comme la naissance de son puîné, quand lui-même était enfant. Quant aux huit ans de mariage qui ont précédé la première adoption, ils correspondent à l'âge de huit ans, âge où, comme tout autre enfant, Monsieur A. aurait dû se séparer de ses parents.

X. : *Ce qui est frappant, c'est la reproduction du modèle. Dans la famille de Monsieur A., il y a une ligne directe entre le jumeau et la mère ; dans la deuxième famille, il y a aussi un lien direct entre le second enfant, Paul, et la mère, dû à leur attachement. Il y a donc reproduction tout à fait frappante d'un même modèle. Ma crainte est que, si ce projet de séparation, ou ce rejet, n'est pas travaillé avec Paul, il ne continue à reproduire ce modèle, qui se transmettrait à travers les générations. C'est ce qui m'amène à demander pourquoi vous n'avez à aucun moment pensé à travailler avec le père et le fils ensemble.*

F. D. : Pas avec un garçon de onze ans. Le père pourrait suivre une thérapie de son côté ; pourquoi pas, puisqu'il souffrait ? Le garçon, d'ailleurs, ne voulait plus avoir de thérapie ; ce qui avait été pour la société un symptôme, son vol, avait exprimé le besoin qu'il avait de s'insérer dans la société grâce à quelque chose qui lui venait de sa famille, et de devenir à son tour un adoptant d'un groupe extérieur : il a donné de l'argent pour être un père-mère dans cette équipe. A ce moment-là, il a *signé pour...*

P. : *Comment arrivez-vous à penser qu'à onze ans un enfant est capable de s'assumer ?*

F. D. : A force d'en avoir vu ! C'est l'expérience.

P. : *Quand ce sont des enfants qui viennent des crèches ?*

F. D. : Cela dépend de la manière dont on leur parle. De toute façon, la parole qui s'adresse au sujet suscite chez lui la prise en compte de son moi. L'important, c'est que l'enfant sente que nous ne voulons pas user de pouvoir à son égard, mais que nous voulons l'aider à sortir de ses difficultés et que nous avons besoin de sa collaboration. La parole, c'est échanger avec l'autre, pour pouvoir prendre sa place dans une société, d'après les règles, c'est-à-dire les castrations qu'il faut accepter. Ce petit Paul est un enfant qui a une difficulté à accepter la castration, en réalité, depuis la mort de sa mère adoptive, en face d'un père aussi effondré. Cette perte a dû être un moment très difficile pour lui qui avait été très aimé par sa mère. Or, elle est morte au moment où il devenait désirant physiquement, ce que, certainement, la mère ne pouvait pas tolérer. C'est cela qui n'a pas été travaillé avec le garçon, sa relation archaïque à sa mère ; on ne sait même pas quel âge il avait quand elle est morte...

P. : *Cinq ans.*

F. D. : Quant à la concubine, il l'a évidemment aimée. Elle a volé la place de la mère ; or, c'est là précisément qu'il l'a aimée ! On n'a pas travaillé son amour œdipien pour la concubine du père.

P. : *Pour lui, la concubine a été une rivale...*

F. D. : Soi-disant ! Une rivale dans l'homosexualité de ce garçon à l'égard de son père, à ce moment-là, puisque au moment de l'Œdipe, l'homosexualité est aussi forte que l'hétérosexualité. De toute façon, il y a toujours un des parents pour être le rival... Le père est rival de la mère pour l'hétérosexualité, et la mère est rivale du père pour l'homosexualité de l'enfant. C'est là, entre cinq et huit ans, que l'Œdipe se vit. Aidé par la parole, l'enfant en sort à huit ans en se disant, comme Paul : « Ils font ce qu'ils ont à faire. J'ai besoin encore de ces parents-là, parce que je ne connais pas encore les lois de la société pour entrer dans un groupe de base-ball, ou dans un groupe quelconque. Je donne en échange de ce qu'ils me donnent ; et je fais honneur au père que j'ai en moi, qui n'est pas ce père adoptif, ce père extérieur ; je fais honneur à la mère que j'ai en moi, qui n'est pas la concubine de mon père, laquelle est une intermédiaire entre moi et la société. Il faut bien tolérer qu'ils aient, eux, leur désir, et qu'ils le vivent, mais le mien est hors famille. »

A partir de huit ans, le désir est hors famille, quand il est sain. Évidemment, chez beaucoup il reste collé à la famille, avec l'ambiguïté qui fait les névroses. Le Décalogue est enraciné dans chaque être humain : « Honore ton père et ta mère » ne signifie nullement qu'il faut les aimer, c'est même quelquefois le contraire. Dans le cas présent, pour honorer son père, le fils ne doit pas l'aimer du tout. D'ailleurs, Paul, qui aime-t-il dans cet homme ? Il aime celui qui aime l'autre, Jacques, le frère. Or, Monsieur A. aime Jacques, non comme un père, mais comme une mère non sevrée de son enfant ; donc Paul aime dans son père celui qui aime son frère, comme sa propre mère adoptive l'aimait quand il était petit. Il faut que cet enfant sorte de cette impasse, sinon il risque, en devenant homme, de « tourner mal ».

*
* *

P. : *Je voudrais vous parler du cas d'un enfant énurétique chez lequel les parents relèvent trois problèmes principaux : il cherche de manière exacerbée à obtenir l'attention, montre une intolérance à l'égard des figures d'autorité, exerce une forte manipulation sur autrui pour se procurer tout ce qu'il désire. J'ai appris, beaucoup plus tard, que jusqu'à cinq ans l'énurésie diurne était abondante chez lui. Depuis le début de la thérapie du couple, l'énurésie nocturne a beaucoup diminué. Elle est passée de cinq fois par semaine à deux fois par quinzaine. Son intolérance aux frustrations était accompagnée de passages à l'acte. Les parents ne semblent pas avoir été dérangés par ce phénomène. Ils nient que l'enfant soit jaloux du benjamin, même s'ils reconnaissent que les deux garçons se querellent constamment. Quant au père, à la mère et à leur vie de couple, voici ce que j'en sais :*

Le père, Dominique, a vécu successivement dans trois foyers nourriciers, de sa naissance à l'âge de trois ans. C'est à ce moment-là qu'il est adopté par des parents de quarante-trois ans, mariés depuis cinq ans, et sans enfants. Sa mère était tuberculeuse. Moins de deux ans plus tard, ils adoptent un autre garçon. Lorsque Dominique a six, sept ans, la mère fait une hémiplégie. Comme il est plus turbulent que le deuxième fils adoptif, on le renvoie à l'orphelinat. Il fait les quatre cents coups pour revenir chez ses parents adoptifs et finit par y parvenir. Sa relation avec le père est alors marquée par une grande rivalité. Le père accuse la mère de porter une trop grande attention à Dominique, qui se souvient encore aujourd'hui de phrases prononcées par le père à l'adresse de la mère : « C'est le tien » ; « C'est moi qui vais gagner, sinon on divorce ! » Or, ce sont les mêmes paroles que Dominique profère aujourd'hui à propos de son fils Louis, ce garçon énurétique âgé de onze ans. La relation de Dominique avec son propre père a été vécue comme tyrannique. A treize ans, on le renvoie à l'orphelinat à cause de ces conflits. C'est à ce moment-là qu'il vit une relation homosexuelle. Il raconte alors cette expérience à son père qui, de tyran, se transforme en figure protectrice. Dominique revient au domicile familial. Les conflits ont diminué ensuite, mais Dominique avoue qu'il a toujours eu une relation privilégiée avec sa mère.

Judith, sa femme, vient d'une famille de douze enfants, dont dix ont survécu. Elle préférait son père à sa mère. Elle dit : « Ma mère, ce n'était pas moi, moi, ce n'était pas elle. Mon père, c'est la vie ; ma mère, le raisonnement. » Elle parle de sa vive rivalité avec la mère. Lors des dernières grossesses de sa mère, Judith souhaitait qu'elle aille accoucher hors du foyer, pour rester seule avec son père. A sept, huit ans, elle se conduisait comme une adulte. Elle se rappelle qu'elle nettoyait la maison, essayait de préparer les repas. Vers six, sept ans, elle aimait retrouver son père dans son lit. Pourtant il n'y avait pas de jeux sexuels entre eux.

Vers vingt ans, Judith rencontre Dominique. Son père se montre très jaloux : « Tu aimes mieux Dominique que moi », lui dit-il.

Dominique et Judith se marient à vingt-trois ans. Puis Judith fait une dépression. Elle dit notamment : « Je ne savais pas qui j'étais. Toute ma vie, j'ai vécu comme une jeune fille-enfant. » Trois ans plus tard, les liens entre sa famille et elle sont coupés, car elle a osé héberger l'une de ses sœurs, à l'insu du père. Quatorze ans plus tard, il n'y a toujours pas eu de réconciliation entre eux. Au moment de cette rupture avec sa famille, c'est-à-dire trois ans après son mariage, la jeune femme désire des enfants. Dominique accède à cette demande, surtout pour se conformer à l'image sociale d'un homme marié.

Il voulait une fille, alors qu'elle se sentait plus en sécurité à l'idée d'avoir un garçon. Or, pendant sa grossesse, Judith est très angoissée, elle redoute l'accouchement. Des cours prénataux la rassurent. Après la naissance de l'enfant, Dominique et Judith vont constater combien leurs méthodes d'éducation diffèrent. Dominique est un homme discipliné, Judith, elle, essaie de répondre aux besoins de l'enfant. Dominique réagira fortement contre la dépendance de la mère à l'égard des nouveau-nés. Louis prend de plus en plus de place, et le père s'efface.

A la naissance du second, Dominique se retrouve donc avec un deuxième garçon, alors qu'il désirait une fille. Il fait alors une dépression avec résurgence de problèmes psychosomatiques, de crises d'asthme.

Lorsque je les reçois tous les deux pour la première fois, les époux communiquent, mais ils sont portés à se faire des reproches ; l'entretien est donc entaché d'agressivité. Dominique s'est retiré de sa vie de couple et de sa vie de famille. Il est souvent absent de la maison. Quand ses amis lui rendent visite, il descend au sous-sol avec eux, laissant son épouse seule avec les enfants. Au début de l'entrevue, il déclare ne pas aimer son épouse, sans pour autant rechercher d'autres relations. Il idéalise les femmes inconnues, ne trouve aucune qualité particulière à son épouse, sinon qu'elle est une bonne mère.

Cet homme est très préoccupé par la question de ses origines. Il parle de son absence de racines et de son désir de retrouver sa mère. Il faut ajouter qu'il peut devenir violent verbalement s'il n'atteint pas les critères de perfection qui sont les siens, ou s'il est touché dans sa propre estime. Il peut même s'en prendre aux objets.

Judith, quant à elle, constate qu'il n'a pas réglé ses conflits. Elle-même a une attitude volontaire face à cette situation et attend que quelque chose se passe. Elle réserve tout son temps libre à ses enfants.

Lors des entretiens avec la famille, Louis veut capter l'attention ; il crie, change les sujets de discussion, provoque constamment son jeune frère. Quand son père prend la parole, il réagit violemment. De leur côté, les parents adressent aux deux garçons beaucoup de doubles messages [1].

Je voudrais poser trois questions principales. La première : quelles sont les difficultés parentales que rencontrent des

1. Référence à la « double-contrainte » de Bateson.

personnes qui ont un vécu carencé, c'est-à-dire qui, étant enfants, ont changé, pendant leurs trois premières années de vie, plusieurs fois de foyer ? Croyez-vous qu'un homme qui a souffert autant de carence affective en bas âge puisse, un jour, tenir confortablement son rôle de père ? A la naissance du second enfant, Dominique a fait une dépression et une crise d'asthme. Ne croyez-vous pas qu'il témoignait ainsi d'une difficulté à être père ? Était-ce une manière d'entrer en rivalité avec ses enfants pour solliciter chez sa femme l'attention d'une mère ?

J'en viens à ma deuxième question. Lors des entretiens, le père a exprimé le désir de retrouver sa mère de naissance. Or, depuis décembre 1982, la loi 89, au Canada, ne permet une telle recherche et ces retrouvailles que dans les « cas de coïncidence », c'est-à-dire si le parent et *l'enfant en ont fait tous les deux la demande, chacun de leur côté. Pour retrouver la fierté d'être au monde, croyez-vous qu'il soit nécessaire de retrouver ses parents d'origine ? Quand un sujet ne connaît rien de ses origines, une telle démarche est-elle à conseiller ? Croyez-vous qu'elle puisse l'aider à régler certains de ses problèmes ?*

Enfin, voici ma troisième question : l'énurésie de Louis a considérablement diminué lorsque nous avons rencontré les parents en thérapie de couple (il est à remarquer que nous n'avons jamais travaillé directement sur ce symptôme) ; quel lien pouvons-nous établir entre le retrait du père de la vie familiale et le symptôme d'énurésie de l'enfant ?

F. D. : Comme vous l'avez souligné, le changement de couple gardien dans les trois premières années a produit à chaque fois un deuil pour l'enfant, d'autant plus difficile à supporter s'il ne lui a pas été verbalisé. Dans le cas présent, vous êtes plusieurs personnes à défendre le point de vue du Bien-Être social, très différent du point de vue du psychanalyste. Le Bien-Être social vise à aider cet objet partiel pour la société qu'est un enfant petit, lequel ne peut, bien qu'étant un sujet, manifester son désir autrement qu'en étant souffrant. C'est ce qui se passe lorsqu'un enfant change de famille, ou lorsqu'il n'est pas bien dans une famille. Il a eu un dysfonctionnement végétatif. Dans de tels cas, l'enfant a la diarrhée, ou un autre symptôme. Alors, on le met à l'hôpital. Puis, à sa sortie, le couple d'accueil ayant reçu entre-temps un autre enfant n'a plus de place pour lui. Mais je ne sais pas pourquoi, chez vous, on change un enfant qui était dans un foyer d'accueil, c'est-à-dire qui était entretenu par l'État. Pourquoi l'a-t-on changé de famille pendant les trois premières années, trois fois, avant qu'il ne soit adopté ?

P. : *Ce qu'il en dit, c'est qu'il se rappelle qu'il était très turbulent, agressif, vers les trois ans, et qu'il provoquait la rupture.*

F. D. : A cet âge, certainement : mais avant ? Il semble que lors des deux castrations, il a été par trois fois refusé dans des familles, comme si le sevrage l'avait exclu, en tout, du corps à corps ; comme si la station debout, l'acquisition de la motricité autonome avaient dispensé les parents de toute aide à son égard. Le début de l'Œdipe a dû avoir les mêmes effets ; les parents se trouvant dégagés de leurs responsabilités à l'égard de Dominique, celui-ci s'est donc très probablement trouvé de plus en plus seul, au lieu de faire partie intégrante de la famille, par le langage et grâce à l'affection.

Je crois que c'est typique des enfants auxquels on n'a pas raconté l'histoire qui a été la leur à quelques mois. On ne leur a pas dit que leur mère les a déposés et qu'elle n'a pas cherché à les revoir. Si l'on ne connaît pas la raison de l'abandon, il faut dire qu'on l'ignore, mais il faut leur parler de leur histoire. Ne rien dire, c'est ce qui prépare des psychoses. Dominique semble avoir une enclave psychotique, parce qu'avec le deuxième couple d'accueil il a été obligé de recommencer tout son travail de structuration ; puis avec le troisième couple, il a été à nouveau contraint de tout reprendre à zéro. Vous n'avez pas vu les grands-parents de Louis ? C'est la même situation que dans le cas précédent : puisque Dominique a eu des parents adoptifs, son enfant a des grands-parents paternels. Or, vous n'en faites pas mention.

Les grands-parents d'un enfant dont le père a été adopté ont une énorme importance pour lui ; parce que ce sont eux qui peuvent dire à leur petit-fils : « Ton père était ainsi à tel âge, quand nous l'avons connu. »

Est-ce que Louis a su tout de suite que son père était un enfant adopté ? Non. Le père n'est pas tellement intéressé à parler de ses origines. Pourtant, c'est ce que Louis cherche ; c'est son origine. L'énurésie vient toujours de là, même chez les enfants qui ont leurs parents ; c'est la question : « A quoi sert le pénis ? » L'énurésie chez le garçon est très particulière, puisqu'elle est l'arrêt de l'érection par la miction pendant le sommeil, et non le jour : le garçon ne fait pas pipi dans la culotte, mais seulement au lit, quand il dort. D'habitude, l'être humain ne régresse pas ainsi, après trois ans. Or, trois ans, c'est l'âge de savoir que le coït initial à la vie est affaire de père, c'est-à-dire affaire de garçon ; et que la naissance d'un enfant, ce n'est pas seulement l'affaire d'une mère, c'est celle du père, grâce au fonctionnement érectile de la verge, qui s'en trouve ennoblie pour l'enfant. Mais, entre vingt-huit et trente mois, le garçon ne peut plus uriner en érection ; cela se produit soit du jour au lendemain, soit en deux ou trois jours ou en huit, dix jours. Cela se passe ainsi et – vous le verrez chez les enfants que vous connaissez – il y a toujours une fois où ils s'exhibent à ce moment-là, où ils se montrent aux invités : ils montrent leur sexe parce qu'ils cherchent une explication ; ou bien ils signifient par un questionnement non verbal qu'ils veulent savoir pourquoi il y a là quelque chose qui les dérange. Alors, malheureusement, beaucoup de mères, ne connaissant pas tout ce qui concerne le développement de leur garçon, lui disent : « Va faire pipi. » Mais pour les enfants, les mamans savent tout ! Alors ils se mettent en condition de faire pipi, mais comme ils sont en érection, ils ne peuvent plus ! Il y a risque, à ce moment-là, qu'ils essayent de forcer sur le *veru montanum,* l'organe qui se développe vers vingt-huit, trente mois. Le larynx du garçon mue au moment de la puberté, comme son appareil génital mue vers les vingt-huit, trente mois, rendant impossible la miction pendant l'érection. Il faut donc lui expliquer : « Tu as un pipi », quand la verge est flasque, et « tu as un sexe, qui fait l'honneur de l'homme », quand il est en érection. Ça lui suffit ; et puis il pose une autre question et, de question en question, il apprend que ce sont les hommes qui font les enfants aux femmes et non l'inverse. Il comprend que si un homme ne fait pas un enfant à une femme, elle n'en aura pas. Jusque-là, les garçons croient que c'est la femme qui est phallique, en tout ! Dans le corps, dans l'affectivité, dans l'ordonnance du foyer. Au contraire, vous verrez très peu d'enfants énurétiques dans les familles où les hommes battent leur femme. Dans ces foyers-là, les enfants ne sont pas énurétiques, ils sont très fiers de papa. Il y aura du grabuge plus tard, mais quand ils sont petits, ils trouvent que leur père est un homme à la hauteur ; parce que pour eux, quand ils sont en érection, c'est pour battre ; alors celui qui bat, c'est un vrai papa ! Ils comprennent pourquoi ils sont en érection. C'est la psychanalyse qui nous permet de comprendre cela.

Alors, est-ce que Louis souffre de son pipi au lit ? S'il en souffre, c'est en effet lui qui est à soigner. Mais pourquoi cet enfant a-t-il accepté de vous voir ?

P. : *Au début, je me suis dit que, puisque les parents ne formaient pas un couple, il était important de commencer par travailler avec eux.*

F. D. : Pourquoi pas ? Au début ; mais après ? Et pourquoi Louis a-t-il accepté ? Qu'est-ce qui le motivait, *lui ?...* Il est toujours motivé, puisqu'il est en thérapie actuellement.

P. : *Au début, je le sentais ambivalent ; maintenant, je le sens très proche. Ce qu'il dit, c'est que son père n'est pas assez présent ; qu'il ne lui donne pas l'attention qu'il désire, et je sens chez lui un très grand désir de se rapprocher de son père.*

F. D. : Bon. Je vais répondre à vos questions. D'abord, à propos des carences de l'enfance. Que signifient ces crises d'asthme chez le père, sinon probablement que ce deuxième garçon lui pompe son air. Mais on ne trouvera pas pourquoi c'est le deuxième garçon et non le premier, si on ne lui pose pas la question : « Est-ce que, dans l'une de vos familles d'accueil, vous n'avez pas été renvoyé à cause d'un frère qui vous pompait votre air ? » Un frère légitime du foyer d'accueil peut-être ; ou bien il peut s'agir d'un frère qui serait arrivé dans le foyer adoptif où il était déjà lui-même, car dans la famille qui l'a adopté à trois ans, il ne faut pas croire qu'il avait trois ans ! Il avait trois ans d'âge civil, mais il a repris son existence, sa vie psychique à moins neuf mois avant sa naissance ; ça dépend de la mère adoptive, et du moment où elle a projeté qu'elle avait un enfant. Si une mère adoptive ne dit pas tout de suite à l'enfant : « Comme je suis heureuse – ta mère de naissance n'ayant pas pu le faire – d'être chargée de t'élever ! Comme elle serait heureuse de te voir élevé ainsi ! », si elle ne lui donne pas en paroles sa mère de naissance, elle ne lui donne pas son âge, ses trois ans ! Elle lui donne *moins neuf mois.* Elle accouche de lui, en projetant sur lui le fantasme d'un enfant à moins neuf mois.

Le père aussi, peut-être, projette de la même manière. On ne sait pas lequel des deux adopte son enfant, quel anniversaire ils vont lui souhaiter ; il y a des parents adoptifs qui souhaitent les deux anniversaires : l'anniversaire de l'enfant à sa date de naissance et l'anniversaire du jour de son adoption. C'est formidable ; pas besoin d'analyse dans ce cas ; c'est qu'ils permettent à cet enfant d'avoir son anniversaire de famille génitrice et son anniversaire de famille adoptive. Ils lui donnent donc ses deux racines, la racine biologique et la racine symbolique. Il est évident qu'un enfant qui fait encore pipi au lit à onze ans est un enfant qui, quand il dort, a moins de trois ans. Vous savez qu'au cours d'une analyse, il peut se produire une miction nocturne, quand on est en train d'analyser les stades les plus précoces. C'est le signe que les pulsions de l'enfant n'avaient pas toutes été sublimées à l'époque et qu'en provoquant le retour du refoulé, on libère des pulsions antérieures à l'âge de trois ans, qui ont besoin de se vivre dans le transfert avec l'analyste. Tout est psychosomatique, la santé comme les troubles ; il y a des troubles qui se produisent du fait d'un décalage entre l'âge civil et l'âge physiologique, à cause d'une relation qui s'est fixée en deçà du moment où l'on sait que l'on est garçon ou fille – donc avant de savoir si, dans l'avenir de la fécondité, on se voit femme ou l'on se voit homme.

La situation s'est évidemment compliquée du fait que cet homme qui a un prénom double, Dominique, a épousé Judith. Ils sont bien combinés ! Judith évoque l'image d'une femme volontaire et redoutable, éventuellement meurtrière. C'est un personnage mythique, incarnant l'ambiguïté des valeurs féminines ; sorte de « Passionaria » politique. C'est la féminité qui va jusqu'à l'assassinat de l'autre. « Dominique » n'est pas moins ambigu, puisqu'il faut faire préciser s'il s'agit d'un garçon ou d'une fille lorsqu'on entend prononcer ce prénom.

Jusqu'à trois ans, Dominique ne savait pas si devenir engendreur c'était être homme ou être femme ; comme tout enfant d'ailleurs. Et c'est pourquoi – j'y reviens –, il faut dire aux garçons que, même si les femmes ont l'air toutes-puissantes d'avoir des enfants, si ce n'est pas le père qui leur en donne, elles n'en auront jamais. Et, si ce n'est pas de ce père-là, ça viendra d'un autre (même lorsqu'il s'agit de fécondation artificielle). Il faut dire à l'enfant que le germe de cette fécondation est porté dans les deux bourses qui sont en dessous de la verge. « Sois tranquille, ça jutera de nouveau quand tu auras onze, douze ans ! » Mais le génie de « juter » quelque chose en visant, c'est le génie masculin, lequel est touché en profondeur chez le garçon au moment de l'impossibilité d'une miction simultanée à l'érection. Ce qui est le propre du plaisir uro-génital du garçon quand il est petit, la fierté de sa libido, jusqu'au jour où la miction se révèle impossible en érection, devient alors un problème grave pour lui : « Qu'est-ce que ça veut dire ? » ; et surtout quand obéir à la maman oblige à forcer sur le *veru montanum,* ce qui peut blesser le garçon physiologiquement. Généralement, l'effet du refoulement, dans la journée, de l'intérêt érotique pour l'objet sexuel qu'est le pénis ressort pendant la nuit : le « oui » à l'érection est un « oui-non ». Il faut vite uriner avant que l'érection ne soit forte ; pour rester en état de demi-érection.

Il est possible que le problème du couple Dominique-Judith soit celui-ci : qu'elle soit frigide parce qu'il souffre d'éjaculation précoce. C'est un symptôme dont un homme souffre avec sa femme légitime, et non pas avec une femme qui n'est pas son épouse. J'ai connu un médecin de campagne – il aurait aujourd'hui cent vingt ans – qui me parlait de son expérience (c'était en Normandie). C'était très intéressant, car il avait vu apparaître ce phénomène de l'éjaculation précoce dans sa clientèle après la guerre de 14 ; alors qu'auparavant il n'en avait pour ainsi dire pas vu trace dans sa pratique. Et parce qu'il s'était interrogé, il se débrouillait très bien pour rendre leur puissance aux jeunes hommes qui la perdaient du moment où ils étaient mariés. « Tu prenais bien des avances, avec ta fiancée ! – Oui. Mais, depuis, je n'peux plus. »

Comme tous ces médecins de campagne, il demandait alors à ses clients : « Mais que se passe-t-il au bon moment ? »

Un jour, par exemple, l'un d'eux lui a répondu :

« Vous comprenez, à ce moment-là, il y a le tableau de ma mère qui tombe... qui tombe sur ma nature ! *(Rires.)*

– Mais où est-il, le portrait de ta mère ?

– Eh ben, il est au-dessus du lit.

– Eh bien, change donc de place le portrait de ta mère ! Mets donc à la place celui de ton père ; comme ça, il t'enviera ! »

Son patient a eu un rire formidable, et son symptôme a disparu. Ça s'est fini comme ça. Sans le savoir, ce médecin disait des choses qui touchaient à l'Œdipe de ses malades. A un autre, il demandait :

« Qu'est-ce qu'il y a de changé, depuis qu'elle était ta fiancée ?

– Eh ben ! C'est qu'elle est ma femme ! Qu'est-ce qui pourrait avoir changé ?... »

L'homme ne trouvait pas ; puis il ajoutait :

« Ben, c'est qu'elle s'appelle Mme Martin, puisqu'on est mariés !

– Et comment s'appelle ta mère ?

– Ah oui, elle s'appelait Mme Martin !

– Eh bien, tu ne baises pas ta mère, tu baises ta femme ! Elle s'appelle Julie, et non Adèle... »

C'est ainsi qu'il avait des entretiens qui permettaient de dépasser l'Œdipe, ou l'interdit urétral de satisfaire la mère, qui rendaient possible le devenir génital.

C'est ce travail-là qui est à faire, face à l'énurésie, pour permettre le développement de la maturation et de la fierté de l'érection. Car, pour un garçon à trente mois, c'en est fini du jour au lendemain de sa fierté, puisqu'il ne peut plus lancer un jet qui lui apparaisse comme le prolongement de sa verge en érection.

P. : *Et pourquoi ce phénomène d'éjaculation précoce s'est-il manifesté après 1914, précisément ?*

F. D. : Selon ce médecin, c'était parce que les jeunes garçons avaient vécu une période sans père et qu'ils avaient d'eux-mêmes pris de ce fait beaucoup d'autorité ; les femmes, les mères, aussi ; pendant la guerre, beaucoup avaient tenu la ferme ou la petite entreprise ; ce fut donc un problème au retour des hommes, car elles n'étaient plus les mêmes. Et les garçons avaient pris comme modèle de virilité les femmes, les mères.

J'ai vu les effets de la guerre de 39. Il y a eu la « drôle de guerre », dramatique pour les Parisiens, mais pas du tout pour les habitants de la campagne. Du jour au lendemain, les écoles de Paris fermées ; tous les enfants évacués, avec leurs institutrices, dans les villages de la périphérie, à trente et même à cent kilomètres de la capitale. On les logeait dans les salles des mairies.

Je pourrais vous parler des effets des traumatismes qui ont touché les enfants de cette époque. C'est sur une période de vingt ans qu'il faudrait les considérer. Ce fut d'abord et surtout : les pères prisonniers, l'occupation allemande, l'armée française démobilisée. Eh bien, du jour au lendemain, les consultations d'hôpitaux d'enfants ont été envahies de pipi au lit de garçons qui savaient leur père prisonnier. Et, en gynécologie, c'était la disparition des règles chez les femmes. Ça n'a pas duré, mais c'était la réaction au choc : « Je ne suis plus femme, puisque mon mari est prisonnier et qu'il ne reviendra pas. » C'était un langage somatique inconscient.

Quant aux petites filles, leur phallisme avait pris beaucoup de poil de la bête. Elles commandaient aux garçons.

On ne consulte jamais pour une fille phallique, sauf si elle dérange par des troubles du caractère. Mais on consulte pour le garçon trop passif, parce qu'on voudrait qu'il soit plus expansif, alors qu'il est quelquefois moins en danger qu'un enfant turbulent, mais qui, intérieurement, a une image de femme et non d'homme. Ce qui importe, ce n'est pas le comportement visible de l'enfant, c'est ce qui se passe en lui ; et l'enfant qui pendant la guerre pissait au lit avait bien raison de le faire ! sinon il aurait été le mâle à la maison. Ainsi, il empêchait son érection, il l'éteignait. Vous savez bien que les derniers rêves des enfants qui guérissent de l'énurésie sont des rêves d'extinction d'incendie. Chez l'enfant qui passe de l'énurésie à la continence sphinctérienne nocturne, c'est la même chose. « J'ai rêvé que la maison flambait et que j'éteignais la maison », dit l'enfant, et la maman qui est un peu au fait de la psychanalyse pense : « Bientôt, il ne fera plus pipi au lit. »

D'ailleurs, l'énurésie disparaît au plus tard trois mois après l'arrêt de la miction de jour. Quand l'enfant ne fait plus pipi dans sa culotte le jour, trois mois plus tard, au plus, il cesse de faire pipi au lit, si on ne s'en occupe pas ; mais s'il continue, c'est qu'il est engagé dans une dialectique de désir, parce que l'on a fait entrer dans le langage de la relation le fonctionnement urinaire, alors qu'il s'agit d'une fonction physiologique. Le sexe parle par l'érection, c'est un début de parole, et la parole peut se continuer par l'effet produit sur autrui. A ce moment-là, apparaissent des bégaiements : pour ne pas bégayer de la verge, le garçon bégaie du phallisme oral ; ou bien il commence quelque chose et il arrête ; il y a des enfants qui commencent à uriner, arrêtent, reprennent, arrêtent de nouveau. Sur ce genre de comportement, il faut leur poser des questions. Du pipi, de la nourriture, de tous les organes on peut parler à l'enfant, au lieu de le laisser vivre en être physiologique, comme le mammifère qui suit tranquillement ses rythmes. Chez l'être humain, l'énurésie à onze ans signifie qu'il se vit comme avant ses trois ans.

Je pense que cet enfant, Louis, est accroché à son père et que, comme beaucoup d'enfants, il fait l'analyse de son père ; il est probable qu'avec ce symptôme, il parle des trois ans de son père. Le père s'est identifié à son fils, comme tout père, et cela l'enfant le subit. C'est pourquoi tout le travail consiste à dégager un enfant de ses parents, dès ses huit ans. Vous avez très bien fait de recevoir les parents d'abord. Cependant, le symptôme du fils exprime un comportement que son père, enfant, ne pouvait pas manifester. Pourquoi, en effet, ne pas s'occuper du père ? Mais il faut tout de même savoir pourquoi un enfant accepte de venir en thérapie. Car Louis aidait son père, en vivant ainsi. Dans ce que vous dites, je sens en Dominique un homme très viril, qui a été écrasé par ses trois adoptions, mais surtout par la dernière ; je crois que c'est la mère adoptive de Dominique qui l'a empêché de devenir véritablement viril – ce qu'il était lorsqu'il avait trois ans. C'est d'ailleurs grâce à cette première identification virile qu'il a très bien guéri dans son devenir d'homme ; c'est à cause de ce caractère de virilité qu'il a été adopté, parce qu'on ne voulait plus de lui dans les autres familles ; mais alors, son père adoptif s'est montré plus homosexuel que viril dans son éducation.

Le problème de Louis était à élucider en relation avec le grand-père et la grand-mère paternels adoptifs, qui sont les parents symboliques de son père, Dominique. D'autre part, je pense que, dans la vie de ce couple, Judith a toujours été frigide. Vous n'avez pas posé la question ?

P. : *Non.*

F. D. : Quand vous voyez un couple qui a ce type de difficultés, la première chose à demander est : « Quand l'acte sexuel était-il un plaisir physique entre vous ? Ou n'y a-t-il jamais eu de plaisir ? »

P. : *En réalité, il m'est arrivé d'en parler. Judith prétendait réclamer les relations sexuelles de son mari. Lui refusait, ou bien il lui disait : « Je fais l'amour avec toi par habitude, et non parce que je t'aime. »*

F. D. : Était-elle l'aînée des filles ?

P. : *Non. Il y avait dix enfants. Elle était la septième, et, après elle, sont nés deux jumeaux.*

F. D. : Mais pour quelle raison s'est-elle trouvée être la préférée du père ? Quel était son rang parmi les filles ? il faut considérer sa place dans la fratrie [1] parmi les filles ; car elle réagit comme si elle était une seconde aînée. Il semble qu'elle ait pris la place de la mère anale, vers sept, huit ans, dans le foyer. Son père, visiblement, plaçait ailleurs son désir sexuel, mais cette fille-là, il la maternait ; son nounours-fille, c'était elle. On se demande alors : qui le père avait-il comme concubine de cœur ? Puisqu'il tolérait que sa fille Judith vienne dans son lit, et que, plus tard, il a été jaloux de son mari : c'est-à-dire qu'il pensait qu'elle resterait une bonne sœur au foyer. Elle était l'assistante maternelle remplaçante, quand la mère ne pouvait pas faire son travail. Alors, soit ce père était aimant, désirant de sa femme, soit il était désirant d'une fille aînée, dont Judith ne parle pas d'ailleurs. Pour le père, Judith n'occupait pas la place de concubine sexuée. Pour elle, au contraire, il jouait les deux rôles de père et d'amant. Et elle aurait bien voulu que son père lui fasse l'amour, comme plus tard elle attendra de son mari qu'il lui fasse l'amour, comme si c'était un signe d'aimer ; or ils ne se rencontrent ni dans l'amour physique ni dans la parole. Alors, qu'est-ce qu'il se passe ?

C'est pourquoi tout à l'heure j'ai associé sur ces garçons qui, sachant qu'ils allaient rester seuls avec leur mère, par prudence, n'étaient plus que des pisseurs au lit. C'est ce qu'il

1. Le mot *fratrie* n'existe pas en français, mais son usage s'impose de ce que le mot *fraternité* ne sert plus à désigner le groupe des frères et sœurs, mais seulement leurs relations. *Phratrie* ne saurait convenir puisque ce terme s'applique à un autre domaine, celui des clans, des divisions de tribus.

fallait leur expliquer. Et tout mon rôle à Trousseau a été d'éclairer tous ces pisseurs au lit sur les désirs qu'ils traduisaient dans leurs dessins. Je leur disais : « Que ton père soit là ou pas, tu ne seras jamais le mari de ta maman, même si ta maman te dit : Maintenant, c'est toi le père au foyer. »

Beaucoup de mères ont agi ainsi : « Tu t'assois là, tant que ton père ne sera pas là. » Alors le garçon occupait la place du père à la table familiale, il se prenait pour le père : parce que dans le registre oral on est papa, on va l'être partout... Or, c'est ce qui précisément faisait chuter la mousse et faisait faire pipi au lit, par prudence, je veux dire que l'enfant cessait d'être agressif, insolent avec sa mère, et cela par refoulement du désir incestueux et non pas parce que la prohibition de l'inceste lui aurait été clairement formulée. Ce symptôme est l'effet d'une prudence inconsciente : le garçon désirant sa mère de façon ambiguë se rassure en étant impuissant ; il peut seulement uriner. Il évite ainsi la représentation imaginaire de la pénétration de sa mère comme celle de la fécondation et, du même coup, la castration œdipienne. Tout cela est, bien sûr, inconscient chez l'enfant, et doit le rester.

« Il n'y a pas besoin de prudence : tu ne deviendras jamais le mari de ta mère. Ce n'est pas parce que ton père était là que tu n'avais pas le droit d'avoir ta mère ; c'est parce que tu es son fils. C'est parce qu'elle t'a porté dans son ventre que tu ne pourras jamais entrer avec ton pénis en elle. »

C'est cela l'interdit, au moment de l'Œdipe ; mais si l'on n'a pas expliqué à l'enfant le coït, on ne peut pas lui formuler l'interdit. C'est pourquoi il faut lui expliquer progressivement le rôle sexuel du pénis. Et si l'on veut que les garçons comprennent la dignité de la sexuation, il faut qu'ils soient au courant du sens symbolique de l'érection dans la procréation. Car, si nous savons, nous, que la fonction sexuelle ne se limite pas à la fonction procréatrice, pour les enfants c'est la procréation qui donne sens à la fonction sexuelle. C'est pourquoi tant de garçons sont blessés dans leur fonction sexuelle parce qu'ils pensent que « la procréation, c'est affaire de femmes ».

Chez l'enfant, vient un moment où « faire honneur » devient

le contraire d'aimer et de se laisser aimer. Judith, quand elle était enfant, retournait tout le temps dans le lit de son père ; dans de tels cas, il ne sert strictement à rien que vous disiez aux parents de ne pas prendre l'enfant, que c'est mauvais pour lui. En revanche, ce qui produit un effet, c'est de demander à l'enfant devant ses parents : « Jusqu'à quand vas-tu laisser croire à ta mère que tu peux jouer le rôle de bébé, ou de mari ? » Car les filles peuvent, elles aussi, jouer le rôle de mari, de moi auxiliaire ; Judith jouait le moi auxiliaire au foyer, et son prénom l'y prédisposait.

Quant à Louis, je dirais qu'il n'a rien à faire des complications de couple de ses parents ; il a choisi ce couple-là pour naître, couple qui a de quoi, au moins face à un enfant de trois ans, c'est-à-dire l'âge qu'il a quand il dort. Quand il est réveillé, il a huit, neuf ans, pas plus. Qu'attend-il pour se faire des copains ? On ne le sait pas. Il en est encore à lutter contre son frère, alors qu'il y a belle lurette qu'il aurait dû se dire : « Tant mieux ! proie pour la mère, la queue du lézard qu'on laisse pour se sauver, c'est le frère. »

Tout ça, parce que la mère met à la fois du sexuel, du maternel, du sororal dans sa manière d'aimer le dernier-né. Parce que son père à elle ne l'a pas formée à être femme, trop content d'avoir à domicile une bonne sœur qui passait le balai. Il l'a déformée dans sa féminité. On voit qu'ici les grands-parents maternels n'ont pas grand-chose à faire pour le petit garçon ; il est possible que, si Judith a encore son père, celui-ci aime son petit-fils, puisqu'il a aimé sa fille comme un être neutre.

X. : *Quel est le frère ou la sœur que Judith a reçu chez elle, ce qui a entraîné la rupture avec son père ?*

P. : *Je pense que c'est une aînée, puisqu'elle était la septième, et qu'après elle, il y avait deux garçons jumeaux.*

F. D. : *A priori,* on peut supposer que c'est quelqu'un qui cherchait sa liberté sexuelle ; liberté que Judith, elle, n'avait pas, enfant.

P. : *Judith décrit son père comme un homme autoritaire ; et puisque cette sœur a voulu sortir de l'emprise familiale, Judith l'a reçue chez elle.*

F. D. : Sans doute ; mais sous quelle motivation cette sœur voulait-elle échapper à la mainmise familiale : pour travailler ou pour obtenir une liberté sexuelle ?

P. : *C'est qu'elle ne pouvait pas trouver son identité, tant qu'elle vivait dans ce foyer où le père contrôlait tout.*

F. D. : Il se pourrait que ce soit celle qui ait occupé sexuellement le père un temps, à la place de la mère. Il serait intéressant de le savoir, car que représente cette sœur pour Judith ? Tout ce qu'elle a refoulé, et qu'elle voulait sauver chez sa sœur. Enfin, dans le couple de Judith-Dominique, il y a surtout l'interdit de se donner du plaisir ensemble ! Interdit qui devrait avoir pour effet que chacun trouve quelqu'un d'autre pour avoir des rapports sexuels. Lui, Dominique, va dans la cave. Il ferait mieux d'aller se promener ! Qu'il soit responsable au foyer, bon ! Il continue de l'être, il a le sens du devoir, que lui a probablement inculqué son père adoptif. Mais il n'a pas de vie sexuelle, il reste neutre. Et Judith, qu'a-t-elle à revendiquer tout le temps qu'il lui fasse l'amour, puisque visiblement elle ne l'aime pas, ne le désire pas ? Elle *veut* des satisfactions sexuelles ; mais ce n'est pas désirer un homme, cet homme-là.

C'est un couple pour la forme, pour la légalité ; mais, de toute évidence, cette femme est en fragilité sexuelle. En réalité, c'est plutôt elle qui souffre...

Quant au garçon, il est tout à fait soignable ; c'est l'énurésie qui marque le pas. Il attend que les aînés de l'escouade, les parents, démarrent, pour avancer à son tour. Mais chacun, dans cette famille, en est à une époque de pipi au lit ; chacun ignore ce qu'il a à faire de son sexe. « Ça fonctionne », mais ça n'est pas du sexe ; elle, elle trouve que ça ne fonctionne pas assez ; lui, il pense que ce n'est pas le sexe qui fait un couple ; mais ils ne savent pas ce qu'ils ont entre les jambes, ni l'un ni l'autre. « Ça » a fait deux enfants, mais le tableau s'en trouve plutôt compliqué : les enfants renvoient aux parents l'image de leur infantilisme.

X. : *Vous voulez dire que le jour où ses parents seraient sexués et s'aimeraient, Louis serait guéri ?*

F. D. : Mais non ! Il faut lui dire : « La relation de tes parents, ce n'est pas tes oignons ! Ils ne peuvent pas, c'est *leur* affaire. Tu les as choisis pour naître, ça veut dire qu'ils avaient de quoi faire un enfant vivant. Mais, *toi,* que fais-tu de ta vie ? »

Ce garçon ne vit pas dans la règle des garçons de son âge ; il en est toujours à lutter pour prendre la place du père, ou celle de la mère pour le père, ou de son petit frère pour les deux. Il prend tout le temps la place d'un autre, alors que la sienne est très bonne ! De plus, il s'appelle Louis (« l'ouïe »), il entend tout ! C'est très important, la symbolique du prénom.

Cet enfant comprend toute la situation, mais il ne sait pas qu'en faire. Il ne sait qu'objectiver cette situation d'erreur, car il y a eu maldonne.

P. : *Quand il est avec ses amis, il se querelle constamment avec eux, il veut toujours être le chef.*

F. D. : Il essaie d'être érectile. Je me demande si, dans cette histoire, le père n'est pas impuissant sexuellement, et la mère avide de relations sexuelles, parce qu'elle ne sait pas encore véritablement ce que c'est.

Voilà deux cas d'enfants qui relèvent, si ceux-ci le désirent, d'une psychothérapie personnelle. Il suffirait d'entendre deux ou trois fois les parents et de dire à l'enfant, en dehors de la présence de ses parents, bien sûr : « Qu'as-tu à demander, *toi ?* – Moi ? Rien. – Bon. Alors, au revoir. » Dire alors aux parents : « Vous souffrez à cause de votre enfant, mais lui ne souffre pas », et à lui : « Le jour où tu souffriras, tu pourras revenir ici. »

Mais il ne faut pas prendre la place de l'enfant, il ne faut pas écouter les parents pour eux-mêmes. Avec les petits, avant trois ans, il faut effectivement faire une psychothérapie en présence des parents ; jusqu'au jour où l'enfant met ses parents à la porte. Restera à savoir s'il veut être vraiment écouté pour lui, ou seulement dans un transfert de séduction. Quand, chez le thérapeute, l'enfant met ses parents à la porte, c'est déjà bien : il s'autonomise. Mais il ne doit pas le faire en vous prenant, dans la thérapie, pour le substitut de sa mère. Il est dans le cours de son Œdipe, et ses parents continuent d'être pour lui les modèles dont il devra peu à peu se détacher, pour accoucher en lui du modèle qui est le sien : son modèle à devenir homme, ou son modèle à devenir femme, en vue de telle relation aux femmes, ou de telle relation aux hommes. Au début de l'Œdipe, cette autonomie se conquiert pour l'enfant aussi bien par rapport au réceptif qu'au phallique ; mais ce ne doit pas être avec le thérapeute. Ce ne peut pas être l'effet d'une séduction ; c'est même le contraire.

C'est pourquoi, dans les thérapies d'enfants, cette règle s'est imposée à moi : l'enfant doit *payer* un caillou, un petit dessin, un papier... Certains apportent un faux timbre. Ils disent : « Aujourd'hui, j'apporte un bleu ; c'est un faux timbre pour papa. » Et l'on sait qu'ils vont parler de leur relation à leur père. Ou : « C'est un faux timbre pour maman. »

« Quand apporteras-tu un faux timbre pour toi ? – Ça viendra quand j'aurai fini de raconter papa, de raconter maman. » Il est très important que, le jour où il n'apporte pas son paiement symbolique, vous le fassiez remarquer à l'enfant, en lui disant : « Moi, j'étais disposée à te recevoir ; mais toi, tu viens avec un masque. Tu ne viens pas comme client, tu viens pour autre chose ; sinon, tu me paierais avec ton papier. Alors, je ne te vois pas aujourd'hui. Mais c'est bien. »

Il faut toujours féliciter l'enfant qui ne paie pas ; toujours : c'est la base de sa relation à son désir. Le sujet ne veut pas d'une relation fausse ; or « c'était une relation fausse aujourd'hui ». La relation qui ne se paie pas n'est qu'une relation érotisée. En négatif ou en positif.

« Je ne te paie pas, je ne veux pas de ma séance.

– Tu as bien raison, moi non plus ; je ne veux surtout pas

te donner une séance si tu n'en veux pas. Et qui va payer ? Si c'est l'institution, je vais voir alors la maternante ou l'éducateur, puisqu'ils ont payé, eux.

– Ah non, je ne veux pas que tu les voies !

– Je les verrai tout de même. Ce n'est pas toi qui ne veux pas que je les voie. C'est celui qui a fait une bêtise cette semaine. C'est le *moi,* ce n'est pas le *je.* »

Alors l'enfant rit ; il reste à sa séance, et il sort son paiement, son caillou :

« C'est pour toi. »

Le plus jeune à payer avait, à ma stupéfaction, neuf mois. C'était une enfant repliée, dans le deuil total de vivre, les deux yeux mi-clos, éteints. Elle ne grandissait plus, ne prenait pas de poids depuis quelques mois. L'observation en service pédiatrique avait écarté l'hypothèse d'une cause organique décelable à l'origine de son état dépressif. La pouponnière me l'a envoyée. Je sentais une enfant profondément perturbée. La première fois, trois personnes l'accompagnaient. J'ai parlé à l'enfant :

« Je comprends très bien que les gens qui s'occupent de toi pour t'aider à vivre soient inquiets ; mais je ne suis pas du tout sûre que toi, tu sois inquiète ; je me demande, au contraire, si ce n'est pas toi qui veux ne pas vivre, parce que tu regrettes tellement que ta maman ne puisse pas t'élever. »

A ce moment-là elle s'est mise en opisthotonos [1] et elle a hurlé à tel point que la maternante a dit :

« Je vais la sortir », pour qu'elle ne dérange pas notre conversation.

Alors j'ai dit :

« Comment ! Sortir Isabelle ? Mais c'est elle qui nous parle. »

Isabelle immédiatement s'est tue.

« Isabelle est en train de dire qu'elle voudrait naître à une autre Isabelle que celle qu'elle était. »

L'opisthotonos, c'est ça que ça veut dire. C'est ce qui fait accoucher l'utérus. C'est pourquoi on fait baisser la tête aux bébés pour qu'ils naissent, parce qu'ils la redressent à tel point

1. Contracture musculaire de la tête, en arrière.

qu'ils pourraient ne pas naître : la face la première, c'est très mauvais !

Elle montrait donc qu'elle voulait naître à quelqu'un qui lui parlait enfin de son désir de ne pas vivre. Et, comme elle n'avait plus besoin de mimer ce désir, elle a braillé comme un enfant qui naît.

C'est cela, la situation analytique. Les trois dames qui l'avaient amenée étaient ébahies qu'elle se soit tue au moment où j'ai dit : « Je veux bien parler avec toi, Isabelle. Mais je ne suis pas sûre que tu veuilles Mlle Untel, Mlle Y... » Comme elles font les trois-huit (je ne sais pas si, au Québec, cela se passe de la même façon), c'est d'ordinaire une maternante qui une fois sur trois accompagne les enfants. Ce ne sont donc jamais les mêmes personnes.

« Je veux bien m'occuper de toi ici, mais il faudra que tu m'apportes un caillou. »

Je le dis à chaque enfant, mais lorsqu'ils sont si jeunes et qu'ils oublient, j'ajoute la fois suivante : « Tu étais trop petit pour comprendre... »

Cette fois, la maternante qui portait cette enfant me dit :

« Ce matin, je n'ai pas pu lui laver les mains parce que [par syncinésie[1] certainement], elle tenait les deux poings serrés. Et, dans un des poings, il y avait un caillou. »

Or cette maternante ignorait tout du paiement symbolique, puisqu'elle n'avait pas assisté à la séance précédente. L'enfant avait dû ramasser un caillou la veille dans le jardin de la pouponnière, et dormir en le gardant dans la main. J'avais un peu de retard, et j'ai dû prendre un autre enfant avant elle. Quand son tour est venu, la maternante m'a dit :

« Mais ce qu'elle avait dans la main, le caillou, elle l'a jeté tout à l'heure. »

Alors j'ai dit à l'enfant :

« Isabelle, tu étais très déçue, parce que j'ai vu un autre enfant avant toi. »

Cette enfant de neuf mois était toute repliée, aussi mal

1. Mouvement involontaire symétrique : ici les deux poings se fermaient au lieu d'un seul.

vivante qu'il est possible de l'être dans une de ces pouponnières où l'on soigne le corps sans essayer d'établir la moindre relation ; ses yeux regardaient tous deux vers son nez.

« Oui, j'ai eu tout à fait tort, j'étais en retard, c'est de ma faute. Je te demande pardon. Tu avais tant envie de ta séance, même sans le caillou que tu avais apporté ! Marianne ne savait pas que je t'avais demandé d'apporter un caillou. »

Marianne, la maternante, était éberluée de voir que je parlais à cette enfant qui ne parlait pas encore. J'ai répété :

« C'est dur que ta maman n'ait pas pu t'élever. »

La maternante emmenait l'enfant, quand elle a cogné à la porte, gênée :

« Je crois qu'elle veut quelque chose. »

La petite alors m'a tendu ses poings. J'ai mis mes mains en conque :

« Ah, tu trouves qu'on a eu une séance et qu'il faut la payer ? »

Et elle a mis dans ma main le caillou qu'elle tenait, puis elle est partie avec un beau sourire.

Neuf mois ! Le plus jeune enfant à avoir payé, jusque-là, avait seize mois. Je me demande à partir de quel âge un enfant peut donner ainsi. On rencontre chez les enfants autistes une telle intelligence, une intelligence si supérieure à la nôtre, nous qui sommes toujours si empruntés ! Cette enfant entrait dans l'autisme. Il faut véritablement *parler* à un sujet son désir et lui permettre de le manifester.

J'ai mis du temps, bien sûr, à comprendre la nécessité du paiement symbolique. Il n'y a que vingt-cinq ans que je l'ai instauré : un petit caillou, un dessin, par exemple, c'est un paiement. Le thérapeute n'y prête pas attention : « Tu as payé ta séance, je t'écoute en psychanalyste. » C'est tout. Ce qui peut se limiter à ne rien faire, ne rien dire, être présent.

Je ne fais pas payer la première fois, sauf les autistes, parce qu'ils sont plus malins que nous. Ainsi, quand tout le monde demande le traitement d'un enfant qui, lui, est prêt à mourir, il faut lui dire : « Je veux bien m'occuper de toi si tu veux vivre et si tu peux me le montrer. » J'étais tout de même soufflée, car je ne m'attendais pas à ce qu'Isabelle me donne son caillou ; mais, comme un enfant qui se sent menacé de mort, elle avait déjà la pensée d'un enfant de dix-huit mois, deux ans ; alors qu'elle était devenue dans son corps la « chose » maladive de la pouponnière.

Le repérage de la demande est très important chez les enfants déjà grands. Cela n'a pas la même portée chez les petits, puisque, le plus souvent, c'est des problèmes de leurs parents qu'il s'agit dans leurs symptômes, et non des leurs ; il y a huit névroses infantiles sur dix qui concernent les parents ; il s'agit de mettre les parents à même de donner la castration ; permettre à une mère de sevrer l'enfant : qu'elle cesse de lui couper la viande, de lui donner à manger ; que l'enfant ne se serve pas seul à table, qu'on ne lui passe pas le plat, qu'il ne soit pas servi avant le père, toutes situations aberrantes pour un enfant de trois ans. Toutes ces questions, il faut les mettre au point avec les parents, avec la mère, avant de songer à une thérapie pour l'enfant.

Pour s'y retrouver au milieu de toutes les demandes, demandes d'on ne sait pas encore quoi, il y a une question à poser : *qui* souffre ? Le médecin, qui a affaire à quelqu'un qui ne souffre pas, se dit : « C'est un zinzin de plus, ce n'est pas mon affaire ; les zinzins, je les envoie ailleurs. » Le professeur déclare : « Cet enfant dérange le groupe. » Mais ça ne veut pas dire que cet enfant soit malade. Il a peut-être un simple retard, ce qui ne nécessite nullement le recours à la psychothérapie. Un retard simple demande seulement un soutien. Il peut n'être dû qu'à un changement de milieu pour l'enfant, à la coqueluche, à un éloignement de sa famille. L'enfant régresse, puis il redémarre, il se regreffe. Évidemment, s'il a dû se regreffer beaucoup de fois, il n'aura plus la force de se refaire ; il faut alors lui en redonner l'énergie.

Les parents souffrent parfois de leur enfant imaginaire, alors que l'enfant réel ne souffre pas. Cet enfant imaginaire ne correspond pas à l'enfant réel. C'est pourquoi les parents peuvent venir voir le thérapeute sans l'enfant.

« *Qui* souffre ? » c'est toujours la question qu'il faut poser et se poser en priorité. Des personnes vous sont adressées par l'école, par un médecin, par d'autres parents. « Mais *vous,* si l'on ne vous avait pas dit de venir pour votre enfant, l'auriez-vous fait ? – Pas du tout ! – Alors, sachez seulement que le jour où vous serez ennuyé pour votre enfant, vous pourrez revenir. »

On joue sur du velours, en procédant ainsi, à ne pas garder des parents téléguidés par d'autres, alors qu'eux-mêmes ne s'étaient pas encore aperçus que leur enfant avait un problème. Mais puisqu'ils ont été envoyés, il faut en profiter pour parler avec eux, sans les prendre en thérapie : on voit avec eux l'histoire du développement de l'enfant, sa place dans la fratrie, on les écoute. On leur explique : « Ici, c'est un centre qui rend service aux parents, s'ils en ont besoin. C'est vous, les parents de votre enfant, qui savez. Votre enfant demande-t-il quelque chose ? » Si l'enfant est présent, dites-lui : « Fais-moi un dessin. » Et s'il n'en a rien à faire, de vous dessiner quelque chose : « Tu as bien raison », et « au revoir ».

Ou bien l'on voit, puisqu'il vous reprend à la sortie le dessin qu'il voulait vous donner, qu'il n'était pas en thérapie, qu'il n'était pas motivé encore. Mais ces gens-là reviendront ; six mois, un an après.

X. : *Croyez-vous qu'à certains moments un thérapeute puisse disqualifier les parents, même de manière involontaire ?*

F. D. : Jamais. Puisque l'enfant a choisi ces parents, les disqualifier, c'est disqualifier l'enfant qu'on a en thérapie.

X. : *Je voulais dire : cela peut-il arriver ?*

F. D. : Ça arrive. Les parents et les enfants ne demandent pas mieux ! Les enfants vous appellent « maman ».

« Mais pourquoi tu m'appelles maman ?

– Parce que je voudrais que tu sois ma maman.

– Mais alors tu ne serais pas là !

– Pourquoi ?

– Parce que si j'étais ta maman, je t'aurais eu avec mon mari ; alors tu ne serais pas toi ! »

C'est ça, l'analyse du transfert ; analyse qu'il faut faire dès le début. De même, il suffit d'expliquer à l'enfant que l'institutrice est au service de l'enseignement, de la formation ; elle transmet du savoir (elle n'a pas à gaver l'enfant de ce qui ne l'intéresse pas). En tout cas, l'institutrice n'est pas là pour aimer les élèves.

C'est le travail du psychanalyste, par sa manière d'être, de donner sa place à l'enfant entre deux parents, tels qu'ils sont, car ils sont les modèles de son devenir sexué, jusqu'à ses trois ans révolus.

X. : *Qu'entendez-vous par la « manière d'être du psychanalyste » ?*

F. D. : La manière d'être de l'analyste, c'est de ne pas répondre à la demande, mais de répondre dans le transfert. Ce n'est pas seulement vrai avec les enfants ; mais les enfants intuitionnent les attitudes des adultes comme un langage de relations. C'est à l'analyste de faire comprendre que ce qui se dit ne *s'agit* pas, au contraire de qui se produit dans la vie courante. L'analyste est réceptif, attentif, il n'est pas complice. Il est coopérant dans la compréhension de l'inconscient, mais non dans les fantasmes. Il ne donne pas un baiser à un enfant qui lui demande de l'embrasser. Un enfant dont les parents sont séparés sentira que son analyste n'épouse les différends ni de l'un ni de l'autre, qu'il ne se met pas à une place de juge. L'analyste analyse les émotions de chacun, telles qu'elles s'expriment, mais il n'est pas lui-même affectivement engagé. En ce sens, la formule de la « neutralité bienveillante » est ambiguë, car il s'agit moins d'une neutralité bienveillante que de l'écoute de l'inconscient dans une dynamique, au service d'un sujet, pour qu'il puisse « faire avec ».

* * *

En ce qui concerne la loi 89, chez vous, je peux vous donner quelques éclaircissements : il existe, à Paris, un organisme, le Droit des pupilles de l'État à leurs origines (DPEO).

Pourquoi, en effet, considérer une personne qui abandonne

son enfant à la société comme délinquante ? Alors que, pour l'enfant, le fait d'avoir été abandonné est seulement le signe que sa mère était incapable de l'élever. Ce qui témoigne de l'impuissance d'une mère ne saurait donner lieu à un jugement péjoratif à l'égard de celle-ci. L'abandon est sans doute douloureux. C'est peut-être un malheur, mais peut-être une chance, s'il fait le bonheur de parents adoptifs.

Pourquoi faudrait-il couvrir l'acte d'abandon d'un non-dit, et, qui plus est, cacher, toute la vie, ses origines à un sujet ? On prétend que c'est pour empêcher la mère de naissance de revenir sur sa décision et troubler ainsi l'enfant dans son développement. Mais à la majorité, la question ne se pose plus. Le DPEO permet justement à une personne qui a été abandonnée d'entreprendre de retrouver ses géniteurs, dès qu'elle est majeure.

J'ai eu des dires de deux femmes qui, ayant été élevées à l'Assistance publique, ce que vous appelez ici le Bien-Être social, s'occupent des droits, pour ceux qui ont été abandonnés, de retrouver leurs parents. Ce sont des personnes de valeur, socialement, puisque l'une est agrégée de lettres, l'autre diplômée de l'enseignement supérieur. Cette dernière a facilité l'enquête sur ce point, parce qu'elle est la femme d'un haut fonctionnaire. Elle est au fait des lois, et peut surtout, dans les départements, avoir accès à l'état civil. Il n'y a *rien* dans la loi en France qui empêche un enfant abandonné de connaître la personne qui l'a abandonné sauf – cas exceptionnel – quand la mère a spécifié comme clause qu'elle ne voulait pas que son identité soit jamais révélée ; mais c'est très rare, un cas sur cent.

Cette personne s'est aperçue que c'est la DDASS qui fait barrage pour que les enfants abandonnés ne connaissent pas leur origine, alors qu'officiellement, elle n'aurait pas le droit d'y faire obstacle. Et il faut que ce soit la femme d'un haut fonctionnaire qui se mette en travers pour dire : « Mais de quel droit ? Montrez-moi que ce dossier est sous tel sigle ! » (C'est-à-dire qu'il porterait une mention interdisant toute recherche.)

L'une des deux femmes dont je vous parle a retrouvé sa

mère, âgée de soixante-seize ans, dans une maison de vieillards. Elle avait gardé un très bon souvenir d'une nourrice qui l'avait élevée, et dont elle avait perdu la trace, dans sa petite enfance, avant d'aller dans la pension de l'Assistance publique, où elle a réussi sa scolarité. Elle avait fait sept ans d'analyse, à la suite d'angoisses nocturnes épouvantables : son mari la réveillait d'un sommeil très profond, dans lequel elle hurlait en se débattant. Les lendemains de ces nuits-là, elle était épuisée. L'analyse avait jugulé ses cauchemars, mais elle en avait encore, bien que très rarement. C'était une femme par ailleurs très active dans son travail ; elle avait deux filles avec lesquelles elle n'avait pas de conflits particuliers. Son mari était un homme « épatant », disait-elle. Elle avait projeté sur lui qu'il était à la fois une bonne mère, un bon père, qu'il était tout bon. Il est vrai qu'elle avait le souvenir d'avoir eu une bonne nourrice, dans une région où elle avait été très heureuse, jusqu'à son entrée dans la pension des « Horribles », à trois ans.

Elle a donc retrouvé sa mère. Ça s'est passé très simplement. Sa mère lui a dit :

« Il n'y a pas eu de jour de ma vie où je n'aie pensé à toi.

– Tu vois, j'ai eu des enfants ; veux-tu voir leur photo ? Maman, je voudrais savoir qui était mon papa.

– Ah, ton père ! (elle a eu un sourire merveilleux). Il était beau, nous avons passé une nuit ensemble. Il était zouave. J'avais fauté, c'était terrible. Il n'y a pas un jour où je n'aie pensé à toi.

– Tu n'as besoin de rien ?

– Non, maintenant, je suis contente de te connaître.

– Tu veux connaître les enfants ?

– Non, ce n'est pas la peine.

– Tu veux que je revienne te voir ?

– Non, ce n'est pas la peine. »

Voilà ce qu'a été sa rencontre avec sa mère. Et cette femme m'a dit : « Ce qui est étonnant, c'est que j'étais heureuse. » Dans un des premiers rêves qu'elle avait faits en analyse, sa nourrice avait le visage de sa mère telle qu'elle l'avait retrouvée.

L'autre femme était mère de quatre enfants, dont deux fils. Elle n'a pas retrouvé sa mère, qui était morte, mais la trace de son père, mort depuis un an à ce moment-là. Tout le monde dans cette région du Midi où son père était retraité a dit à cette femme :

« Ah, mais c'était vous dont il parlait, une fille qui aurait tel âge ! Il se disputait tout le temps avec votre mère ; il était allé vous voir quelquefois dans l'institution où vous étiez placée. Il disait toujours : Ah, elle aurait tel âge ! »

Il fantasmait sur sa fille.

Elle a vu sa pierre tombale, et son nom écrit sur la pierre. Elle a pris le pastis avec ces vieux qui lui parlaient d'elle.

Je lui ai demandé :

« Qu'est-ce que ça a changé dans votre vie ? »

Cette femme, elle, n'avait pas fait de psychanalyse.

« C'est drôle à dire mais, à partir de là, je me suis sentie vraiment la femme de mon mari.

– Et vos fils ?

– Heureusement que j'ai un bon mari parce que, à certains moments, je lui disais : Écoute, occupe-t'en, je ne sais plus qui ils sont ! »

Ça ne lui est plus jamais arrivé, à partir du moment où elle a retrouvé son père dans la parole de ceux qui l'avaient connu. Et si elle n'avait jamais eu de conflits avec ses filles, c'est probablement à cause de la bonne relation qu'elle avait eue avec sa nourrice. Elle était devenue professeur, puis avait abandonné son métier, à la naissance de ses enfants.

Ces deux femmes sont à la tête de ce mouvement ouvert, à partir de dix-huit ans, à tous ceux de l'Assistance publique, adoptés ou non, pour la recherche des parents. C'est leur organisation qui effectue les démarches et, lorsque la trace d'un parent est retrouvée, on prévient le demandeur ; c'est une personne de l'Œuvre, issue de l'Assistance elle aussi, qui l'accompagne voir le père ou la mère.

J'ai dit à ces deux femmes :

« Vous faites très bien ; retrouver leurs racines biologiques ne peut qu'aider les gens ; ça ne fait pas tout, mais c'est beaucoup. »

Celle qui avait fait une analyse m'avait dit un jour : « Vous savez, parfois la moutarde vous monte au nez. C'est incroyable ! On fait tout pour retrouver les parents de ces gens-là, et, quand on y parvient, on reçoit une lettre d'injures dans laquelle on vous dit : Je ne vous ai pas demandé de les retrouver. »

Cette femme convoque une de ces personnes qui lui avait écrit des sottises ; elle lui montre sa demande écrite. Et l'autre lui répond : « Oh mais c'était pour rire ! J'étais sûre que vous ne les retrouveriez pas. »

Pourquoi ? Parce que les parents que cette femme avait retrouvés n'étaient pas riches. Ce n'étaient pas des bourgeois aisés, mais des petits retraités. Celle qui avait fait la demande, en espérant en tirer profit, avait soudain fantasmé que ces parents-là risquaient bien de lui demander de l'argent, à elle.

Souvent, ceux qui ont été abandonnés ne font cette démarche que parce qu'ils veulent bien retrouver des parents de rêve, non des êtres dans leur réalité.

Ceci me rappelle le cas d'une jeune fille de quinze ans qui était dans un IMPro. [1], pour de sérieuses difficultés scolaires. Elle s'est sortie complètement d'affaire en voyant ses géniteurs. Son éducateur, qui venait à mon séminaire, m'a demandé un jour :

« Croyez-vous qu'il serait néfaste que je prenne sur moi d'emmener cette jeune fille voir ses parents ? D'ailleurs tout le monde sait où ils sont. Ce sont des clochards qui vivent dans une roulotte, près d'une rivière, non loin d'un village. »

Je lui ai répondu :

« Mais pourquoi pas ? à condition que vous ne l'obligiez pas à leur parler, si elle ne le désire pas. »

Il l'a donc emmenée. Et elle a dit :

« C'est maman ! c'est papa ! » en les voyant, de loin.

Elle a seulement ajouté :

« Je suis contente de les avoir vus. Maintenant je vais travailler. »

Elle a vu que les parents dont elle rêvait, ceux dans les bras desquels elle aurait voulu se précipiter, n'étaient que des

1. Institut médico-professionnel.

marginaux, vivant complètement hors de la réalité. Ce n'était pas du tout ce qu'elle s'était construit comme moi idéal à travers ses éducateurs et éducatrices. Ça a totalement dégonflé tout ce qui, en elle, lui rendait impossible de s'assumer, tant qu'elle n'avait pas revu ses parents. C'était comme si elle s'était toujours sentie coupable de ne pas les revoir ; on ne sait pas.

L'éducateur m'a remerciée de lui avoir donné le courage de l'aider dans cette démarche, car il craignait de se sentir fautif vis-à-vis de la maison d'éducation. Sinon, il aurait fallu toutes sortes d'autorisations, et sans doute celle du procureur.

Dans de telles histoires, c'est le fantasme des origines à retrouver qui soutient un moi idéal, encore infantile dans la structure. (Le moi idéal est toujours infantile, en chacun.)

En s'apercevant que ses géniteurs ont refait leur vie sans avoir le besoin ni le désir de retrouver leur enfant, le sujet se rend compte qu'il désirait rencontrer une butée à ses fantasmes, dans la réalité.

Cette jeune fille répétait ensuite qu'elle avait vu, *de ses yeux vu,* ses parents : expression qui certainement était porteuse de toute la signification qu'avait eue pour elle l'événement.

J'ai connu un autre exemple chez un homme qui, enfant adultérin, était travaillé par l'envie de connaître son géniteur. Il avait un père légal, mais qui était mort déjà, à cette époque. Sa mère lui avait expliqué la situation, mais sans vouloir lui révéler l'identité de son géniteur. Il voulait seulement le *voir.* Ni lui parler ni le déranger ; d'autant que ledit géniteur n'avait jamais su lui-même qu'il avait engendré un enfant.

Savoir de qui il était né, *voir* qui l'avait engendré, c'était là aussi arrêter les fantasmes à une butée. C'est un processus qui doit toucher au moi idéal.

2

Psychoses

Pas de psychanalyse possible en institution sans un contrat nouant le transfert - L'éthique vampirique du fœtus - Mère cannibalisant son enfant pendant l'allaitement - A l'origine des psychoses une zone d'ombre touchant les pulsions des parents - Le signifiant* grand-mère, *représentant l'amour archaïque pour la mère - « Moi quand pépère mort » - Un enfant hystéro-épileptique - « Elle est emmerdante cette dame-là »-« La* pupine *à qui ? » - Le « corps mort » dans la régression - Une otite psychosomatique - La question du paiement symbolique pour une masochiste psychiatrisée - La femme qui venait de plus en plus tard à ses séances.

P. : *Afin de pouvoir vous interroger sur le style d'interventions thérapeutiques que nous pouvons faire dans un centre de jour, nous voudrions vous exposer le type de fonctionnement de l'institution dans laquelle nous travaillons. C'est un centre dans lequel une équipe pluridisciplinaire assure la prise en charge d'enfants présentant une pathologie grave du développement. Il est ouvert à une population dont l'âge varie entre trois et sept ans environ. On peut y recevoir à peu près quinze enfants. Ils viennent, en général, quatre demi-journées par semaine.*

Le matin on s'occupe des névroses graves, l'après-midi des cas d'autisme et de psychose. Chaque groupe est divisé en deux sous-groupes de trois à cinq enfants. L'équipe est également divisée en deux groupes, comprenant chacun trois thérapeutes de disciplines différentes : chaque unité a la responsabilité clinique et pratique de deux sous-groupes d'enfants, l'un du matin, l'autre de l'après-midi.

La matinée est organisée en deux périodes planifiées de

deux heures un quart chacune, et de deux périodes de temps libre, au début et à la fin ; au milieu, une pause.

L'après-midi est contruit sur un modèle analogue. Les temps organisés polarisent enfants et thérapeutes vers leurs différentes occupations. Les périodes où l'enfant, désorganisé, morcelé, a une relation individuelle avec le thérapeute lui permettent de vivre, en se reposant des exigences de la réalité. Il n'y a alors pas d'autres repères que l'espace et le temps ; l'absurde sous toutes ses formes y est accepté, si l'enfant le demande. L'enfant est maître de son temps comme de ses jeux : les uns sont régressifs (se balancer, se faire bercer, jouer au sable), les autres sont plus symboliques (jouer aux pompiers, aux policiers, au docteur).

La stabilité des horaires permet à l'enfant d'utiliser les forces de son moi, à quelque niveau que ce soit, tant sur le plan relationnel que cognitif et social. C'est dans ce cadre que l'adulte lui impose des règles qui ont fonction structurante et valeur de castration, en formulant des demandes qui le confrontent à la réalité de l'autre, quels que soient les conflits que cela suscite en lui. Il amène ainsi l'enfant à s'identifier à son groupe d'appartenance et à se réaliser à travers ses productions. Comme il y a toujours deux thérapeutes présents dans ces activités, l'enfant y fait l'expérience de la triangulation.

La psychothérapie individuelle n'est prescrite qu'à certains enfants du matin, et elle est en général assumée par un thérapeute en clinique externe. En revanche, tous les enfants de l'après-midi sont en thérapie individuelle, et au centre de jour. La rencontre individuelle qu'un enfant du matin peut avoir avec un thérapeute se situe davantage au niveau du moi, de la réalité.

X. : *Dans le centre de jour, se posent de plus les questions propres à ce mode thérapeutique particulier : difficultés entre thérapeutes, difficultés pour unifier les éléments de la situation de vie, pour créer un cadre thérapeutique, difficultés à se reconnaître comme un intervenant en accord avec soi-même, sous le regard des autres. Il faut ajouter les problèmes de perte, de deuil, causés par des départs de thérapeutes ou d'enfants, par l'absence régulière des personnes travaillant à temps partiel. L'équipe est continuellement confrontée à un désir de fusion dont elle doit faire le deuil, ce qui engendre beaucoup de conflits. Chez les enfants, ces situations intensifient des réactions de retrait ou de régression auxquelles ils sont déjà portés par leur dynamique.*

Jean-Yves, par exemple, après la perte de son thérapeute qui est parti à la suite d'un conflit d'équipe, a perdu toute son agressivité, mais aussi sa place de parole ; il se promène dans le centre avec un air de zombie.

Michel s'identifie au dernier parti, utilisant son langage, imitant son comportement. Lorsque à la maison il perd son chat, il s'identifie à lui et miaule.

Les questions que nous nous posons tournent autour de cette réalité propre à l'institution : quelles paroles pouvons-nous dire dans ces situations ? Comment établir une permanence de l'équipe et construire, dans ce cadre, un milieu thérapeutique ?

F. D. : Il m'est très difficile de vous répondre, car je n'ai pas du tout ce mode d'expérience. Je ne peux que poser des questions à mon tour. Tout d'abord, pour quelles raisons conduit-on ces enfants chez vous ? On n'a pas encore parlé de leurs parents et, d'après ce que vous dites, ces enfants ne sont pas encore à l'âge de l'Œdipe ; ils ne sont pas sevrés, puisque l'on crée autour d'eux une espèce de milieu, pour qu'ils soient dans une relation prétendument triangulaire. Alors que leur triangulation, la première, la seule, c'est celle qui s'est faite avec leurs parents. Qu'en est-il de leurs parents ?

X. : *Ces enfants sont envoyés au centre de jour, après une consultation en clinique externe. Ce sont les parents qui formulent une demande pour que leur enfant soit vu en consultation ; et si l'on pense qu'il conviendrait à l'enfant d'être accueilli au centre de jour, on l'y envoie.*

Au centre, les parents rencontrent périodiquement les thé-

rapeutes. Et ceux qui le demandent sont suivis par un thérapeute en clinique externe.

F. D. : Mais pas en présence de l'enfant ?

X. : *Non.*

F. D. : Je ne sais pas très bien que vous dire, parce que tout cela me déroute énormément. Il n'y a pas de psychanalyse possible dans ces conditions, puisqu'il n'y a pas de contrat dans lequel le transfert soit serré, avec une seule personne. Reste un milieu scolaire, tolérant, peut-être thérapeutique... Un milieu où, d'ailleurs, l'enfant ne côtoie pas d'enfants dits normaux. Mais j'ai l'impression que les enfants dont vous parlez tournent en rond. Peut-être qu'un beau jour, grâce au Bon Dieu, ils s'en sortiront ; parce qu'une grand-mère sera morte, que le père aura fait un ulcère, ou qu'on aura retiré l'utérus à la mère. Il faut bien que la société prenne en charge des enfants qui sont rejetés de partout ; mais je ne vois pas ce qu'il y a d'analytique dans le fonctionnement institutionnel dont vous parlez. Aucune psychanalyse ne peut avoir lieu avec ces enfants hors de la présence de leurs parents, car ces enfants *parlent* leurs parents, et inversement, ils sont *dans* leurs parents : leurs symptômes sont l'expression de l'impossibilité pour eux, comme pour leurs parents, d'accepter la castration des pulsions orales et anales (pulsions qui ne sont pas castrées, parce que la mère n'a pas été sevrée elle-même de son enfant). Mais ce n'est jamais en séparant physiquement l'enfant de sa mère qu'on l'aide à résoudre psychiquement cette séparation : la séparation de force ne fait que renforcer son lien fusionnel, imaginaire, à la mère. C'est du manque de paroles qu'il souffre. C'est en parlant à son enfant de ce lien, que la mère va pouvoir cesser de le regarder comme un objet partiel d'elle-même, et le concevoir comme un autre réel. Il s'agit donc de donner la castration côté enfant et côté mère. C'est la castration qui permet à l'enfant l'identification à l'individu de même sexe exclusivement, donnant accès à l'Œdipe.

Quand une mère sèvre son enfant, il devient pour elle comme le sein ; alors elle supprime ou non son propre besoin de bouche-à-bébé ; si elle est tout le temps en train de le « tétonner », de l'embrasser, alors que lui-même ne sait pas encore embrasser, il n'arrivera à aucune symbolisation de l'amour pour sa mère, car elle-même continue de le prendre pour un biberon. Les bébés savent téter et mordre, mais ils ne savent pas embrasser. Embrasser est une symbolique qui n'advient que si l'adulte a accepté le sevrage et *parle* son amour. Embrasser, c'est du langage, ce n'est pas mimer, comme l'action de téter. Le mime n'est pas un code, c'est la reproduction d'un geste. Lorsque la mère embrasse son petit, il croit qu'il s'agit d'un mime et non d'un langage d'amour. C'est du moins ainsi qu'il le ressent ; parfois même comme du cannibalisme. L'enfant est alors traité comme objet, d'autant qu'il ne demande pas, lui, à être embrassé.

Vous jouez des rôles de caméléon pour ces enfants, et sans le leur signifier. Ainsi, le petit qui s'identifie à l'objet qui est parti, ou au chat – comme s'il ne savait pas qu'il est un humain –, s'identifierait aussi bien à une table, si elle disparaissait, au sol ou à l'air. Mais comment le lui signifier, puisque ça fait partie de ce qu'il vit, tant chez ses parents que chez vous ? Il est tout à fait possible que son père, à sa naissance, ait lui-même servi de substitut d'un chat pour une grand-mère, qui serait morte par la suite ; le père aurait conservé en lui cette enclave psychotique, et le fils en aurait hérité ; je ne sais pas, puisqu'on ne connaît rien de son histoire. Nous savons qu'un enfant, avant l'âge où se résout l'Œdipe, ne peut pas être séparé de ses parents dans ce qui est à dire à sa famille. D'autant que l'enfant exprime à sa façon ce que les parents cachent en parlant avec des mots.

Ce qui est intéressant chez les enfants psychotiques c'est que, lorsqu'ils entrent dans ce que nous appelons, nous, psychose, ils sont piégés dans quelque chose qui arrive à tous les enfants normaux lorsque ceux-ci restent, pendant une heure, une demi-heure, devant un problème qu'ils ne savent pas résoudre. Par bonheur, ça ne provoque pas chez le père ou chez la mère, ou chez l'un et l'autre, une zone d'ombre dans le champ des pulsions qui sont en jeu pour eux. Les enfants peuvent donc dépasser la difficulté. Les enfants psychotiques, eux, ne peuvent pas franchir cet obstacle que surmontent tous les enfants normaux à un moment donné, soit dans la vie fœtale, soit dans la vie orale, soit dans la vie anale ; c'est-à-dire aux âges dominés par ces différentes érotiques. Selon moi, l'érotique fœtale est marquée par une éthique humaine qui est celle du vampirisme ; pour bien vivre, quand on est un fœtus, le fin du fin de la vertu individuelle est de se gonfler de sang, au détriment de ce qui existe autour et qui a du sang, c'est-à-dire qui entretient la vie. C'est se greffer, pour pomper la vie.

Après la naissance, ce que l'on pompe, c'est de l'air. Vous avez vu le cas d'un homme, Dominique, à qui son enfant, en naissant, a pompé l'air. Cet homme réagissait comme un fœtus par rapport à l'air de son enfant. L'éthique du fœtus, c'est le vampirisme. Pour que la vie du fœtus soit bien finie, il faut qu'elle soit terminée également pour le père et la mère. Car lorsqu'un père est furieux que son enfant soit de tel sexe ou que ses cheveux soient de telle couleur, c'est qu'il n'accepte pas qu'il soit sorti de la vie fœtale. Il y a une lacune chez le père, comme une impossibilité à accepter de « faire avec » la réalité. C'est autre chose qu'un fantasme. Ainsi le père ou la mère peuvent refuser la réalité de la castration fœtale de l'enfant. L'enfant est donc obligé de refuser en partie sa castration fœtale, qui est la césure du cordon ombilical et la rupture totale avec le style d'éthique de la vie fœtale.

S'il a bien passé l'épreuve difficile de la naissance, épreuve qui peut rendre certains enfants psychotiques en leur laissant une enclave qui ne se découvre que plus tard, quelle éthique se développe chez lui ? Celle des pulsions orales, cannibales. C'est un organisme qui ne fait que rendre autant d'air qu'il en pompe ; nous avons tous, d'ailleurs, un même cordon ombilical qui nous relie à notre deuxième placenta : l'atmosphère, l'air que nous respirons. L'enfant entre dans des relations sensorielles, auditives, visuelles, tactiles, qui lui délimitent un sac de peau ; et ce sac de peau contient des zones érogènes, alors dominées par l'éthique orale : happer, rapter pour se gonfler ; et, pour ne pas éclater – puisque l'éclatement fait revenir à la vie fœtale dangereuse –, il faut expulser. Il y a deux pôles, un pôle oral des pulsions centripètes, de l'extérieur vers l'intérieur, et le pôle des pulsions centrifuges, avec l'émission du solide et du liquide en bas, par la sortie de ce sac, par identification aux adultes qui sont debout. L'expulsion de l'urine et des fèces forme une image en Y renversé pour l'enfant, image qui n'a rien d'érotique, alors que dans les fantasmes de la phase phallique les génitoires sont constamment en érectilité. L'érotique, c'est être en échange avec l'autre : c'est, alors que l'on prend ou donne à l'autre un élément substantiel (nourriture, excréments), que l'on peut avoir avec lui un échange subtil, qui constitue l'espace même du désir. A l'occasion de la satisfaction du besoin, le désir se donne lieu.

Quand j'étais très jeune, dans le service du docteur Ribadeau-Dumas qui avait la charge de la pouponnière d'un hôpital (j'avais été psychanalysée), j'ai vu une expérience extraordinaire. Ce médecin avait décidé que les infirmières qui s'occupaient de la crèche de l'hôpital pour enfants malades physiquement devaient obligatoirement passer cinq minutes, le matin et l'après-midi, à parler à ces enfants, sans les toucher ni leur donner aucun soin. Elles devaient leur parler sur un ton aimable, en mêlant, dans un bain de paroles, leur prénom, « papa », « maman » et les prénoms de leurs frères et sœurs. Ce qui, pour des infirmières qui doivent toujours *faire* quelque chose, était révolutionnaire. Or, après une expérience d'un mois, on a vu la mortalité infantile de ce service chuter. Simplement, à rester auprès des enfants, à leur parler, au lieu de les panser, les changer ou leur mettre le thermomètre. Ceci se passait en 1932, et l'expérience n'a pas été reprise, parce que tout le monde rigolait.

Quand le docteur Micheline Guiton, qui travaillait avec Mme Aubry, a publié dans une revue médicale de Paris un travail sur le bercement des enfants, on l'a mise en boîte en salle de garde, parce que bercer les enfants paraissait complètement rétro, anachronique. C'était retourner deux cents ans en arrière... M. Guiton remarquait qu'il était dommage que l'Assistance publique ait des lits si lourds, empêchant le bercement, lequel, associé à une petite chanson ou à certains phonèmes, contribue à rendre la viabilité à un enfant, et, peut-être, de façon plus efficace que des soins médicaux, chimiques. Cette recherche avait une teinte analytique, mais le moment n'était pas encore venu de reconnaître que le rythme à deux temps du bercement est une métaphore du cœur pendulaire de l'enfant, dont celui-ci doit faire le deuil au moment de la naissance. A la naissance, en effet, nous faisons le deuil de ce cœur pendulaire, nous n'avons plus de cœur, puisque c'est celui de notre mère que nous entendions. Quand on met le nourrisson sur l'oreiller, il n'entend plus la chamade, ce rythme asymétrique que les médecins reconnaissent par l'onomatopée « toum-ta ». Quand on le berce, on fait « du pendulaire », ce qui lui rappelle de son cœur le rythme fœtal ; dans le sommeil de la mère qui, pour un fœtus est très long, celui-ci joue et jouit de ces rythmes en même temps qu'il pompe, vivant de son vampirisme. Le bercement rend au sujet du désir, de la relation, la sécurité de cette époque antérieure ; il rétablit la communication entre l'esprit de l'être humain à l'état de fœtus et celui de l'adulte qui le prend en charge. Le bercement confirme l'enfant dans la sensation : « Je suis bien ; je suis moi, je suis l'autre et le même ; je suis *lui-moi.* » C'est une sécurisation de son être profond, en dehors des échanges solide-liquide. Voilà la base de la sécurité du narcissisme que restaure le bercement. Les modulations de la chanson, de la voix de la mère, l'enfant les entendait *in utero,* puisque, même si la paroi de l'abdomen déforme les sons de l'environnement, l'enfant en perçoit les modulations qui sont des « caresses-naissance » et lui donnent la certitude que sa solitude n'est pas une solitude de chose mais une solitude animée, entre des êtres qui communiquent.

A la *Maison Verte* [1], nous avons vu une mère dont l'aîné,

1. La Maison Verte, à Paris, est un lieu ouvert, non une institution, où les enfants, jusqu'à trois ans, viennent à leur gré, avec leurs parents. Les psychanalystes qui y travaillent sont présents chacun une fois dans la semaine. Cf., notamment, F. Dolto, *La Cause des enfants* et *Séminaire de psychanalyse d'enfants 2.*

un enfant très brillant, était un mordeur dangereux. Cette femme était débordée, pauvre haridelle abattue devant la violence de ce fils tout en ouverture, tout en vampirisme à l'égard du monde entier ; ce garçon était une merveilleuse créature humaine, mais très difficile à vivre et, naturellement, il était refusé partout.

La mère a eu un autre enfant qu'elle a allaité. Et c'est en voyant comment elle allaitait que j'ai compris ce qui se passait pour l'aîné. La mère était tellement masochique que le garçon vivait au stade anal, presque dans une phase urétrale, cette période, pour les autres dramatique, de son stade oral encore vampirique. Alors qu'il était donc au stade anal, il était resté vampirique cannibale, tout en percutant et en enfonçant tout ; il avait les attitudes phalliques de tous les stades, mais sans castration. De plus, il ne parlait pas. Sa mère étant irlandaise, il était allé passer trois mois en Irlande, au moment où il commençait à parler (à neuf mois), parmi des adultes dont il était le point de mire, puisqu'il était le seul descendant de toute une lignée qui s'arrêtait à des vieux garçons et des vieilles filles. Il avait été cannibalisé par tous ces yeux, faisant la joie de la famille maternelle.

Il était habité d'une richesse de forces tellement fantastique qu'on lui refusait l'accès des magasins, des jardins publics, et que les mères gardaient leurs enfants de lui. Le second avait plus de chance, car il avait ce frère aîné qui venait l'arracher à sa mère, et le trimbalait. Le grand était un danger public, notamment pour son petit frère, mais, heureusement, la mère laissait faire. Car si elle avait réprimé cette intensité d'énergie chez l'aîné, cela aurait produit une psychose chez les deux.

Voici donc comment elle se comportait avec le bébé : elle le nourrissait sans dire un mot, en le pinçotant partout. Tantôt elle suivait du doigt la conque de son oreille, tantôt elle lui tripotait les mèches de cheveux. Imaginez-vous en train de manger, pendant que, sans arrêt, votre mère vous crée des bouches partout (d'autant que le bébé au sein est, comme la mère, très dénudé). Car c'est ce qu'elle faisait, elle cannibalisait le bébé au toucher, partout. Elle ne signifiait pas à l'enfant la différence entre le besoin et le désir. Dans un amour de cannibalisme psychique et physique, plaisir et besoin se mêlaient inextricablement, sans issue.

J'ai admiré que cette femme fût à ce point masochiste, bien que ce fût secondairement, car elle était d'abord sadique, sans le savoir, dans sa manière de nourrir les enfants. Elle avait tellement besoin, elle, de téter son enfant, partout : pendant que le petit la pompait de son lait, elle le pompait par sa tactilité. Mais, plus tard, tout en étant très dépressive, elle a toléré la violence de l'aîné. A partir du moment où la parole est venue à ce garçon, il s'est calmé ; car on peut sortir ces enfants de la psychose qu'ils laissent présager lorsqu'on peut leur parler de leur mère. « Elle avait besoin de te toucher et tu croyais que c'était bien ; et tu croyais que, lorsqu'on aime les autres, il faut les mordre et les manger... » Je sens que cet exemple n'est pas à la hauteur de ce que je voudrais vous communiquer sur cette question, mais je voudrais vous dire que les effets de ce type de comportement, minimes chez certains, deviennent gigantesques chez d'autres, parce que de la relation mère-enfant, qui aura été pervertie, rien n'aura été dit. Les psychotiques sont des enfants pervertis par une relation innocemment perverse avec leurs parents. Ils n'ont pas reçu la castration, parce que les parents eux-mêmes n'ont pas accepté la castration d'avoir un enfant qui ne soit plus leur chose, leur objet, et que, chaque fois qu'ils le peuvent, ils tentent à nouveau d'en faire leur objet.

Si les enfants confondent les soins du corps et la relation, c'est parce qu'ils sont tout petits et qu'ils n'ont pas encore acquis la motricité et leur indépendance ; mais, nous, nous devons éviter de faire cette confusion. Or, c'est pourtant ce qui arrive à certains psychanalystes qui confondent matérialité et relation interpsychique spirituelle, laquelle est subtile, et non pas d'ordre sensoriel, comme l'est une chose liquide ou solide ; c'est grâce à la parole, dans l'air, qu'il y a vision et audition. La caresse, c'est à peine toucher, mais c'est encore trop si elle accompagne les besoins, induisant la confusion du désir et du besoin ; cette confusion, l'enfant la fait au début, mais nous, adultes, nous devons constamment faire la différence entre la nécessité de satisfaire les besoins indispensables de l'enfant et l'exigence de ne jamais satisfaire ses désirs ; les désirs, il faut en parler, les satisfaire un tout petit peu, mais en expliquant qu'ils ne pourront jamais être totalement satisfaits. Ceux qui croient que les désirs des enfants doivent être entièrement satisfaits, que tout doit tout le temps bien se passer, font des éducations ratées, qui produisent des effets psychotiques sur deux générations.

Car, dans la psychose d'un enfant – et j'ai apporté cette précision –, il faut analyser les relations orales, anales et œdipiennes des parents avec leurs propres parents. La psychose d'un enfant s'installe avant même l'oral et l'anal, dans les relations de ses parents avec leurs parents. C'est par exemple le cas d'une mère ou un père qui ont eu affaire à un deuil qui n'a pas été parlé. Cependant il y a des nuances à faire, car j'ai vu des enfants qui sont devenus psychotiques du fait de la guerre, de chocs physiques ou psychiques qu'ils avaient éprouvés très jeunes. L'origine d'une psychose est très complexe. Supposez une lignée Durand, une lignée Dupont : mère, Durand, père, Dupont ; la grand-mère réelle, Durand, est en lignée de femmes avec la mère de l'enfant ; le père Dupont est en lignée d'hommes avec le grand-père Dupont ; si l'enfant Dupont devient psychotique, c'est qu'il y aura eu chez lui, au moment du stade oral, rencontre de deux zones d'ombre touchant aux pulsions orales de ses parents : c'est-à-dire, par exemple, que des frustrations orales chez la mère, que celle-ci a ressenties au même âge que son enfant, et qui n'ont jamais été *parlées,* ont interféré avec un non-dit comparable du côté du père. C'est donc l'intersection de ces deux zones d'ombre qui entame la sublimation des pulsions orales chez les deux parents. L'ombre s'en trouve alors portée sur l'enfant, touché dans ses possibilités de franchir un sevrage à effet symbolique, c'est-à-dire d'entrer dans la parole.

L'effet symbolique du sevrage est de donner accès à la communication à distance par une parole, par le langage, lequel ne se réduit pas à la parole parlée ; il est aussi bien chez l'enfant une mimique, un dire à travers tout son comportement. Quand je dis « parole », c'est ici au sens du « verbe », au sens général de communication. Je vous donnerai plus loin un exemple de ce qu'est, selon moi, la parole d'un enfant qui passe pour muet.

J'ai compris, par l'analyse d'enfants qui avaient subi des traumatismes très précoces pendant la dernière guerre, que le signifiant *grand-mère,* qui pour beaucoup renvoie à une personne réelle, existante, pouvait représenter pour certains « la partie qui en moi a engendré l'amour actuel que j'ai pour ma mère ». Ce signifiant est en quelque sorte la réponse à la question : « Comment, avant le temps de maintenant, j'aimais ma mère (ou mon père) ? » Cette grand-mère-là est donc une modalité d'amour archaïque, un reliquat d'aimance, de l'âge fœtal, à l'égard d'un parent, tel qu'il est aimé au présent. Ce signifiant représente l'amour qu'un enfant, parvenu au stade anal, avait pour sa mère lorsqu'il était fœtal. On peut donc distinguer entre une grand-mère qui, chez l'enfant, s'est constituée comme mère de sa mère, et, d'autre part, le signifiant *grand-mère* représentant l'ancêtre en lui de sa relation à sa mère.

J'ai vu des enfants psychotiques guérir, relativement – car plus la guérison vient tard plus ils conservent de retard par rapport aux autres. Mais ce sont des êtres libres et qui travaillent.

Je pense à un cas de psychose, celui d'un enfant de sept, huit ans, que j'ai vu à Trousseau, pendant la guerre, et qui m'a dit : « Quand moi pépère mort. »

Il avait dix-huit mois quand cet événement s'est produit. La mère avait confié l'enfant pour quelque temps à ses grands-parents ; et le grand-père partait tous les jours se promener avec son petit-fils et un petit chien, dans la campagne. Un beau jour, le chien est rentré seul. Il se faisait tard, on est parti à leur recherche et on a retrouvé le grand-père la tête dans un étang ; il avait eu un ictus ; et le petit était à côté de lui, depuis trois ou quatre heures. Il n'avait pas l'air traumatisé, mais peu à peu, on s'est aperçu, à l'école, qu'il ne s'adaptait pas. On a dit qu'il fallait le mettre dans un internat, que c'était un enfant mal vivant ; mais la famille ne s'en rendait pas bien compte. C'était une famille dans laquelle il y avait d'autres enfants ; on lui disait : « Tais-toi. Mange.

Passe-moi ton pied, passe-moi ton bras », le morcelant en paroles comme on morcelle un enfant en l'habillant.

Il était l'enfant banal d'une famille banale, dans laquelle les gens n'ont pas de relations ; ils aiment bien leurs enfants, et c'est tout. On n'a donc pas prêté attention au fait que celui-là s'était identifié au grand-père et qu'il était mort le même jour que lui.

Cet enfant ne vivait qu'avec les poissons ; ses dessins ne représentaient que des poissons ; bien sûr, je pensais au fœtus (les psychanalystes ont des manies comme ça) ; j'essayais de trouver, en parlant à la mère, s'il s'était passé quelque chose dans la vie fœtale de cet enfant. Mais ce n'était pas ça du tout ! Le grand-père avait été si fasciné par la vision des poissons qu'il était allé les voir « avec sa tête », disait l'enfant, et qu'il en avait oublié son petit-fils ; celui-ci s'était identifié au grand-père regardant les poissons : sa tête était dans un aquarium. Bien sûr, la tête dans un aquarium, il ne pouvait pas suivre, à l'école primaire. Voilà un psychotique. La façon dont il a guéri peut sembler curieuse, car il est passé par un maillon intermédiaire en se prenant pour le chien. Rien d'étonnant après tout, puisque c'est le chien qui avait alerté la famille.

Il était retourné à l'âge oral du fœtus. L'aquarium, c'était pour lui comme une tétée, et c'est dans cette relation orale qu'il avait perçu son grand-père fasciné par les poissons dans l'eau. C'était donc une sorte d'invagination de sa propre structure : il était devenu « grand-père ». « Grand-père », c'était l'ancêtre en lui de sa maman.

Tous les enfants m'ont appris la psychanalyse, mais celui-là m'a beaucoup enseigné par les étapes qu'il a parcourues : il a fait le deuil du grand-père ; il a accepté de n'être pas le grand-père maternel; car évidemment, c'est merveilleux pour un garçon d'être le père de sa mère ; dans le désir d'un garçon, être le géniteur de sa mère, c'est bien mieux que d'être son fils ; parce que sans avoir de relation sexuelle avec elle, on est pour quelque chose dans son propre pouvoir de garçon. Quand j'eus compris ce qui s'était passé, je le lui ai expliqué, je ne sais plus comment ; il a compris; il s'est donc identifié au chien dans ce transfert, après s'être d'abord identifié à moi, qui voulais le sauver, parce qu'il voulait sauver le monde. Il a guéri complètement ; les parents, ravis, disaient : « La maîtresse, elle était bien bête de croire qu'il ne pouvait pas suivre à l'école ! » Car c'est cela, quand on guérit un enfant d'une psychose ; c'est tellement naturel qu'il apparaisse comme les autres !

Des transformations intenses se produisent chez un enfant psychotique lorsqu'on le soigne, et c'est la raison pour laquelle on n'y arrive pas toujours ; cela remue trop la libido de ceux qui l'entourent, les personnes les plus intensément touchées étant la mère ou le père, les médiateurs. Les parents de cet enfant étaient des gens très simples. Ils ne se sont pas rendu compte – je crois que c'était heureux – qu'il allait vers une marginalisation complète – IMP à vie – tant qu'on n'aurait pas compris pourquoi, par intelligence et par amour de son grand-père, par identification à lui, il pensait que celui-ci ne pouvait pas l'avoir plaqué pour autre chose que pour ce qui était sous l'eau, c'est-à-dire les poissons.

X. : *Avez-vous su ce qu'il est devenu ?*

F. D. : Il a été tout à fait guéri. Parce qu'il a été pris en traitement à temps. La mère a été coopérante, elle m'a raconté ces événements qui ont été dialectisés ensuite par cet enfant, très doué. S'il n'était pas le grand-père mort, que pouvait-il être dans ce petit trio, le chien-le grand-père-lui, sinon le chien ? Cette alternative a été un moment nodal de la renaissance de l'enfant à un sens ; il avait été laissé pour compte ; puisque tout ce qu'on avait pu dire en le retrouvant, après qu'il soit resté quatre heures à côté de son grand-père mort, c'était : « Le pauvre petit ! »

Vous parliez d'un enfant qui s'identifie au chat qui est parti. Le deuil qu'un enfant fait d'un animal par exemple, est une étape normale de son développement. Sinon, il faut analyser avec lui les raisons qui rendent ce deuil impossible. Ceci me rappelle le cas d'un enfant que ses parents avaient confié, lors d'un voyage à l'étranger, à une personne, très gentille du reste, qui ne parlait que la langue de ce pays. L'enfant, alors tout petit – il devait avoir deux ans et demi –, est resté ainsi huit jours avec cette femme, sans rien comprendre de ce qu'elle disait : un bain de paroles, radicalement autres. En l'absence de ses parents, le chat auquel il était attaché est mort, étranglé dans une fenêtre à guillotine ; il était resté pendu.

J'ai vu cet enfant à six, sept ans. Depuis cet événement, il s'était identifié au chat qui, pour lui, avait été également abandonné par ses parents. Il était tombé alors dans un état épileptique subintrant. Le chat avait très probablement eu des convulsions avant de mourir. Depuis, les parents n'étaient plus pour l'enfant que des « tueurs ». Il me disait en séance : « D'abord j'veux pas vous parler. Je sais pas pourquoi on m'amène. – Ce sont tes parents qui veulent que tu viennes parce que tu as des crises. – Eh bien, tant pis ! c'est bien fait pour eux ! ça les emmerde ! » Selon la mère, ses yeux tournaient toujours du même côté lorsqu'il allait avoir une crise. Or elle avait remarqué qu'en séance avec moi, il tournait les yeux de l'autre côté. J'ai dit à l'enfant : « C'est pour ne pas voir ta mère. »

Les parents s'étaient fait confirmer par des médecins, des spécialistes, que ces crises épileptoïdes n'avaient aucune cause organique et qu'elles étaient tout à fait psychogènes. Cependant le père, qui était tout à fait organiciste, s'est laissé convaincre par quelqu'un d'arrêter le traitement, sous prétexte que c'était « chez la Mère Dolto ». Pourtant, il avait reconnu que c'était dans le traitement avec moi que le nombre des crises avait commencé à diminuer ; l'enfant n'en avait plus qu'une tous les cinq jours, au lieu de trois quotidiennement à l'origine. Quand elles commençaient, il gémissait. Et les médicaments qui l'abrutissaient n'avaient jamais empêché la survenue de la crise. Cet enfant très intelligent, très brillant – il avait deux classes d'avance – trouvait tout le monde idiot. Il traitait son père de con. Il était touchant dans sa souffrance. Un caractériel comme j'en ai rarement vu.

Bien sûr, à ce traumatisme de la mort du chat s'en sont ajoutés d'autres : le désarroi d'être abandonné à l'étranger, puis de voir bientôt arriver, sans prévenir, un petit frère. Tout cela a concouru à une *étrangeté féconde.* Ce qui est singulier c'est que la mère de cet enfant, qui avait avec lui un niveau de conversation élevé, adorait les chats et n'avait avec son fils aucune sorte de relation tactile ou de corps à corps. Il était, lui, typiquement hystérique.

La difficulté intrinsèque aux psychoses, c'est que les psychotiques ont porté un fruit anti-humain vers lequel les pulsions se sont détournées ; elle s'y sont brûlées, consumées. On ne peut pas défaire une aliénation, elle échappe à la castration. Un enfant se croyait chien, il a rencontré quelqu'un qui l'a baptisé chien, il en porte un chiot ; il sera lui-même chiot en tant que père, ou il sera père de chiot. C'est une enclave en lui : il est aliéné, en même temps qu'une part de sa libido l'humanise. Dans ce cas, la castration est incomplète, une partie des pulsions s'étant satisfaites, à un moment donné, dans une identité qui n'est pas humaine.

Si vous abordez en éducateurs l'enfant qui s'est identifié à un chat, vous pouvez, bien sûr, jouer avec lui ; pourquoi pas ? Mais vous devriez plutôt lui dire : « Pourquoi ne pas en parler à ton psychanalyste ? » C'est-à-dire à quelqu'un qui ne sache rien de ce qui se passe au centre, et qui voie les parents et l'enfant sans s'occuper en rien des questions de l'éducation.

L'éducation n'est pas du tout du ressort du psychanalyste, qui, étant à l'écoute d'un sujet dans sa régression au désir inconscient de ses dix-huit mois peut-être, n'a pas à lui faire valoir les exigences de la réalité ni du présent. Ce n'est pas à l'analyste de prendre à son compte le désir conscient d'une institutrice d'apprendre à écrire à l'enfant ; on ne peut pas être à la fois dans un projet pédagogique *et* psychanalyste. On peut avoir une formation psychanalytique et faire des psychanalyses avec des enfants qu'on ne connaît pas dans la réalité. Avec des enfants qu'on connaît dans la réalité, ce n'est pas possible. Et l'on ne peut faire la psychanalyse que d'un enfant qui en a le désir ; j'ai été un peu chiffonnée par le fait que, dans votre centre, tous les enfants soient obligés de faire une thérapie, ceux du matin en tout cas. Qui décide ?

Je me suis demandé, d'autre part, si faire des synthèses en

présence de l'enfant n'aplanirait pas certaines des difficultés dont vous avez parlé. Il y a deux endroits, en France, où l'on s'occupe d'enfants psychotiques en pratiquant cette méthode et ça marche très bien. Au lieu de dire : « Cet après-midi, c'est la synthèse de tel enfant, par exemple Jean », on dit : « Cet après-midi Jean va nous parler. »

Y. : *Je voudrais vous demander, à vous qui avez si bien montré la puissance de la parole et de l'interprétation, de nous dire un mot sur les limites de l'une et de l'autre.*

F. D. : Je crois qu'il n'y en a pas, et que ce sont nos résistances qui sont en jeu. Si nous ne réussissons pas avec tous les enfants, c'est parce que nous-mêmes avons une structure qui nous empêche à certains moments d'entrer en résonance avec les pulsions de l'être humain, en face de nous, qui a besoin de dire, même si les mots lui manquent, quelque chose que nous ne ressentons pas. C'est une question de niveau de résonance ; face à certains de ces cas, certains analystes ont des résistances, d'autres non.

Y. : *J'ai l'impression cependant que certains enfants n'en sont pas encore à la parole...*

F. D. : Il ne s'agit pas de la parole verbale. Je voudrais vous donner un exemple illustrant la façon dont un enfant peut parler sans les mots. Je vois un jour arriver un couple avec une enfant de cinq ans, muette depuis l'âge de dix-sept, dix-huit mois. Elle avait bruité, sonorisé jusque-là et, peu à peu, les parents ne savaient pas dire comment, elle est entrée dans le mutisme total. Ils avaient pensé qu'avec d'autres enfants à la maternelle, les choses allaient s'arranger, mais rien n'y faisait. C'était donc la première séance, et ce fut la seule. Or, elle en est repartie en parlant comme vous et moi, c'est-à-dire qu'en réalité, elle avait fait ce chemin de la parole toute seule pendant des années, mais personne ne s'en était aperçu.

Cette enfant parlait, mais en mimiques. Je me suis dit : « Mais qu'est-ce que c'est que cette enfant, pas du tout folle, pas du tout arriérée et pas du tout muette ? » La mère me parle, très ouverte. Près de nous il y avait un panier rempli de poupées, de cordes, de petites autos, de bidules apportés par les enfants, qui ne me servaient jamais dans les traitements, mais qui n'étaient là que pour les occuper pendant que les parents parlaient. Parce que je demande toujours aux parents de parler *devant* leurs enfants, s'ils en sont d'accord et les enfants aussi ; si les enfants veulent s'en aller, la porte reste entrouverte ; s'ils restent, c'est qu'ils veulent bien écouter ; si alors les parents parlent, c'est qu'ils peuvent tolérer de le faire en présence de l'enfant. Et je suis autant attentive à ce que l'enfant me dit avec son être qu'aux paroles des parents. C'est ainsi qu'on voit que les enfants sont toujours syntones à ce que disent leurs parents, et qu'ils entendent tout.

La mère me raconte qu'elle a eu plusieurs fausses couches avant la naissance de cette enfant, et que c'est la raison pour laquelle cette petite fille lui est si chère. Depuis, son mari et elle ne peuvent plus, malheureusement, avoir d'enfants. Je voyais pendant ce temps-là cette petite farfouiller dans le panier, sortir les poupées. Elle apporte alors, entre ses deux parents qui étaient assis, une poupée dégoûtante, laissée là un jour par un enfant psychotique, toute peinte, un œil crevé, les doigts coupés, bref le représentant d'un être sadisé jusqu'au trognon ; cette poupée, encore habillée, était au fond du panier ; aucun enfant ne s'en occupait jamais. La petite arrive avec ça, elle le chérit, et elle le met dans les bras de son père qui me parlait, sans s'occuper de toute la geste de l'enfant. Puis elle le serre à nouveau contre elle et, au lieu de lui mettre dans les bras, le pose sur le haut des cuisses de sa mère, et le fait tomber par terre.

Personne, à part moi, ne faisait attention à ce qu'elle faisait. Elle va faire un tour, et par trois fois refait le même cinéma avec la poupée. A ce moment-là, je dis à la mère : « Mais depuis que votre fille est née, vous avez fait une fausse couche ! »

La mère rit, regarde son mari, le regard allumé de joie, et me dit :

« Vous devinez les choses !

– Non, c'est votre fille qui vient de montrer qu'elle a vécu qu'il est sorti de vous un enfant mort.

– C'est impossible qu'elle puisse se souvenir !

– Pourquoi ? C'est donc arrivé ? »

J'appelle la petite qui, à ce moment-là, nous regarde d'un air très intense. Je dis :

« C'est possible ; vous dites que vous auriez tant désiré un autre enfant depuis sa naissance ; peut-être s'agit-il de cela ?

– On peut le lui dire ? » demande la mère.

C'étaient des gens très catholiques – ils étaient venus parce qu'ils savaient que j'avais parlé de ce problème. Or, la femme avait hésité à me dire qu'elle avait été enceinte quand l'enfant avait trois mois. Son médecin lui avait alors conseillé : « Fragile comme vous l'avez été, avec tant de fausses couches avant cette enfant, que vous nourrissez au sein, il serait plus sage de faire une IVG. » Avec beaucoup d'hésitations – mais pour le Bon Dieu et avec l'assentiment de son confesseur *(Rires)* – elle a subi une IVG.

J'ai dit à la petite :

« C'est très important ce que tu as vécu là, car c'est comme si ta maman t'avait dit : les filles doivent faire attention, quand elles vont avec les messieurs, afin de ne pas toujours avoir des enfants. »

A ce moment-là la mère s'est mise à pleurer sur l'épaule de son mari, en disant qu'elle aurait bien voulu garder cet enfant, et la petite a tiré son père pour l'emmener, en lançant :

« Viens, papa, elle est emmerdante, cette dame-là ! »

Son père m'a regardée, et je lui ai dit :

« Vous voyez bien qu'elle parle ! »

« Viens, papa, on laisse maman. »

J'ai dit à l'enfant :

« Pas du tout ! ton père ne laissera pas maman. Tu aurais bien voulu avoir un enfant avec papa. Tu étais bien jeune pourtant ; il paraît que tu n'avais que trois mois, mais tu as dû entendre que ta mère désirait un autre enfant. »

Voilà cette enfant qui parlait complètement ; mais elle parlait déjà avec ce geste qui m'a fait penser qu'il ne s'agissait pas d'une fausse couche d'avant sa naissance, puisqu'elle savait que ça sortait d'entre les jambes ; si la mère avait eu une fausse couche avant la naissance de la petite, celle-ci ne l'aurait pas su ; pas plus que dans le cas où elle se serait sentie menacée de mourir, quand sa mère était enceinte d'elle. C'était une enfant hyper-précoce, comme tous les enfants ayant des symptômes si graves que l'on peut croire au début d'une psychose.

La précocité, je ne sais plus ce que c'est. Je ne sais jusqu'à quel âge civique il faut remonter pour rencontrer la connaissance de l'amour et du désir, qui semblent là, dès le premier jour de la vie ; avec si peu de moyens à disposition pour les signifier aux adultes. Je crois qu'il y a des passions précoces intenses chez les enfants de trois semaines, ou de trois mois, pour des personnes qui, comme leurs parents, leur sont interdites, du fait de l'ordre de la procréation. Les parents de cette petite avaient vu des « logopèdes », je veux dire des orthophonistes, qui m'avaient adressé l'enfant parce qu'ils n'arrivaient à rien. Ce qu'il y avait à faire, c'était de dire à cette petite fille le chagrin de la mère, chagrin, que celle-ci déniait, d'avoir dû avorter d'un enfant qu'elle lui aurait offert. Le bébé aurait peut-être été viable, mais en tout cas l'aurait obligée à sevrer brutalement la petite. Comme elle avait raté les grossesses précédentes, elle voulait s'occuper en femme consciencieuse de sa fille. Ce couple avait pris ses responsabilités en décidant cette IVG. Mais le non-deuil dans l'inconscient de la mère empêchait la fille d'incarner le verbe dans sa parole. A partir du moment où la mère a pu vivre son chagrin, l'enfant a eu le droit d'être une fille œdipienne, aimant son père et parlant avec lui.

Y. : *Je ne veux pas classer les enfants dans des catégories, mais il existe des enfants très autistiques, très enfermés en eux-mêmes, que l'on essaie pendant des années d'amener à la parole. Et quand je vois la somme d'efforts que font les parents, dans les thérapies auxquelles ils participent avec les enfants, pour des résultats tout à fait médiocres, et que je vous entends parler des enfants guéris par l'interprétation...*

F. D. : Non, ce sont les enfants qui apportent la clé ! Dans ce cas, j'ignorais si mon hypothèse était vraie. Mais je me disais : « Cette enfant me raconte quelque chose qui *n'est pas d'avant* sa vie. »

Y. : *Mais vous lui avez permis de le raconter...*

F. D. : Je crois qu'on n'observe pas suffisamment ce qu'un enfant dit dans son comportement...

***

X. : *Je voudrais vous présenter le cas de Simon, âgé aujourd'hui de six ans. Dès le début, à chaque retour de vacances, les parents veulent cesser le traitement. Dernièrement, la mère veut appeler le centre de jour pour déclarer que, dorénavant, son fils ne viendra plus, mais elle se trompe et compose le numéro de la clinique externe ; c'est moi, qui suis la psychothérapeute de l'enfant, qui lui réponds. Son fils, dit-elle, fait maintenant des phrases complètes, ce dont je doute, car, la dernière fois que j'ai vu Simon, il était piégé dans un jargon. Son professeur, ajoute la mère, comprend mal qu'il soit suivi au centre de jour. D'un ton ferme, elle m'avise que son mari appellera le centre pour confirmer leur décision. Il le fait, mais deux jours plus tard ils changeront de résolution, une fois de plus.*

Chaque fois que les parents veulent retirer leur enfant du centre nous leur demandons ce qui motive leur décision. Récemment, c'était une crise d'agressivité de l'enfant chez la gardienne, à son retour du centre. Nous avons interprété cette crise aux parents, en leur disant que Simon s'attendait certainement à trouver sa mère à son retour, comme d'habitude.

Interpréter ainsi le comportement de l'enfant ne risque-t-il pas de culpabiliser les parents ? N'est-ce point, pour nous, usurper la loi du père dans la poursuite du traitement ? Je me demande, par ailleurs, jusqu'à quel point cet enfant souffre de son état ; en effet j'ai parfois l'impression qu'il est parfaitement heureux. Je voudrais pourtant vous présenter sa pathologie pour que vous m'aidiez à éclaircir les résistances de ses parents comme les siennes propres.

Simon n'a qu'un frère de huit ans qui a, du reste, été suivi au centre de jour pendant deux ans. La relation des parents avec l'aîné est difficile, voire perturbée depuis sa naissance ; il a été gardé pendant son enfance par ses grands-parents maternels. Les parents ont désiré leur second enfant, à travers lequel ils espéraient réparer une blessure narcissique. Après sa première grossesse la mère désirait une fille qu'elle aurait pu câliner, dit-elle ; elle s'était sentie rejetée par sa propre mère, qui lui préférait ses deux frères. Étant adolescente, elle a été violentée par son frère aîné. Elle conserve un fort ressentiment envers ce frère et sa mère.

Sa seconde grossesse se passe sans difficultés particulières, mais son désir d'avoir une fille ne se réalise pas. Contrairement à son frère, Simon est un bébé agréable, calme, qui mange normalement. Les difficultés apparaissent au moment de la marche ; il devient désobéissant, dit la mère. Nous sommes portés à croire que cette femme qui, elle-même, a été une enfant soumise, devient intolérante et dépassée par les manifestations d'autonomie de son fils. Il se produit chez Simon une régression du langage ; sa propreté est instable ; il devient de plus en plus agressif et ses parents trouvent que son frère Paul exerce une mauvaise influence sur lui.

Lorsque nous le recevons la première fois, il tolère mal d'être séparé de sa mère ; il a trois ans alors. Il recommence à dire quelques mots, et, quelque temps après, la propreté se réinstalle. Malgré son langage restreint, il réussit à provoquer la culpabilité de sa mère en lançant des jurons.

Son frère présentait des perturbations similaires au même âge. Mais les troubles de Simon sont niés par les parents, par le père surtout. Il y a plusieurs années que tous les membres de cette famille suivent une thérapie.

Lorsque nous commençons le traitement de Simon, d'un entretien à l'autre, nous étudions des feed-back dans l'attente d'une éclosion du langage, car nous ne pensions pas, à ce moment-là, que sa pathologie était si sévère. Ce traitement donnera des résultats, jusqu'à son hospitalisation pour des otites répétitives nécessitant une intervention chirurgicale. Cette nouvelle régression est associée à l'interruption du traitement et aux effets agressifs que provoquent les hospitalisations et les maladies. Or, la régression persiste plusieurs mois après le rétablissement de l'enfant. Il reste très angoissé lorsqu'il doit se séparer de sa mère, recouvre le mur de ses fèces, et rentre dans son mutisme. C'est pourquoi nous demandons alors, outre la poursuite de la psychothérapie, l'admission de l'enfant au centre de jour.

Nous appréhendons la réaction des parents, déjà très déçus par leur fils aîné, confrontés une fois de plus à leur sentiment d'être de mauvais parents. Qu'adviendra-t-il de leur désir que cet enfant soit leur objet réparateur ?

Le père, en colère, nous demande un entretien dans lequel il nous confie sa propre histoire. Lorsqu'il était enfant, sa mère a subi plusieurs hospitalisations psychiatriques. Son père était plutôt dépressif. Il a donc dû assumer un rôle protecteur à l'égard de sa mère et devenir adulte avant l'âge. Il déteste la dépendance et voue toute son énergie à ignorer le sort économique de sa famille.

Simon est son fils préféré ; il s'est montré permissif avec lui. Après son refus initial de tout traitement, il finit par accepter l'entrée de Simon au centre de jour et la psychothérapie. Mais il demeurera toujours méfiant et ambivalent à l'égard de ce traitement.

Nous aimerions vous présenter brièvement notre démarche thérapeutique avec cet enfant. Le traitement a débuté, en septembre, l'année dernière. Pendant plusieurs semaines, et à chaque entrevue, Simon sollicite sa mère. A la fin de chaque entrevue, son visage s'illumine et il recouvre sa gaieté. Il se présente à moi avec les dessins faits au centre de jour : ce sont de minuscules ronds rapprochés. Il me les montre, les pose sur la table de travail. Parfois il repart sans les reprendre ; je ne sais s'il me les donne intentionnellement ou non.

Chaque fois, il reste muet pendant toute la séance, regardant par la fenêtre des immeubles en construction. Plusieurs semaines s'écoulent avant que ne s'établisse une alliance thérapeutique (dont je ne saurais dire s'il s'agit d'un trans-

fert). Par la suite, Simon sort un peu du mutisme, il jargonne ; des jeux symboliques apparaissent. Au début de chaque entrevue, il demande la « pupine » : c'est un camion qui se trouve dans un bureau voisin. « Pupine », en argot, signifie « pénis ». Au cours de sa thérapie, Simon a eu des saignements au frein de son pénis, qui ont nécessité une intervention chirurgicale, à six ans à peine. On peut s'imaginer son angoisse devant ces saignements. Par l'intermédiaire de la travailleuse sociale, nous demandons au père de rassurer son fils sur son pénis, ce qu'il fait, mais le fantasme de castration persiste.

Après s'être approprié la pupine, il s'allonge sur le sol, tétant son pouce et faisant avancer et reculer le camion avec sa main libre. Le pouce, évidemment, joue le rôle d'objet partiel. J'interprète son attitude comme la peur de se retrouver seul sans sa mère. Puis il s'assied sur ma chaise et me demande de le pousser à travers la pièce, mimant un jeune nourrisson que sa mère promène en poussette. Il me dirige dans diverses directions, à l'intérieur de mon bureau. Le nourrisson se réveille subitement, puis se rendort aussitôt : Simon prend un immense plaisir à ce jeu. Désir de se retrouver seul, désir de régresser dans un état fusionnel à sa mère.

Il prend une marionnette, un ours – ces jeux symboliques sont apparus à la fin de l'année dernière –, et choisit le rôle de mère : il cajole, berce, soigne l'ours, qui se met à pleurer ; il lui jargonne des mots, d'une voix tendre et consolante. On voit sa capacité à consoler et materner.

Puis il prend le loup ; je remarque à haute voix que le loup a de grosses dents pointues. Il le lance aussitôt au sol ; j'interprète sa colère ; il se retourne vers moi et inquiet me dit : « Toi fâchée ? »

A une séance suivante, il prend le loup : le loup est malade, Simon le soigne, mais le loup est à nouveau malade. Je crois comprendre qu'il saigne ; mais pourquoi à cet endroit ? J'associe cela aux saignements de son pénis. Simon poursuit les soins ; mais ils ne suffisent jamais à guérir le loup.

Trois séances plus tard – c'était en mai dernier – Simon régresse à nouveau. Il devient très défensif. Il ne prononce plus aucun mot compréhensible, ne jargonne même plus. Il devient agressif et prend plaisir à détruire ses productions et celles des autres. Les jouets des bureaux voisins ne sollicitent plus son attention. Il est réticent à entrer dans le bureau où je le reçois ; quand il s'y trouve, il demande que la porte reste ouverte et se remet à contempler par la fenêtre les immeubles en construction.

La première question que nous nous sommes posée en synthèse était : que cachent ces régressions répétitives que nous comprenons mal ?

F. D. : Il a fait une régression parce que, arrivé au stade anal, il n'avait pas encore pu symboliser le plaisir du stade précédent ; donc il ne peut pas passer au stade suivant. Ce que je ne comprends pas c'est pourquoi cet enfant, qui souffre d'être séparé de sa mère, n'a pas ses séances en présence de celle-ci. Il avait besoin de la situation fusionnelle à sa mère pour entrer en thérapie. Son frère aussi. Vous dites vous-même que le frère a des difficultés au moment du stade anal, qui est celui de la motricité, parce que la mère ne tolère pas les pulsions phalliques orales de ses enfants ; or ce loup qui pleure, qui souffre, ce sont les pulsions phalliques de Simon, mais aussi de Paul ; le loup peut être également une image de la mère, sur laquelle l'enfant projette ses pulsions. Simon est en train de faire l'analyse de Paul, de son père et de sa mère. Ce n'est pas facile, quand tout est intriqué ainsi. Tandis que, si sa mère est présente à ses séances, viendra un jour où il la mettra à la porte de lui-même ; comme tout enfant qui se détache de sa mère pour faire une psychothérapie, il fera son traitement pour lui. Il ne faut pas croire qu'en ce moment il soit en psychothérapie ! il n'est pas motivé. Il est sans doute dans une phase où l'analyste est érotisé pour lui, en tant qu'autre mère (ou autre père) ; car, quel que soit son sexe, si l'analyste est perçu comme actif par l'enfant il est vu par lui comme un homme. Si, pendant la séance, il attend que vous remuiez, il est passif pendant que vous êtes le père actif. J'ai l'impression que c'est le pénis du père qu'il cherche. Le camion est de quelle grandeur ?

X. : *Il a une benne.*

F. D. : J'aurais posé tout de suite la question : « Pupine *à qui ?* »

X. : *Mais il ne répond pas.*

F. D. : Ça ne fait rien ! Il ne répond pas en mots, mais il répond toujours. « C'est pupine à qui ? A toi ? » Pas de réponse. « A Paul ? » Pas de réponse. « A papa ? » A ce moment-là il le prend, ou il le jette. « Ah ! Pupine à papa, on n'en veut pas. » Tout doit entrer en colloque, tout de suite. Vous posez une question ; soit elle ne signifie rien pour lui, auquel cas elle tombe à côté ; soit elle est vraie pour lui et il émet un signe quelconque. « Tu n'es pas content que j'aie dit ça ; tu as bien raison de me le montrer. » Vous êtes alors en relation constante avec lui.

Cette auto est très importante. Vous parlez de « saignements du frein », mais que représentent les allées et venues du camion dans son jeu ? La masturbation ou le coït parental ? On ne peut pas savoir. Était-ce une situation *in utero,* où il n'était la femelle qu'au moment jouissif du coït avec papa ? Peut-être est-il un enfant « oui-non ». Maintenant, c'est le oui qui l'emporte chez lui ; la régression c'est un « oui-non, oui-non ». Il ne peut pas avancer. Il est, comme tous les psychotiques, pour ainsi dire dans un bateau ; comme tous les enfants d'ailleurs ; ils passent deux heures ou deux jours dans la régression et n'en sortent que parce qu'ils sont distraits. Les psychotiques y restent, eux, parce que personne n'est venu les en distraire, ni même une maladie, par exemple, survenue au bon moment pour briser le cercle vicieux qui a commencé à s'installer. Il semble bien que, dès le début, Simon vous l'ait signifié quand il s'est couché, suçant son pouce dans une oralité fusionnelle : il était *lui-maman,* mais aussi *lui-papa* quand il jouait à se masturber dans maman. Il a joué un coït, soit *in utero,* soit de l'époque où il était au sein de sa mère et que le père s'occupait vaguement de sa bobonne à côté de lui.

Y. : *Vous posez des interprétations.*

F. D. : Ce ne sont pas des interprétations, ce sont des questions. Et l'interprétation vient de la façon dont la réponse donnée par l'enfant s'enchaîne à l'hypothèse. Je vous l'ai montré tout à l'heure, je suis questionnée et je traduis ma question à l'enfant. Voilà comment je travaille. Et je pense que toute interprétation est une question. On n'affirme jamais rien. Quand il s'agit d'une interprétation plus globale, on la dit dans les termes de ce qu'on connaît pour *vrai :* « Ton papa – si le père a réellement prononcé ces mots – dit que tu es allé à l'hôpital parce que tu avais des saignements à ton zizi. » « Le zizi – on reprend les mots des enfants – c'est très précieux, c'est ce qui fait que tu es homme. Tu es un homme et c'est pourquoi tu as un zizi. Hélas, ta maman nous a dit qu'elle aurait voulu que tu sois né fille, c'est-à-dire sans zizi. » Quand vous lui parlez ainsi, il ouvre des yeux ronds. C'est qu'à l'âge de l'urétral, il vit encore à l'âge oral ou fœtal. C'est une interprétation qui correspond à son niveau d'âge et, s'il ouvre les yeux ainsi, c'est qu'il a entendu ; c'est qu'une partie de sa libido est capable d'accepter l'urétral – sans quoi il ne mettrait pas de ses excréments partout. C'est ce que font les enfants au moment du prégénital urétral ou anal, pour être revêtus de l'odeur de leur siège, pour questionner sur le siège qui les questionne. Ils vivent dans l'amour de leur siège, parce que leur mère est en haine, ou en amour de leur siège – pour l'enfant c'est pareil – quand ils ne sont pas du sexe qu'ils veulent. Alors ils restent accrochés à l'anal, parce que, tant qu'on est dans l'anal on vit dans la réunion des deux sexes. Tant qu'on est seulement occupé des excréments, on n'est pas encore dans le moment de jouir d'être pénétré ou de pénétrer ; on est encore dans quelque chose qui émet en bas et qui pose, sans le dire, le problème du sexe ; et comme on a un siège, on ne fait que s'entourer d'excréments, d'odeurs !

Une image illustre bien la régression, c'est celle de la barque dans le port, libre de toute relation. Elle est amarrée par l'avant, lestée à l'arrière d'un « corps mort », une masse de béton attachée à une chaîne. On décroche l'avant – c'est le travail avec le thérapeute – et on dit : « Vogue la galère ! » Oui, mais le corps mort retient la barque. Il faut bien « faire avec » la régression ! C'est cela, la vie du psychotique : il est retenu au fond de lui-même, dans son eau amniotique, à la fœtalité.

Simon est retenu par le désir d'être fille pour sa mère. Il faudrait savoir pourquoi elle, étant fille, voulait une fille. Vous dites que le frère de cette femme a été violent...

X. : *A l'adolescence. Elle avait quinze ans, et lui une vingtaine d'années. Par la suite, j'ai appris qu'il avait fait des séjours en hôpital psychiatrique. Mais cette femme, je ne la vois pas régulièrement.*

F. D. : C'est cela, elle n'a pas pu vous en dire beaucoup là-dessus ; et vous n'avez donc pu en parler à l'enfant. Or, elle a le fantasme que les garçons sont incastrables, à jamais. Simon lui dit : « Mais oui, regarde ; je saigne à ma verge, donc je suis castré ! » Il essaie constamment de consoler sa mère, cet enfant. Il passe son temps à lui dire : « Je suis garçon, mais je suis fille, puisque je saigne de là ; je ne suis pas dangereux... » Il est le psychothérapeute de la famille comme tous les psychotiques, mais il est davantage encore celui de la mère.

Je ne comprends pas, en revanche, que vous placiez l'enfant, alors que les parents ne demandent rien. Être psychanalyste, c'est dire : « Que venez-vous me demander ? » S'ils disent qu'une école ne veut pas de leur enfant, il faut leur donner d'autres adresses d'écoles, par exemple. S'ils reviennent ensuite pleurer : « Il n'y a qu'un hôpital de jour qui veuille le prendre ! » alors qu'ils ne veulent pas le mettre dans un hôpital, dites-leur : « Vous avez raison : plaignez-vous. » Cela n'empêche pas, si le père veut sortir son enfant d'affaire, que celui-ci suive une psychothérapie analytique.

Cependant, je ne vois pas comment on peut prendre en traitement des enfants petits, ou même âgés de six ou sept ans pour certains, sans que les parents soient présents aux séances aussi longtemps que les enfants le désirent. De toute façon, je trouve inhumain qu'un enfant soit pris en psychothérapie sans que ses parents soient au courant de ce travail considérable qui se fait dans son inconscient. C'est sa liberté qui doit être respectée, même si elle prend temporairement la forme de la phobie d'être séparé de ses parents. Les garçons, lorsqu'ils sont en deçà de la castration œdipienne, sont encore sous la dépendance du désir homosexuel à l'égard du père qui leur fait défaut, puisqu'il n'a pas été intériorisé, et du désir hétérosexuel à l'égard de la mère, qui leur est encore extérieure, elle aussi. Ces enfants, qui ne savent ni s'auto-materner ni s'auto-paterner, sont psychotiques. Un enfant névrosé, lui, sait s'auto-materner et s'auto-paterner. Il sait ce qui est défendu ou non défendu ; ce qui est sain ou malsain pour lui : il n'avalera pas de la mort-aux-rats par inadvertance ; il ne se laissera pas mourir de faim, s'il y a de la nourriture près de lui. Je ne connais pas d'autre définition de l'absence de psychose. Les pulsions prégénitales sont alors au service de la survie individuelle du corps et de la vie dans le groupe social dont l'enfant a intégré les règles de conduite. Au contraire, les psychotiques ne peuvent pas vivre libres, les uns, parce qu'ils ignorent de façon chronique ces principes de survie et de vie en société, les autres, parce qu'ils les oublient par à-coups, alors qu'ils semblent les connaître d'ordinaire : c'est la part irréductible de sa subjectivité qui fait sortir un psychotique de son savoir habituel. Il est dangereux pour lui-même ou pour les autres : c'est la définition du psychotique. En cela, il est différent d'un marginal. Les marginaux savent s'auto-materner, mais ils ont parfois des codes de conduite déroutants pour leurs voisins ; ils suscitent des projections de danger chez les autres. Or, ils ont des potentialités créatrices que souvent les autres n'ont pas. Si leur névrose se décompense, c'est plutôt du côté de la perversion ; et s'ils deviennent nuisibles à quelqu'un, c'est plutôt dans des situations érotiques. Ils sont rarement psychotiques. D'autre part, si les névrosés sont angoissés, les marginaux ne le sont pas nécessairement.

En ce qui concerne l'enfant névrosé, reste à savoir ensuite s'il s'auto-protège, en tant que garçon, en tant que fille, ou en tant que chiot ; mais on est entré dans une névrose œdipienne déjà si l'on sait se nourrir, se coucher tout seul, se vêtir pour ne pas avoir froid – même si l'on met son pull à l'envers –, bref s'auto-materner. Et on sait ne pas se faire écraser dans la rue, on sait relativement se conduire par rapport à la conduite d'autrui, s'auto-paterner. Mais il n'y a pas encore l'interdit de l'inceste, on se masturbe à tire-larigot, on mord son voisin...

L'enfant qui parle et qui s'auto-materne peut entrer dans une psychose du fait qu'il n'admet pas d'avoir le sexe qui est le sien. Ce genre de névrose a des aspects psychotiques, surtout si on la prend pour une psychose, si l'on ne questionne pas l'enfant sur ce qu'il est : garçon ou fille ? S'il ne le sait pas, c'est de l'ordre d'une psychose; il faut questionner le désir des parents qui ont dénié le sexe qui est le sien. Voilà ce qui apparaît dans le malaise d'un enfant à partir de trois ans, alors qu'il semblait normal à dix-huit mois. Les deux enfants dont vous parlez, Simon et son frère, semblent avoir eu un développement normal jusqu'à l'époque de la propreté. L'aîné conçoit la parturition comme une production anale, magique, des femmes ; la présence de cet « enfant-caca » le dispense, lui, de mettre du caca partout. Tout dépend ici de l'âge qu'a un enfant à la naissance d'un autre.

X. : *Que peut-on penser des otites de Simon ?*

F. D. : Bien sûr, cet enfant ne voulait pas entendre quelque chose. Pour vous l'illustrer, je vais vous raconter un petit fait à propos d'otites. Une femme que je connais me téléphone, très inquiète, de la campagne, pour me dire que la fille de son amie vient de commencer depuis une demi-heure une otite avec fièvre. Je lui dis que l'enfant a dû entendre quelque chose et qu'il s'agit probablement d'une otite psychosomatique. Cette personne me dit que l'enfant était gaie comme un pinson, en quittant la maison, et que c'est en arrivant au marché qu'on s'est aperçu de l'affection. Je lui demande :

« De quoi parliez-vous avec votre amie ?

– Caroline me parlait de l'homme qu'elle va sans doute épouser – elle est séparée du père de sa fille, Marie – et quand nous avons traversé le pont, elle a dit à Marie, qui a deux ans et demi : “ Tiens ! nous sommes en train de traverser le pont de ton papa et de tes grands-parents. ” En effet, le père de la petite Marie est italien d'origine et ce pont s'appelle le Pont des Italiens.

– C'est ça, et rien d'autre. Votre amie Caroline renvoie sa fille, Marie, à son géniteur, le premier homme du passé, pour elle, ainsi qu'à ses grands-parents, tandis qu'elle-même déclare qu'elle va épouser un autre homme, dont la petite Marie est certainement amoureuse comme une Messaline. Puisque vous êtes près de Paris le mieux est de rentrer ; mais essayez d'expliquer à l'enfant ce qui s'est passé au moment où l'otite s'est déclarée. »

La jeune femme me rappelle un peu plus tard pour me dire que la petite s'est endormie comme un plomb, après qu'elle lui eut expliqué ce que j'avais dit. Et pendant qu'elle lui disait qu'elle était sans doute très triste que sa maman et son ami se marient pour avoir un bébé, Marie lui enfonçait ses ongles dans la main. Quand elles sont rentrées, cette otite fluxionnaire avait disparu.

Alors la fièvre, qu'est-ce que c'est dans ce cas-là ? Je crois que c'est une régression ombilicale. Car, lorsque nous passons brusquement d'une température à une autre, c'est le moment où nous passons de la vie utérine à la vie extérieure. J'ai pensé à cela devant les fièvres d'émotion, de trac, lors d'un examen. Certaines personnes qui ont ressenti un danger, au moment de la naissance, autour du cordon ombilical, peuvent en conserver une fragilité et une inquiétude physiologiques. Elles sont marquées psychologiquement par la fébrilité émotionnelle, bien qu'elles n'aient pas l'air d'être émues ; elles ont un symptôme : une fièvre émotionnelle ou, chez ces personnes, le tour du nez et de la bouche devient bistre. Il serait intéressant, dans l'anamnèse, de savoir s'il n'y a pas eu d'incident au moment de la ligature du cordon, par exemple l'angoisse de l'accoucheur qu'il y ait infection. Si l'on fait tout un plat de ces fièvres émotives, on peut rendre ces enfants patraques. J'ai donné la clé à des pédiatres qui m'en ont été reconnaissants. Tout le monde est sur le qui-vive devant cette fièvre sans raison, alors que c'est le style qu'ont pris les émotions – une petite hystérie, si vous voulez – de cette époque précocissime du changement de température, marquée par une angoisse de l'entourage. Quand l'enfant est angoissé, il traduit « froid subit », et répond par « chaleur subite ».

Il y a ainsi une infinité de choses comme celles-là que nous sommes à l'orée de comprendre. C'est pourquoi il faut observer les enfants sains qui semblent avoir des traits psychotiques ; comme ces deux enfants, Simon et son frère aîné qui, jusque-là, apparemment sains, entrent dans des troubles du caractère à dix-huit mois parce que la mère ne tolère pas le phallisme de l'âge anal. Il semble, d'ailleurs, qu'elle ne supporte pas plus le phallisme de l'âge oral ; quant au phallisme de l'âge fœtal, elle ne le tolère pas du tout, puisqu'il fallait que Simon soit fille ! C'est une femme qui est « anti-homme ». Mais son mari, tel qu'elle l'a choisi, est-il homme, ou marqué du signe de l'anti-homme dont elle l'affuble à son gré pour l'écraser, de sorte qu'il ne sait pas s'il entre ou s'il sort, s'il éjacule ou non ?

L'enfant manifeste ici quelque chose que ses parents ne disent pas. Il est l'analyste de ses parents. C'est pourquoi il ne faut pas le séparer d'eux jusqu'au moment où il le demande lui-même. Reste à savoir alors si l'enfant paiera pour lui ou s'il viendra seulement voir une bonne dame, un brave monsieur, par érotisme. C'est pourquoi il faut faire payer les enfants, car ils comprennent que vous n'êtes pas à leur service s'ils ne paient pas. C'est un travail que d'être prêt à entendre tout ce qui se dit en mots – en gestes et en mimiques aussi –, pourvu qu'on ne sorte pas des limites de l'*écoute.*

Dans leur milieu de vie, les enfants jouent à n'importe quoi ; s'ils font la même chose en thérapie, vous ne pouvez pas comprendre de quoi il s'agit. Il vaut mieux qu'ils ne jouent pas et qu'ils soient dans un moment de réceptivité, tandis que vous attendez que vienne d'eux une expression. (Vous rappelez alors à l'enfant la raison pour laquelle il est là : « Tu es venu parce que tu es malheureux ; tu peux dessiner. ») Cela vaut mieux que de leur fourrer – ce qui est plus facile – entre les mains des jouets, dont vous ne comprenez pas ce qu'ils en font.

De même que l'enfant doit payer pour lui, de même sa mère, si elle est suivie de son côté, doit payer. On ne peut pas faire un traitement gratuit. Il n'y a de séance possible que si l'analyste dit à quelqu'un qui ne veut pas payer symboliquement : « Je ne vous reçois pas, puisque vous ne me payez pas. Je ne veux pas vous voir. » Il faut observer alors toute l'irritation du patient à vouloir emmerder tout le monde sans y arriver : elle a un effet positif. Je pense par exemple au cas d'une femme délirante dont l'analyste était en contrôle avec moi. Une psychotique que son mari ne cessait de placer à l'hôpital psychiatrique. C'était une Vietnamienne, masochiste, mariée à un homme dont on disait qu'il était un bourreau de femmes. Elle avait eu quatre enfants, au rythme d'un tous les deux ans. Elle hurlait contre son mari, qui avait été convoqué par la police après enquête. J'ai dit à la thérapeute de cette femme : « Vous n'allez tout de même pas entrer dans le jeu de cette patiente, qui jouit de faire interdire par la police les pulsions phalliques de son mari dirigées sur elle ! C'est une femme qui voudrait un mari qui soit une mère et non un homme. Vous devez le lui expliquer. »

Cette patiente s'était fixée sur sa thérapeute de manière homosexuelle, sans que l'on s'en rende compte. Elle ne payait pas, puisque la consultation est gratuite. J'ai demandé qu'elle paie.

Ce qui est intéressant, c'est que le mari s'est déplacé pour venir reconnaître ses torts, avouer lui-même à la thérapeute qu'il était très difficile à supporter, demandant que sa femme soit aidée gratuitement. L'analyste lui a dit qu'il existait d'autres thérapeutes au dispensaire, mais qu'elle, pour sa part, ne continuerait le traitement que si cette femme payait le prix d'un ticket de métro. « Le prix d'un ticket de métro, vous ne vous rendez pas compte de ce que c'est ! » Cet homme était un paranoïaque, très intelligent. « Un franc vingt-cinq, plus un franc vingt-cinq, à la longue ça fait beaucoup ! – Eh oui, ça fait un traitement. » Pendant ce temps-là, la femme, elle, admirait son mari en train de se disputer avec la thérapeute ; elle était ravie de la situation triangulaire où elle voyait la femme-thérapeute tenir tête à une mère-monsieur, son mari, lequel n'osait pas taper sur l'analyste. Et ils repartaient enlacés ; toute la consultation était abasourdie de voir cet homme aussi tendre avec sa femme. On n'avait compris que les côtés de son sadisme le plus aigu, sans soupçonner jamais le fond maternant qu'il avait par ailleurs. Il est certain qu'un homme très maternant a besoin d'exercer sur sa femme des violences pour la pénétrer, sinon c'est impossible ; puisqu'il joue le rôle d'une maman avec sa femme, pour qu'il puisse bander il lui faut bander de partout. N'étant pas castré au niveau urétral, il est alors sous l'emprise tout à la fois de pulsions anales, urétrales et génitales. Cet homme et cette femme, du reste, aimaient bien leurs enfants.

Bien sûr, dans une famille pauvre, le prix d'un ticket de métro, cela peut compter ; mais ce qu'ils voulaient, eux, c'était faire des scènes. Nous ne nous servons pas suffisamment, nous thérapeutes, de ce besoin de violence que les gens ont contre nous, et qu'il faut provoquer, par quelque biais. Or comment provoquer, quand le traitement est gratuit ? Nous exploitons ces gens en ne les faisant pas payer. Nous avons l'air d'être gentils, mais nous sommes violeurs puisque nous avons un désir que nous voulons leur imposer ! Il faut leur dire : « Je ne demande pas à vous soigner. Si vous voulez être soigné, payez-moi. »

Pour une psychothérapie à l'hôpital psychiatrique, il est indispensable qu'ils apportent quelque chose en paiement. Dans ce cas, le contrat fut fixé à une capsule d'eau gazeuse au lieu d'un ticket de métro ; la personne a apporté une fois un bouchon d'un autre type ; la thérapeute est restée inflexible : « J'ai dit : capsule d'eau gazeuse. » Rien à faire, elle ne l'a pas prise en séance cette fois-là. L'infirmier qui accompagnait la malade s'arrachait les cheveux devant cette psychanalyste, qui refusait de recevoir une personne qui ne lui apportait pas *exactement* ce qu'elle lui avait demandé. Mais on ne pouvait pas faire autrement, c'eût été revenir sur le contrat. Un jour, comme elle ne la voyait pas venir, la thérapeute demande où est sa patiente : « Elle est partie faire les vendanges. »

Voilà ce qui est extraordinaire dans les thérapies de psychotiques : lorsque quelque chose a trouvé sa cohésion, un effet se produit dans la réalité. Cette malade est revenue trois mois après ; elle avait été un peu délirante aux vendanges, mais elle avait gagné trois mille francs, qu'elle avait mis à la Caisse d'épargne ; et, de retour en retour à l'hôpital, elle s'est remise à peu près. Je n'ai plus eu de nouvelles d'elle par la suite.

Lors de ses retours à l'hôpital, au lieu de parler à sa thérapeute, elle parlait au personnel autour d'elle. Un jour, elle est arrivée en séance, voulant casser un carreau, au lieu de parler. Elle en avait cassé un déjà, sans se blesser. La thérapeute lui a dit alors : « Vous voulez probablement casser la bulle dans laquelle vous vous êtes mise, en parlant avec des gens qui ne peuvent pas vous écouter. » Ce jour-là, elle s'est effondrée : « C'est si profond, je ne pourrai jamais ! » Mais elle a parlé comme une névrosée. Sa thérapeute lui a dit : « Mais vous n'avez pas besoin de tout dire ! Ne dites presque rien à chaque fois, c'est bien suffisant ; que vous ayez le désir de tout dire, cela suffit, même si vous ne le dites pas. » Ça l'a soulagée : « Mais ils m'avaient dit tous qu'il fallait que je dise tout ! »

C'est aussi une chose terrible, que les gens croient qu'il *faut* qu'ils disent *tout.* Pas du tout ! Il faut qu'ils *puissent* dire tout ! Évidemment, ils ne peuvent pas dire *tout,* c'est impossible ! et nous, psychanalystes, nous n'avons pas besoin de tout savoir de ce qu'ils ont à dire ; le jour où ils sont en mesure de le dire, ils n'ont plus besoin de nous voir : ce jour-là, ils sont sur le chemin de la santé.

Ce qui est nécessaire, en revanche, c'est qu'il puissent nous laisser pour compte, et c'est ce qu'ils font à certains moments. Quand un progrès a eu lieu, l'analysant voudrait vous laisser en plan ; en même temps, il est attaché à vous et revient en arrière parce que, certainement, il transfère sur vous une partie de ce que j'appelle le « corps mort ». Là aussi, l'analyse du transfert intervient. Ainsi il est très dangereux de prendre un enfant en situation œdipienne, ou allant-devenant œdipien, et de superposer cette situation à celle où il rencontre une personne, seul à seul ; parce qu'il revit alors du fusionnel de sa mère, de l'oral, de l'anal qui n'a pas à être revécu avec nous ; il doit le revivre avec sa mère, et c'est à nous d'interpréter ce qui se passe, ce que la mère n'a pas liquidé de son enfance et qu'elle l'empêche de liquider. Ceci vaut aussi bien pour le père, si c'est à lui que le problème de l'enfant est imputable.

Je ne crois pas que l'on puisse servir de substitut œdipien aux parents avant que l'Œdipe ne soit résolu. On ne peut servir que de substitut de mère-sein ou de mère-bras. L'enfant vient vers vous pour que vous fassiez quelque chose ; il faut lui dire en mots qu'il voudrait que vous le fassiez, mais surtout ne pas le faire. Sans quoi vous jouez le rôle de la mère qui fait ce qu'il veut. Dites-lui : « Tu voudrais que je te montre avec mes mains, pour ton camion, comme le fait ta maman. Mais tu es bien assez malin pour te servir de tes mains à toi. » Quelquefois on peut dire : « C'est ton papa qui te montrerait bien comment faire ; mais puisqu'il n'est pas là aujourd'hui, je veux bien te montrer à sa place. Tu vois, la partie femelle et la partie mâle se rencontrent. » On défait l'assemblage, et ensuite on le lui rend. Il est furieux, il veut qu'on recommence. « Non, je t'ai montré. Et tu as des mains aussi habiles que les miennes, et bientôt aussi habiles que celles de ton père. »

Nous, analystes, sommes là, *par rapport* au père et à la mère, pour que l'enfant se rencontre *en eux*. Mais non pour qu'il nous trouve *nous* à leur place... Nous ne pouvons être les substituts des parents que bien plus tard, dans les analyses d'adultes où se vivent des résidus des pulsions du passé dans le transfert ; mais ce n'est jamais du « vrai », il ne faut pas jouer la réalité ; et leur symptôme se résout parce qu'ils ont payé l'analyste et non pas leurs parents. Ils savent que l'analyste n'est pas responsable d'eux. C'est pourquoi il faut que l'enfant paie.

Si l'enfant paie, ne prenez personne à sa place ! De même dans les centres, si l'enfant manque son rendez-vous avec le psychanalyste, il ne faut jamais prendre un autre à sa place, sous prétexte qu'il n'est pas venu. On en voit qui rôdent autour, sans entrer pour leur séance. D'autres qui disent alors : « Et moi, et moi ? – Non. Toi, c'était à cinq heures et demie, Pierre c'était à cinq heures. C'est son heure jusqu'à cinq heures et demie. » C'est fantastique l'effet que produit sur un enfant de revenir en thérapie au bout de cinq semaines et d'apprendre par d'autres que personne n'a pris sa place ; après avoir fait poireauter l'analyste, qui est venu l'attendre, dans une institution, à toutes les séances qu'il a manquées. Voilà ce qui est à analyser. Il voulait piéger l'analyste dans un jeu où un autre prendrait sa place ; à moins que ce ne soit lui-même qui ait pris la place d'un autre dans sa fratrie.

Il faut être très strict dans les règles : le paiement, le temps imparti à l'enfant... Les gens peuvent vous faire tourner en bourrique avec la question du temps, jusqu'à ce qu'on ait pu analyser ce que signifie leur comportement. Je me rappelle à ce sujet le cas d'une personne qui est devenue plus tard psychanalyste. Elle était à la limite de la psychose, d'une totale passivité. Elle a été six ans en analyse avec moi ; puis elle est partie à l'étranger, s'est formée à l'analyse, est revenue faire une petite tranche, avant de commencer à travailler. C'est une très bonne analyste ; plus on a été proche de la psychose dans sa vie, meilleur analyste on est ; car on tolère mieux les fantasmes des psychotiques. Cette jeune fille a fait son premier traitement avec moi, payé par ses parents. A ce moment-là, je ne faisais pas encore payer quelqu'un qui, comme un adolescent, ne le pouvait pas, mais nous avions posé le contrat suivant : que la moitié du traitement serait compté comme avance sur l'héritage, par un papier signé, stipulant que si la somme n'avait pas été remboursée au père avant sa mort, elle serait déduite de l'héritage. Ce procédé met la mort des parents dans le coup et informe les frères et sœurs sur cette avance d'héritage. Je ne commençais pas de traitement d'adolescent sans que le père ait accepté cette clause. Le père n'avertissait pas toujours le notaire, mais il prévenait ses autres enfants ; sinon c'est la porte ouverte à devenir zinzin pour les frères et sœurs qui risquent de réclamer le droit à une psychothérapie payée, à la puberté, ou la somme équivalente. Avec les jeunes de quatorze à dix-huit ans je procédais ainsi, mais sans faire de traitement régulier. D'une séance à l'autre, je demandais : « Quand voulez-vous revenir ? » Et je retardais. Quand il disait : « Je voudrais bien revenir une fois par semaine », je disais : « Eh bien nous mettrons trois fois par mois. » Je freinais, jusqu'au moment où je voyais qu'ils mordaient au traitement. A ce moment-là, j'expliquais : « Il faudrait que vous payiez. Il n'y a pas de raison que ce soient vos parents qui paient votre traitement. Donnez le minimum, puisque vous êtes à charge de quelqu'un d'autre. » Parce que tant qu'ils ne paient pas l'« acompte sur héritage », ils s'en moquent, ce n'est plus qu'un mot. Après, je prenais sur leur argent de poche. En tout cas, ils doivent payer s'ils sont intéressés à leur traitement. La gratuité est très positive pour la scolarité, mais non pour la thérapie. La thérapie ne peut pas être gratuite.

Pour en revenir à la jeune femme en question, je lui ai donné son premier rendez-vous à neuf heures du matin – ça l'arrangeait, disait-elle. La première semaine, elle est arrivée à neuf heures et demie. Comme je donnais toujours une heure de séance, il lui restait encore une demi-heure. Or, au bout de six mois, sans avoir jamais changé l'heure de son rendez-vous du matin, c'est à six heures du soir que je la recevais. Quand, au début, j'ai vu qu'elle arrivait à neuf heures et demie, j'ai inscrit sur mon carnet « neuf heures et demie », puis « dix heures », etc. Nous n'avons jamais parlé du changement de l'heure de son rendez-vous. Un jour, vers la fin de son traitement, elle m'a demandé : « Comment en sommes-nous venues à six heures du soir ? – Mais oui, comment ? Rappelez-vous. – Je me rappelle que je ne voulais pas venir. J'arrivais en retard, en espérant que vous ne me prendriez pas. Mais vous m'avez toujours prise. »

Elle n'avait fait qu'un seul dessin : elle s'était représentée elle-même, disait-elle, assise, en opisthotonos. Il y avait une chaise et une personne qui ne pouvait pas se tenir assise, en arc de cercle. Son histoire était la suivante : ses parents, des gens fortunés, avaient couru les accoucheurs, avant sa naissance, pour obtenir un accouchement provoqué, qui, de ce fait, eut lieu un mois trop tôt ; car sa grand-mère maternelle n'ayant pas eu ses règles longtemps avant d'être enceinte, on avait craint que le même phénomène ne se reproduise pour sa mère et qu'elle n'ait une grossesse prolongée. Elle est née, désirée par les parents, un mois trop tôt, et dans la crainte de sa mère de porter un enfant mort. D'où cette hantise du retard dans sa vie. Elle a elle-même reconnu ultérieurement, à travers son expérience des psychotiques, combien le temps et les conditions de la grossesse étaient déterminants pour eux.

Il est très important d'obtenir des parents une anamnèse très serrée de ce qui s'est passé au moment de l'accouchement, des angoisses de la naissance en chacun. C'est une amorce vitale du traitement.

3

Sexualité et libido

Besoin et désir - En prévention, il n'y a pas de normes - La souffrance de la faim - « Pourquoi ils m'appellent " négro " ? » - Un Mozart de la cuisine, rescapé des camps de concentration - La culpabilité de mourir - Encoprésie et obsessionnalité - La sexualité, c'est l'individu dans l'espèce ; la libido, c'est le sujet enraciné dans son histoire, allant vers sa mort - C'est la mère qui est morcelée, non l'enfant - Le schizophrène : pour vivre, risquer la mort - L'éthique est du sujet, la morale du moi - « Je suis entré dans le zizi de maman » - Identification : **like, to like, to love** ***- Une homosexuelle changée par la maternité.***

X. : *Que peut-on faire face à un enfant qui se plaint d'avoir été abandonné par sa mère et qui a besoin d'elle ?*

F. D. : Il n'a pas *besoin* de sa mère, il la *désire.* Et le désir, ça se parle, c'est le sel de la vie. Que ce désir n'ait pas été satisfait l'a rendu plus fort qu'un autre dont le désir l'aura été.

C'est dans son désir qu'il faut soutenir l'enfant, sans lui susurrer : « Mais oui, il est déjà un peu satisfait, ton désir ! » Quand un enfant dit à sa mère : « Tu ne m'aimes pas », au lieu de lui répondre : « Mais regarde tout ce que je fais pour toi », elle peut lui dire : « Tu as bien raison ! Mais pourquoi m'as-tu choisie comme mère ? Pourquoi t'es-tu trompé ? » Il en est tout épaté.

Les enfants ont besoin de ne pas être contents. Le désir a des formes de préhension et de rejet, à l'image de ce qui se passe sur un mode alternatif dans notre corps. Pour bien vivre, nous devons prendre, puis rejeter ce qui ne nous est plus nécessaire. C'est pourquoi la mère est orale et anale à tour de rôle. L'enfant a tantôt une maman « miam-miam », tantôt une maman dont il dit : « Oh là là, je n'en veux plus. » « Tu es méchante – Tu as bien raison, c'est peut-être pour cela que tu es si bien vivant. » De même, il est très important qu'un enfant puisse reconnaître, parce qu'on le lui dit, que la maman d'un petit camarade n'agit pas comme la sienne. Il peut ainsi relativiser sa croyance et admettre que toutes les mamans ne sont pas identiques.

Car c'est le désir de l'enfant de communiquer, à propos de quelque chose qui l'a alerté (le comportement d'une autre mère, par exemple), qu'il craint de ne pas être comme un autre, quand il pense, lui, que tout le monde devrait être pareil. Or nous sommes, nous psychanalystes, peut-être un peu coupables de laisser croire qu'il peut exister des directives, comme si tout le monde devait être élevé pareillement. Je tiens à vous le dire : en prévention, il n'y a pas de normes ; seulement des étapes successives dans le développement d'un enfant, étapes qu'il ne faut pas brûler. Les mères font des comparaisons et disent : « A tel âge, il faut avoir deux dents » ; or ce n'est pas vrai ; l'important est qu'un enfant soit dans la communication et dans la découverte du nouveau. Il n'y a pas de normes du développement ; il y a bien dans la nature des végétaux à fleurs ou à fruits précoces et d'autres à fruits tardifs. Même si le corps d'un être humain subit parfois des coups de frein, dus aux maladies ambiantes contre lesquelles il doit se vacciner, l'important est que le sujet reste tout le temps en communication avec la mère : c'est cela, la pointe du vivant de la vie, qui nous guide le mieux dans la prévention.

C'est pourquoi il faut éviter les séparations trop longues d'avec la mère à un enfant hospitalisé. Et, si elle ne peut pas venir, lui parler d'elle, pour qu'il puisse hurler sa souffrance de ne pas la voir. Plus un enfant souffre d'un désir non satisfait, mieux ce désir est reconnu puisqu'on lui permet d'en souffrir. La prévention, ce n'est pas d'éviter à un enfant de souffrir mais de mettre des mots sur ce dont il souffre et reconnaître avec compassion qu'il en souffre. Vouloir lui éviter sa souffrance, c'est la recouvrir d'une zone d'ombre qui va produire un traumatisme. Si l'on ne parle pas de sa mère à un enfant qui en est séparé, dans son inconscient c'est comme si sa mère ne l'aimait pas souffrant. Au contraire, si nous lui donnons le droit de souffrir, à l'intérieur de lui-même, de l'absence de sa mère, nous lui donnons la possibilité d'accepter qu'un autre souffre ; car la souffrance est humanisée quand elle est communiquée, quand l'autre ne s'effondre pas de ce que nous lui communiquions la nôtre.

La souffrance de la faim est très différente. J'ai vu des enfants presque mourir de faim pendant la guerre, arrivant à l'hôpital dans un état très grave de déshydratation. Et c'était extraordinaire de voir l'avance qu'ils avaient prise du point de vue relationnel, car ils avaient, à trois ans, un regard et une attente de communiquer d'enfants de sept ou huit ans. Mais, si on les gardait à l'hôpital sans qu'ils puissent revoir leur mère, ils reculaient d'autant. Au fur et à mesure qu'ils récupéraient physiologiquement, ils régressaient, bien sûr, par des symptômes corporels ; et c'était très mauvais qu'ils fassent cette régression avec le personnel hospitalier ; alors qu'ils auraient pu la faire en se nidant avec leur mère et en retrouvant leur motricité auprès d'elle. Lorsqu'on pouvait les soigner en traitement ambulatoire ou que la mère revenait le plus souvent possible, ce genre de régression qui laisse des traces ne se produisait pas. On a compris depuis que l'enfant a besoin de l'odeur, du rythme du corps de sa mère, du rythme de sa parole, tout autour de lui, et non pas d'être isolé dans un box d'où il la voit avec ses yeux, mais sans la ressentir avec son corps.

Avant la marche confirmée, l'enfant qui a été hospitalisé a besoin de retrouver les rythmes réguliers de sa mère, ses câlins. Sinon, qu'on lui parle, pour qu'il mette des mots sur sa souffrance et ne s'oublie pas lui-même en l'oubliant. Il est nécessaire qu'il y ait dans la réalité des souffrances de castration : que les pulsions de l'enfant soient *parlées*. Il s'agit de temporiser, de sorte que cette souffrance soit consolée, de temps en temps, pour que le désir continue d'exister en tant que tel ; sinon il va changer de niveau, s'hypertrophier, transformant ces petits enfants en adultes précoces de huit ans, malades d'avoir perdu le désir de leur âge. C'est pourquoi, lorsque le désir est réprimé en partie, il faut qu'il soit *parlé,* qu'il soit justifié d'exister, du fait même de la douleur ressentie.

Alors, l'enfant trouvera un autre moyen de satisfaire ses pulsions refoulées, mais légitimées dans leur existence, notamment comme moyen social d'expression, puisque vous lui aurez donné l'outil de la parole, qui est le modèle même de la vie symbolique. Il transférera sur d'autres personnes les moyens de faire reconnaître son désir qui aura été reconnu *valable,* bien qu'il soit resté non satisfait sur le mode où il réclamait de l'être autrefois ; car la validité du désir lui vient d'être reconnu, sans être pour autant satisfait. La base de l'éducation c'est cela : satisfaire le besoin, ne pas satisfaire le désir mais le reconnaître et le parler. Le sevrage, c'est le moment où la mère dit à l'enfant : « C'est fini. Tu pourras toujours revenir contre moi pour sentir mon odeur, mais je ne te donnerai plus mon lait. – Pourquoi ? – Parce que je n'en ai plus envie. »

L'enfant, voyant que sa mère n'est pas frustrée de cette déprivation, est mûr pour aller passer quelques heures chez une autre personne qui a d'autres enfants, pour supporter la séparation et la symboliser, en ayant d'autres relations avec un adulte qui n'est pas sa mère.

X. : *Vous venez de faire, madame Dolto, une apologie du désir non satisfait et de sa force créative. Je suis d'accord avec vous car, s'il n'existait pas de désirs insatisfaits, il n'existerait pas de cathédrales romanes, par exemple. Ce que vous dites est vrai, bien sûr, dans un cadre normal. Mais qu'advient-il lorsqu'il y a perte des parents ? ou lorsque la mère est psychotique ou très névrosée ? En tant que praticiens, nous nous heurtons bien souvent à des enfants chez qui la non-satisfaction des besoins et des désirs a créé des perturbations.*

F. D. : Vous venez de dire une phrase qui emmêle tout : les besoins et les désirs. Si l'enfant n'a pas vu ses besoins satisfaits, il est, en effet, malade physiquement. Mais, si la société veut faire face à ses carences nutritives, ce n'est pas en déclarant que la mère a été mauvaise qu'elle peut y parvenir ; ce n'est pas de la faute de cette femme, mais de l'éducation qu'elle a reçue. C'est à nous, psychanalystes, de permettre qu'il puisse aimer sa mère qui ne savait pas l'élever, en intégrant l'image d'une mère qui saura l'élever.

Depuis 1976, je ne m'occupe, en tant qu'analyste, que d'enfants abandonnés. On amène les enfants trop tard, quand ils sont en train d'involuer et de devenir psychotiques, parce que précisément l'absence de leur mère ne leur a jamais été dite. Là encore, seule la parole les aide à souffrir cet abandon ; si on en connaît la raison, on la leur dit ; l'enfant, lui, la connaît, même si, à quatre mois, il ne peut pas nous dire avec des mots ce qui s'est passé entre lui et sa mère, entre sa mère et son père... Cette séparation, il l'a vécue, lui, et sa vie est le fruit de ce qu'il a vécu. Il faut lui *parler* de ce qui n'est pas mort dans l'abandon de la relation à cette mère (dont heureusement on connaît presque toujours le prénom) : « Cette maman dans le ventre de qui tu as grandi, avant de naître et de respirer, puisque tu as survécu, c'est qu'elle est à l'intérieur de toi, en souvenir ; et elle serait bien fière de voir que tu as dépassé maintenant le deuil de cette mère réelle qu'elle a été, que tu ne reverras jamais parce qu'on a perdu son adresse et qu'elle ne sait plus où tu es. »

L'enfant se met alors à hurler de douleur devant les maternantes terrifiées, alors qu'il était devenu chose, ne pleurant même plus, mangeant mal et ne dormant pas. Or, dès après la première séance parfois, il recouvre le sommeil ; mais ensuite, il a beau hurler à son arrivée, il ne manquerait pas une séance pour un empire ; la preuve, c'est qu'il apporte le caillou ou le bout de papier, le signe demandé en paiement. L'enfant se construit sur sa souffrance, qu'on lui permet de dire et de comprendre. Et il se développe très bien, on le sait, puisqu'on peut suivre ces enfants jusqu'à huit ans maintenant.

Tout être humain représente ses parents, il n'a donc pas besoin d'eux, mais d'une tutelle assez intelligente qui satisfasse ses besoins. Lorsque la mère n'a pas été suffisamment vigilante à l'égard des *besoins* de son enfant, bien sûr, il peut en mourir. Qu'elle n'ait pas su comprendre ses *désirs* et les lui parler, c'est dommage ; mais il est préférable qu'elle ne les ait pas satisfaits, plutôt que d'avoir cherché à le faire.

D'autre part, qu'il ait été abandonné ou non, il faut, pour qu'un enfant se reconnaisse dans une identité humaine, qu'il se sache inscrit dans une lignée où deux personnes du même sexe que lui l'ont précédé, dans l'ordre des générations. Sinon il est comme un chiot dont on connaît le pedigree mais qui n'est pas représenté par des personnes vivant dans un lieu réel et ayant une identité sociale. Dans les familles légitimes, qui pourtant ont leur pedigree, si l'on ne parle pas d'un grand-père, sous prétexte que le père était brouillé avec lui par exemple, des troubles se produisent chez l'enfant, car il ne peut se situer, faute d'une perspective à trois personnes. Il vaut mieux que le père dise de son propre père qu'il était épouvantable avec lui plutôt que de n'en jamais parler à son enfant ; il est pire de ne rien dire que de dire du mal. S'il en dit du mal, c'est que le père est resté pris dans sa relation négative à son géniteur ; mais, pour l'inconscient, le négatif c'est du positif. Voilà un autre élément pour la prévention : pour l'inconscient, il n'y a de négatif que l'absence de symbolisation, l'absence de mots, de désir. L'amour comme la haine s'inscrivent au même titre, dans l'inconscient, comme désir. C'est du positif. Le seul véritable négatif pour l'inconscient, c'est l'indifférence, la non-perception.

A partir du moment où un père ou une mère peut supporter la souffrance de dire du mal de son père ou de sa mère – ce qu'il s'était interdit de faire jusque-là –, l'enfant, que le thérapeute n'a même pas vu peut-être, se met à aller mieux. Comme vous le savez, à trois ans, l'enfant doit connaître son sexe ; de trois à cinq ans, il est dans l'Œdipe, qui se résout de cinq à sept ans. Pour devenir œdipien, il lui faut être situé dans une lignée ; et, pour résoudre son Œdipe, il faut qu'il se représente que le père a eu lui-même un père, et la mère une mère. Pour une fille, il faut que son père puisse parler de sa propre mère, même s'il a été abandonné par elle ; sinon le père est, aux yeux de sa fille, comme né par génération spontanée ; elle-même ne peut pas se sentir humanisée, puisque aucun lien social n'existe pour elle en amont, dont il soit possible de parler, que ce soit en bien ou en mal.

X. : *Certaines femmes choisissent désormais d'avoir un enfant seules et de vivre sans homme. La loi leur accorde de transmettre leur nom. Cette situation apportera-t-elle un changement dans l'approche thérapeutique des enfants de demain ?*

F. D. : La psychanalyse n'étant pas de la voyance, je ne peux vous dire ce qui se passera dans vingt ans. La véritable cure analytique est thérapeutique en second lieu ; son but n'est pas directement de consoler ou réparer ; elle permet la symbolisation de désirs insatisfaits et de la souffrance qui en découle.

Nous voyons dans la vie courante beaucoup de femmes embarrassées de dire à leurs enfants qu'ils n'ont pas de père. « Vous êtes des monstres », lancent-elles, alors qu'ils ont un père et qu'ils ont supporté de vivre avec une mère seule, sans répondant masculin fixe (quand celle-ci a des compagnons). Chacun a un père géniteur. Et un homme et une femme pourront faire tous les exercices qu'ils voudront, c'est l'enfant qui dit son mot pour naître. Nous sommes, nous, au service de cette vie qui continue et qui souffre. L'aide thérapeutique dont vous parlez est, en réalité, de l'éducation. Car la psychothérapie, vous le savez, commence le matin, quand on vit seul, lorsqu'on parle à la marchande de journaux : c'est l'échange avec autrui. La cure analytique, elle, a servi à établir des méthodes thérapeutiques, mais c'est elle seule qui permet à un enfant de trois ans de revivre sa vie fœtale. Quand l'enfant a revécu la castration de la naissance, puis celle du sevrage, il n'a plus besoin de l'analyse ; les castrations du comportement, il pourra les vivre avec les éducateurs.

Les analystes, en revanche, sont au service du sujet, pour qu'il tire le fruit d'un passé mort ; car, si rien n'en est formulé, il continuera de porter ses fruits mortifères à toutes les périodes ultérieures de la vie.

Pour répondre à votre question, je ne pense pas que la

psychothérapie en sera changée, mais il est évident que les mères changent.

A la Maison Verte, les mères célibataires avouent souvent qu'elles ne savent pas quoi dire à leur enfant au sujet du père. On leur demande ce qui s'est passé. Elles racontent des choses banales ; l'une dit qu'elle a vécu quatre ans avec le père de l'enfant, qui est parti vivre avec une autre femme. L'enfant tourne autour de nous. Je lui dis :

« Tu vois, ta mère est en train de dire que tu lui poses des questions sur ton père et qu'elle ne sait quoi te répondre. C'est très simple, ton père est resté quatre ans avec ta mère, avant que tu ne sois conçu [*il faut dire les mots justes à un enfant*] et que tu n'aies choisi de naître.

– Comment s'appelait-il ? demande l'enfant en parlant de son père.

– Je ne peux pas te le dire, répond la mère.

– Comment, tu ne le sais plus ? »

La mère rit. Je demande :

« Le savez-vous, madame ?

– Oui.

– Pourquoi ne voulez-vous pas le lui dire ?

– Ça me gêne.

– Tu vois, on ne va pas la forcer, elle veut garder son secret. Parce qu'elle l'aime tellement, que c'est un petit nom rien que pour elle. »

L'enfant, baba, regarde sa mère qui aime tant le nom de son papa... Quinze jours après, ou plus tard, elle le lui dira. Mais ils sont lancés à parler. Elle revient une autre fois : « Vous savez, j'ai retrouvé mon petit. Il est de nouveau gentil et il me parle en douce de son père, sans trop me regarder. »

C'est aussi simple que l'œuf de Christophe Colomb ; il faut dire la vérité simple, mais les gens n'y pensent pas.

Un jour, nous voyons arriver un très bel enfant métis, accompagné par sa mère, une très belle femme, de race blanche. Je dis à cette femme :

« Que votre enfant est un beau métis !

– Il ne faut pas prononcer ce mot !

– Pourquoi, c'est un mot qui vous fait peur ?

– Ce mot n'est pas bon.

– Mais quel mot voudriez-vous dire ?

– Il ne sait pas qu'il est métis.

– Ah bon... »

L'enfant s'approche alors de nous ; il avait suivi inconsciemment la conversation de sa mère. Je lui dis :

« Nous étions en train de parler de toi. Que tu es beau !

– Tu sais, dit-il à sa mère, les autres me demandent pourquoi je suis brun.

– J'espère que tu sais répondre, dit la mère.

– Oui. J'ai dit ce que tu m'avais dit. »

La mère reste silencieuse ; j'attends.

« J'ai dit que tu m'avais emmené à la montagne, que j'ai bruni et que je n'ai pas perdu mon brun. »

Il repart et revient.

« Mais pourquoi ils m'appellent " négro " [ses cheveux étaient crépus] ?

– Parce qu'ils sont malpolis ! » répond la mère.

L'enfant va jouer. Je dis à cette femme :

« Vous venez de me raconter que vous avez un grand amour pour son père, avec qui vous avez vécu six ans, et vous dites à votre fils : " Tu n'as pas besoin de ton père, tu as tes oncles et ton grand-père maternels "... »

Cet enfant ne connaissait pas son père, d'après ce qu'elle prétendait, alors qu'il passait dix jours avec lui deux fois par an, lorsque ce dernier venait en Europe. Cet homme était un notable de son pays ; il avait quatre femmes, raison pour laquelle il ne voulait pas que sa femme française, qu'il aimait, vienne vivre en Afrique. Ils avaient préparé ensemble l'agrégation, ils s'aimaient beaucoup ; cet homme aimait la famille de cette femme, et elle n'avait pas d'autre homme que lui dans sa vie.

« Pourquoi ne lui dites-vous pas qu'il est son père ?

– Parce qu'il ira le raconter.

– Mais puisque votre famille l'accepte très bien ?

– C'est un homme extraordinaire. »

Et elle se remet à chanter les louanges de cet homme qu'elle aime.

« J'en suis convaincue. Pourquoi ne le dites-vous pas à votre fils ?

– Il est dans une situation si bizarre...

– Pas plus que vous !

– C'est vrai. »

Les choses se sont arrangées ; l'enfant s'est mis à attendre son père : « Il viendra me chercher à l'école », disait-il. Pourquoi cet enfant, qui ne portait pas le nom de son père, devait-il ignorer qu'il était le fruit des amours de sa mère avec un homme noir, qui était un père réel, un père affectif et un père symbolique ?

La prévention c'est cela : parler avec des mots justes. Je n'ai revu cette femme qu'une fois car, à la Maison Verte, où l'équipe d'accueil n'est présente qu'une fois par semaine, il peut se faire que nous ne rencontrions plus les gens. Et c'est aussi bien ; car ils retrouvent la Maison et le personnel à leur service, ils sont chez eux. On y parle avec les mères et on les aide à parler avec leur enfant, c'est tout. Une fois que ces mères célibataires ont pu donner la vérité à l'enfant, c'est fini, elles sont dans l'interdit de l'inceste et leur enfant aussi. Du fait qu'on leur a rendu le père de leur enfant, elles deviennent mères ; sinon, ce sont des personnes dangereuses, à éviter, femelles autarciques à combler.

Dès que l'enfant sait que sa mère est mère, c'est-à-dire qu'elle l'a conçu dans un acte d'amour, de désir, même passager, avec un homme, acte auquel le désir de l'enfant s'est mêlé pour prendre chair, il se trouve dans la vérité symbolique. Peut-être souffrira-t-il de ne pas avoir connu son père, ou bien d'être le premier dans la génération de métissage ; mais il ne connaîtra pas de graves maladies, il ne sera pas hémiplégique, symboliquement ou affectivement, pour avoir été obligé de combler une mère étrange, comme celle qui, par exemple, serait en quelque sorte mariée avec son propre père ou ses frères. Car, dans ce cas, l'enfant est le produit de sa mère et des mâles de la lignée maternelle.

L'enfant a besoin d'une parole vraie sur la première triangulation dans laquelle il a pris corps, ce que nous appelons scène primitive, qu'elle corresponde ou non à la situation légale actuelle de sa mère. Au contraire, si le silence est gardé sur son origine, un traumatisme marquera cet enfant ou un enfant de sa descendance. Nous, psychanalystes, nous en avons l'expérience : ce qui est tu à la première génération, la seconde le porte dans son corps. On ne sait pas comment, mais la vérité se charnalise, car l'être humain est entièrement symbolique. En revanche, une charge négative, pour un sujet, si elle est formulée, sera plus positive peut-être qu'une charge d'emblée positive pour un autre ; car, dans le premier cas, il aura fallu lutter pour s'en sortir, et la lutte est structurante.

Voilà pour répondre à votre question sur les mères seules.

X. : *Je reviens à ma précédente question : vous avez l'air de dire qu'un désir non satisfait est préférable à un désir satisfait...*

F. D. : Je n'ai pas dit que la non-satisfaction était préférable. Pour qui, d'ailleurs ? Dans l'absolu ?

Les désirs de tout sujet cherchent à se satisfaire, et ils se satisferont d'une manière ou d'une autre, que nous, les autres, les satisfassions ou non.

Je connais quelqu'un, rescapé des camps de concentration. Cet homme a survécu, en racontant tous les matins, pendant l'appel qui durait deux heures, le menu d'un repas formidable. Les prisonniers autour de lui vivaient de ce qu'il leur contait. « Je devais faire attention à ne pas revenir trop souvent sur une certaine sauce, sinon ils grognaient qu'on avait déjà eu ça hier, et qu'il leur fallait des mets variés. » Dans son groupe, le pourcentage de survie était plus élevé car, même si le besoin faisait mourir ces gens, leur désir était soutenu par la parole qui maintenait entre eux le seul lien social qui leur restait, cette grande civilisation de la cuisine, grâce à ce diseur de menus qui savait détailler et transmettre le goût de tous les ingrédients.

J'ai une immense admiration pour cet homme qui fut un extraordinaire thérapeute de son bloc de prisonniers. « Si vous saviez, me disait-il, combien j'étais soutenu par le souci de ce menu que je leur raconterais le lendemain. » Je l'avais connu avant la guerre, très fin gourmet, gros comme une tonne. Il est revenu maigre comme un os, puis il est redevenu une tonne ; mais d'une obésité malsaine et non plus sthénique comme la première. Il avait beaucoup souffert pendant la guerre et il a dû suivre un régime depuis. « Avant, je prenais plaisir à aller dans les restaurants. Maintenant, je ne prends goût qu'à trouver, avec beaucoup de peine, les menus que j'inventais là-bas », me disait-il. Ce Mozart de la cuisine est devenu un Beethoven composant ses musiques avec ses oreilles intérieures ; il écrit de la cuisine qu'il ne goûte pas, et nous connaîtrons peut-être un jour ses variations.

Voilà ce que je peux vous dire sur la différence entre désir et besoin. Manger est indispensable, sinon on meurt ; mais le désir de la cuisine se satisfait par la parole et le plaisir partagé avec d'autres. On peut mourir quand le besoin n'est pas satisfait ; mais on peut passer sa vie à manger mal, porté par le goût que la parole invente et qu'elle permet de partager avec autrui.

Seul le dire humanise nos souffrances et nos plaisirs, car un plaisir qui n'est pas dit n'est pas perfectible. La perfectibilité, en effet, naît pour chacun de la rencontre avec autrui et du partage avec lui des nuances du dire, chacun y apportant les siennes.

***

X. : *Comment, dans un contexte médical hospitalier, dire à un enfant qu'il va mourir, quand il manifeste le désir de le savoir ?*

F. D. : Pourquoi dire à un enfant qu'il va mourir ? S'il a le désir de le savoir, c'est qu'il le sait déjà. Que désire-t-il donc savoir ? Il faut dialoguer avec lui, par questions :

« Comment te sens-tu ?

– Je ne me sens pas bien.

– Mais avec l'idée que tu peux aller mieux ou avec l'idée que tu vas de moins en moins bien ?

– De moins en moins bien.

– Tu penses que tu peux en mourir ?
– Oui.
– C'est possible. En effet, nous mourons tous. Tu penses que tu vas mourir quand ? »

Ce qu'il faut dire à tout le monde, mais surtout à un enfant, c'est que ce n'est pas mal de mourir. Car les enfants se sentent coupables de mourir à cause de leurs parents et des personnes qui s'occupent d'eux, qui les aiment. Ils sont angoissés de la peine qu'ils leur feraient en disparaissant. Votre travail hospitalier est d'aider ces enfants à ne pas se sentir coupables, si vous pensez, en effet, qu'ils peuvent mourir. Mais comment pouvez-vous en être sûrs ? Vous ne l'êtes pas davantage que le médecin ou le chirurgien.

Il y a sans doute quatre-vingt-dix-neuf chances sur cent que cet enfant meure ; mais nous ne savons rien de la vie et de la mort ; si celui qui la sent venir a l'envie d'en parler, laissez-le en parler et surtout déculpabilisez-le :

« Si je meurs, faut-il que j'en parle à maman ?
– Qu'en penses-tu ?
– Ça lui ferait trop de peine.
– Si tu mourais pour de vrai, elle aurait de toute façon de la peine. Que voudrais-tu que je lui dise à ce moment-là ? »

C'est par angoisse de la culpabilité qu'on a peur de mourir ; sinon la mort exerce une attraction, celle de savoir ce qu'il y a après elle. La pulsion épistémique est un phénomène très important chez l'être humain. Tous les enfants demandent où ils étaient avant de naître. Que voulez-vous leur répondre ?

« Tu en sais autant que moi. Qu'en penses-tu ?
– Et où serai-je après ma mort ?
– Tu le sauras plus vite que moi, si tu meurs avant moi. Personne ne le sait.
– Pourtant il y a des gens qui disent...
– Oui, car tout le monde peut dire. Mais toi, que dirais-tu ? »

Si vous avez l'occasion de vous rendre à Paris, allez voir Ginette Raimbault qui est psychanalyste spécialiste d'enfants ayant des maladies que nous ne savons pas guérir encore. Elle a écrit à ce sujet, et son expérience est quotidienne ; la mienne n'est qu'indirecte.

Quand ces enfants atteints de maladies empirant par paliers chantent, dans un moment de répit : « Que c'est bon de vivre », il faut faire écho : « Mais oui, profites-en, puisqu'en ce moment tu te sens bien. »

Dites-vous aussi qu'un enfant avec lequel on aura pu parler saura beaucoup mieux aider ses parents.

« Il ne faut pas le dire à maman.

– Ce n'est pas moi qui le lui dirai, mais peut-être que toi tu pourrais arriver à lui dire ce que tu ressens.

– Ah non, je ne veux pas lui faire de la peine.

– On ne peut pas vivre sans faire de peine à sa mère. Le jour où tu es né, elle était très contente et pourtant, sur le moment, ça lui faisait mal d'accoucher. Toutes les mères sont très contentes de la peine que leur font leurs enfants, sinon elles ne sauraient pas ce que c'est que la joie. »

La culpabilité de mourir vient du fait qu'on a culpabilisé l'enfant quand il se blessait dans son corps. Dans la rue, par exemple, si un enfant a failli se faire renverser par une voiture – et ce peut être la faute de l'automobiliste –, sa mère va lui donner une volée parce que c'est elle qui est anxieuse. Heureusement les enfants ont de la philosophie... On leur inculque qu'il est coupable de mettre son corps en danger de mort, ou de risquer d'être blessé ; alors que ce n'est ni bien ni mal ; c'est douloureux ou triste, c'est tout. Ce n'est pas parce que « ça me fait mal » que « c'est mal ». Il est difficile pour les enfants de ne pas confondre ces échelles de valeur, surtout lorsque nous les confondons nous-mêmes.

X. : *Pensez-vous que le désir d'une mère soit d'avoir un fils, parce qu'une fille serait sa propre réplique en tant que femme ?*

F. D. : Nous nous trouvons là face à l'ambiguïté du terme « désirer ». L'objet d'un désir conscient peut être aussi bien un frigidaire, une croisière, qu'un enfant qui doit naître à point nommé, lorsque le budget le permet ; ce n'est pas le désir inconscient. Le désir inconscient d'une femme, c'est, en effet, d'avoir un enfant mâle ; sinon, elle se désirerait elle-même. Se désirer soi-même, à l'extrême, c'est le suicide, qu'on se désire positivement ou négativement. Narcisse s'est désiré, il s'est noyé. C'est parce qu'on se hait ou qu'on s'aime qu'on ne veut plus vivre. C'est pour être heureux qu'on se donne la mort ; parce qu'on en a marre de vivre avec *ça,* avec ce corps-là. On ne veut plus de cette manifestation de vie qu'il représente. On s'en rend compte, à écouter ceux qui ont été retenus de se tuer : ils souffrent de la peine qu'ils auraient faite aux autres en disparaissant. Ce n'est pas pour leur plaisir qu'ils vivent, mais pour un motif négatif. D'autres attendent une jouissance de la mort, ils veulent prendre un plaisir, ils espèrent une libération. C'est ce qu'on peut appeler le positif dans le désir de sa propre mort pour un sujet. On voit bien la différence entre celui qui se drogue et celui qui se tue d'un coup de revolver. Pour le drogué, il s'agit de jouir ; au-delà de la vie de l'organisme et de ses possibilités ; il ne veut ni être soigné ni guérir, mais seulement jouir.

Pour une femme, désirer consciemment avoir une fille, c'est vouloir reproduire le comportement que sa propre mère avait à son égard. Désirer un garçon, c'est désirer du nouveau, puisqu'une femme n'a un lien qu'indirect à son père, par sa mère. Avoir une relation de corps avec un garçon est une sensation nouvelle, donc désirante. Car le besoin est répétitif et le désir est désir du nouveau. La part répétitive du désir est la part non désirante du désir. Le désir ouvre sur l'inconnu, il est surprise et risque. C'est pourquoi une femme court le risque de désirer son fils, tandis qu'elle ne risque rien, inconsciemment, avec sa fille ; du reste, le fils peut émasculer le couple et évincer le père, si la mère se prend trop dans le désir, dans la libido de l'enfant, laquelle est d'autant plus puissante s'il est à un âge où il ne peut penser qu'à sa mère, s'il n'a encore perdu aucun de ses pions dans les castrations successives. De là vient qu'une mère donne plus difficilement à son fils la castration de son désir pour elle.

***

X. : *Que peut-on faire, face à un enfant qui n'a plus ses parents et dont le comportement avec sa mère adoptive notamment est inacceptable : il brise tout, il met du caca partout.*

F. D. : Cet enfant en est resté à l'impossibilité de faire un deuil. L'encoprésie est un comportement qui signifie que le deuil de la mère n'a pas été fait. Le caca représente l'odeur qui faisait venir la mère quand l'enfant était petit. Mettre du caca autour de lui, c'est donc répandre une odeur de *lui-maman.* Il met du caca partout pour tenter d'intéresser cette nouvelle maman.

La mère adoptive ne peut pas le comprendre ; il faudrait qu'elle ait été psychanalysée. C'est pourquoi il faut que les personnes d'accueil lui disent : « Vous êtes une si bonne maman », et qu'elles sachent expliquer à l'enfant que ce n'est pas commode qu'il fasse caca partout, comme quand il était petit ; puisqu'il n'a plus ses parents, il faut trouver des gens qu'on paie pour qu'ils s'occupent de lui – il faut lui dire la vérité –, mais, s'il veut changer tout le temps de parents, alors il n'a qu'à continuer à se comporter comme un zombie. Un enfant comprend très bien, quand on lui parle ainsi : « On dirait que toi, tu dis : " Je veux ma maman de quand j'étais petit et que je ne savais pas empêcher mon caca. " Elle ne reviendra pas, ta mère. » Il est important de lui montrer qu'on n'est pas content de ce comportement en lui redisant chaque fois les règlements et les interdits, qu'il puisse ou non les suivre. On dit seulement : « Tu ne peux pas encore y arriver, mais j'espère que tu y arriveras bientôt. » Punir ne sert à rien, car c'est une érotisation, ce que n'est pas du tout le rappel du manquement au règlement. Plus vous donnez de fessées à un enfant, plus il se fixe à la personne qui le fesse. Et cela retardera son évolution.

Tous les humains sont continents ; comme tous les mammifères. Cependant l'éducation, chez les humains, se fait par identification ; c'est un code de comportement qui permet de ressembler à ceux qu'on aime. Quand l'enfant est capable d'être continent, il se rend aux lieux d'aisance comme les adultes. Mais s'il joue avec ses excréments c'est qu'il n'a rien de plus intéressant avec quoi jouer, personne avec qui échanger des plaisirs subtils. Si on l'empêche de jouer avec quoi que ce soit, même avec ses cubes, à force de « Touche pas ! touche pas ! », il ne lui reste plus finalement que son corps. On lui a dénié jusqu'au besoin de toucher aux objets qui l'entouraient, pour les explorer. L'encoprésie est un phénomène second, qui vient après des mois de privation d'objets représentant un intérêt tactile et une possibilité d'échange de plaisir. C'est un comportement tout à fait obsessionnel. Les pulsions anales des obsessionnels étant constamment interdites, il ne leur reste plus que leur corps, et des objets autour d'eux, qu'ils remettent en place constamment. C'est un plaisir pour soi, sans échange avec autrui. Ils ont intériorisé une mère « rangeuse », qui fait tout disparaître. Ils n'entrent en contact avec personne. C'est dans la première éducation, bien avant que l'encoprésie ne se déclare, que l'enfant a été ainsi limité par des interdits portant sur les jeux manuels et moteurs. C'est pourquoi, s'il joue avec ses matières, on peut dire que c'est déjà bien : c'est mieux que de ne rien faire !

L'enfant encoprésique reste à l'époque d'avant le chagrin de la séparation d'avec sa mère. Il s'entoure donc de cette odeur pour placer au-dehors de lui la maman introjectée. Comme il manque d'interlocuteurs aussi jouissifs pour lui que la mère, il les provoque ainsi, pour qu'ils s'occupent de lui. Ce qu'il veut, c'est faire revenir la mère, par ses excréments, puisque *ça* intéresse une mère. Ces enfants sont, du reste, toujours dépressifs, toujours en manque. Il faut expliquer aux personnes d'accueil qu'un enfant ne fait pas cela *contre* elles, mais, au contraire, *pour s'adapter* à elles.

Dès qu'un enfant est capable de monter et descendre les barreaux d'une échelle, il devient propre dans les trente-six heures qui suivent. Par ce petit test on voit qu'il est devenu maître de sa sensibilité : il a désormais toutes les références subtiles, perceptives, des petits muscles de la plante des pieds ; or il acquiert la sensibilité neurologique du périnée en même temps que celle des pieds. Il devient donc capable de maîtriser le transit du bol fécal en son corps, car il a alors la représentation symbolique de son cheminement, grâce à la possibilité de monter et de descendre une échelle.

Si un enfant a été propre à neuf mois, il est inévitable qu'à son arrivée à l'école il fasse dans sa culotte. Il faut l'en féliciter car cela signifie qu'il va s'adapter à l'école très vite, et surtout ne pas en faire un drame auprès de la mère. Il faut alors expliquer que c'est la preuve que l'enfant ne peut pas être à la fois au four et au moulin et que, lorsqu'il est très attentif avec son esprit, il ne peut pas s'occuper de son bassin. Cela veut dire qu'il n'avait qu'une propreté artificielle. A l'école, l'enfant n'est plus *moi-maman,* il est *moi-moi, moi-la maîtresse, moi-les autres.* Quand il est *moi-les autres,* il lui faut d'abord se défaire d'un bassin à maman, pour apprendre à être propre dans d'autres conditions. Donc les pipis au lit et les cacas à l'école sont un très bon signe, hélas souvent incompris. A Paris, on renvoie les enfants huit jours chez eux quand ils ne sont pas propres, au lieu de disposer d'une vingtaine de culottes pour le jour de la rentrée scolaire.

Manger à l'école quelque chose qui a été apporté de la maison est un autre facteur d'intégration. Si les enfants mangent *du maman* à l'école, ils apprendront très vite ce que dit la maîtresse, si celle-ci permet que l'on fasse des saletés dans la classe. On nettoiera, tous ensemble ; alors l'école devient un lieu *mamaïsé* par la nourriture, par le caca, grâce à une maman intelligente qui invite à penser à ce qu'on entend et dit et non à ce qu'on fait ou pas dans la culotte. Et l'enfant fait en quinze jours des progrès qu'il aurait dû faire en un an. Il a été retardé par une maman qui a forcé trop tôt la propreté sphinctérienne.

Quand l'éducation est surchauffée par un excès d'attention de la mère à l'égard des besoins de l'enfant, on le retarde dans son développement ultérieur en brûlant les étapes, car un jour il faudra qu'il régresse et, s'il ne le peut pas, il fera une névrose obsessionnelle, vers huit ou neuf ans. La propreté spontanée pour les filles se situe à dix-neuf mois ; à vingt et un, vingt-deux pour les garçons ; si elle a lieu plus tôt, cela signifie que l'enfant aura voulu faire plaisir à quelqu'un. La propreté de nuit vient trois mois après celle du jour, si les choses se passent normalement et qu'on dit à l'enfant : « Tu seras propre quand tu le désireras, alors tu feras comme les autres, tu iras au cabinet. » Surtout, pas de ces pots de chambre qui traînent partout, complètement ridicules ! Aimeriez-vous qu'on fasse cela avec vous ? Alors ne faites pas à vos enfants ce qui vous humilierait vous-mêmes. L'enfant est très sensible à l'humiliation, et ce n'est pas parce que son corps est infirme du fait de la prématuration de son système nerveux qu'il faut le dresser comme un chat ou un chien. C'est un enfant humain et tout doit passer pour lui par la parole. L'incontinence sphinctérienne des humains est déjà un langage. C'est pour l'enfant une façon de dire : « Il me manque un savoir symbolique pour devenir humain », en même temps qu'une revendication d'ordre sexuel d'un niveau archaïque, régression à une époque où il n'était pas conflictuel d'être l'objet des soins de la mère.

*
* *

X. : *Dans* la Sexualité féminine, *vous dites de la mère qu'elle est « matrice vivante qui sait comment, par qui et pour qui cette vie qu'elle porte a un sens. Ce sens qu'elle ne peut pas dire, l'enfant qui s'y développe le manifeste. Un enfant est une vie, et une vie incarnée est une parole inconnue, vraie, vivante, enveloppée de chair ».*

Pour comprendre les problèmes liés à l'accomplissement de cette vocation, comme la stérilité ou le refus de la grossesse, existe-t-il pour vous des repères dans la vie de la femme ; des repères qui nous permettraient d'évaluer les projets qu'on nous demande de cautionner, qu'il s'agisse d'adoption ou d'IVG, qui nous aideraient à reconnaître les points forts et les lacunes du désir d'une femme ?

F. D. : Pour pouvoir vous répondre, il faut faire immédiatement la différence entre la sexualité et la libido : la libido, qui est le désir, et la sexualité, qui fait partie de notre condition de mammifère supérieur, chez lequel la fécondité est le besoin de l'espèce en chaque individu anonyme. Cet individu, nous le redevenons dans les pulsions de mort, c'est-à-dire dans le sommeil profond, dans le coma, dans les absences épileptiques, durant lesquels le corps vit, mais sans relation d'échange avec un autre être humain ni avec son corps. Quand nous sommes seuls dans nos fantasmes, nous restons également sous l'emprise des pulsions de mort sur un certain niveau de la libido.

C'est d'ailleurs l'aspect néfaste de la solitude, ce renforcement narcissique, morbide, des pulsions de mort pour le sujet du désir. Car, ou bien la libido se confond alors avec une sexualité frustrée, ou bien il n'y a plus de libido, et ne reste que la sexualité. La sexualité poussant à vivre, la libido s'y refusant, le sujet ne vit plus que sur ses pulsions, et non plus sur le désir de l'autre. Il est comme décapé de toute libido. La sexualité sans libido est l'équivalent d'un rut ; c'est le besoin d'un corps sans relation affective à l'autre. Au contraire, la relation psychique entre deux êtres a l'intensité d'une conversation d'amour. Chez les humains, comme chez les mammifères, il existe une sexualité à l'état brut ; mais chez les humains elle se trouve dans les pulsions qui sont toujours reprises par la libido. Il peut arriver qu'il y ait retour à une sexualité sans libido ; mais il ne saurait y avoir de libido sans sexualité. La solitude peut donc être un piège où le sujet se trouve pris, par une frustration qui va jusqu'à lui faire haïr son corps.

Y. : *La libido, ou l'amour, au sens le plus large, implique donc toujours, selon vous, la relation du sujet à un autre, tandis que la sexualité peut se vivre dans le corps seulement ?*

F. D. : Absolument. La sexualité, c'est risquer sa fécondité comme individu de l'espèce.

Y. : *Freud ne soutient-il pas, après l'introduction de la pulsion de mort dans son œuvre, que, précisément, sexualité et libido sont du même côté, du côté des pulsions de vie, affirmant que si la pulsion sexuelle est foncièrement morcelée elle est pourtant, en quelque sorte, le fondement de la libido ?*

F. D. : Ce que Freud ne connaissait pas, en son temps, c'est ce désir qui s'exprime dès la naissance, désir de communication psychique avec l'autre, antérieur au morcellement des pulsions sexuelles. La libido n'est peut-être pas encore à ce moment-là une unité, mais elle assure l'identité. Elle est sourcée à la sexualité, sans y être pour autant référée, elle la manifeste seulement. Selon moi, la libido représente le sujet enraciné dans son histoire d'être humain, dans celle de ses parents, allant vers sa mort. La sexualité, c'est l'individu dans l'espèce, elle est du côté du schéma corporel. La libido est dans l'image du corps ; elle est organisée par la recherche d'une rencontre avec un autre psychisme. On le voit avec le nouveau-né qui réagit, qui répond à l'appel de son prénom ; et pas à n'importe qui ; il ne répond qu'à la voix de sa mère.

D'autre part, l'oralité, l'analité ne sont pas *pour l'enfant* des fantasmes de morcellement (ce qui, au contraire, est vrai pour les fantasmes des adultes décrits par Freud). Freud a *nommé* les pulsions orales et anales, mais il ne les a vues que comme des fantasmes. L'enfant, petit, ne se sent pas morcelé par ses fantasmes ; il se construit par eux. C'est la mère qui est morcelée pour lui, ou morcelante, comme peut l'être aussi bien un autre enfant qui le bouscule et le fait tomber par terre. On voit alors quel mal il a à se rassembler. La mère peut le réunifier, quand il est ainsi, tel un puzzle défait.

Ce n'est pas, bien sûr, le désir de l'Autre qui le morcelle, puisque c'est précisément dans ce désir qu'il cherche à s'affirmer, à trouver son unité, c'est seulement *la façon* dont l'Autre va lui répondre ; c'est par exemple l'expérience de la satisfaction de l'Autre qui peut le morceler, mais non la sienne propre. C'est pourquoi il est important de reconnaître comme légitime le désir qu'exprime un enfant, quand bien même on ne peut le satisfaire ou qu'il est irréalisable, car le désir est le signe de l'unité du sujet.

Vous essayez de juger du désir d'une femme à travers les fantasmes que vous livrent ses paroles, mais ce ne sont pas des fantasmes authentiques, inconscients ; ce sont des fantasmes conscients puisqu'elle peut les dire, ou plutôt préconscients, car ils deviennent conscients au fur et à mesure qu'elle en parle ; ils ne diffèrent pas des fantasmes de type masturbatoire qui viennent aux gens quand ils sont tout seuls. Tout à fait différente est la relation d'échange créatif entre deux interlocuteurs, dans certaines rencontres authentiques de langage, qui font naître des idées nouvelles qu'aucun des deux n'aurait formulées pour lui seul. Il se passe la même chose dans la fécondité génitale d'un couple qui désire un enfant. Le fantasme est toujours du passé ; ce qui est actuel, c'est de la vie ; de la vie en paroles, en sentiments, en affects : ils laissent un souvenir – qui devient un fantasme ; mais personne ne peut déterminer dans quel désir et quels fantasmes un enfant a été conçu, si la mère elle-même n'analyse pas ses propres rêves. Nous ignorons sur quel refoulement de désir elle est restée depuis qu'elle est petite. C'est pourquoi j'ai écrit que la mère sait pour qui, par qui, avec qui la vie qu'elle porte a un sens, qu'elle ne peut pas dire. Quand on dit : « J'ai faim, je mangerais n'importe quoi », c'est qu'il importe peu au corps que ce soit ceci ou cela ; mais, lors de la conception d'un enfant, c'est le désir qui porte fruit d'une relation qui n'a pas dit son nom ; désir qui, peut-être, en est resté à l'état de désir infantile d'avoir un enfant d'un autre. Car le désir infantile d'avoir un enfant existe chez le garçon comme chez la fille, depuis sa propre conception ; sans quoi ils ne seraient pas nés, eux-mêmes.

Mais, au point où nous en sommes, je me demande s'il s'agit de formation psychanalytique ou d'information sur la psychanalyse ? Car je peux vous informer sur la théorie psychanalytique, je ne peux pas vous former à l'analyse. Fondamentalement, l'information ne sert à rien ; en tout cas, pas à comprendre les effets des actes dont elle parle. L'information ne donne que des... informations. Il n'y a pas d'événement en soi pour l'inconscient. Ce qui importe, c'est la manière dont un sujet se fait un langage à partir d'un événement, ce n'est pas l'événement lui-même. La formation psychanalytique, chacun l'acquiert seul dans l'effort d'un travail, grâce à la cure ;

c'est-à-dire grâce au transfert sur le psychanalyste, qui soutient le patient dans son ordre régressif, entre quatre murs ; l'analyste, lui, ne régresse pas, ne répond pas au désir et laisse l'analysant se servir des projections qu'il fait sur sa personne pour réactualiser imaginairement le passé refoulé. Mais cet imaginaire ne sert à rien si l'analysant lui-même ne le symbolise pas dans les mots qui lui permettent de dire telle relation souffrant de n'avoir pas été symbolisée.

Or la symbolisation d'une relation de couple, c'est un enfant, et non pas seulement la parole. C'est la parole qui s'incarne dans un enfant vivant, parole génitrice de la libido, qui dans le désir – dans l'amour parfois – de deux êtres complices ouvre aux potentialités libidinales d'un troisième. Ce n'est pas du tout le niveau de la sexualité, qui est seulement *besoin* d'enfants. Comme on dit d'une femme à la campagne : « Le docteur dit : " faut qu'a baise ". » Nous sommes aussi des mammifères qui avons besoin de porter fruit génitalement, mais ce qui nous en distingue c'est la libido. Freud a montré que la libido naît d'un déplacement par rapport au besoin. Elle est déplacement, aussi bien des affects, des représentations que des objets. C'est le déplacement des affects qui fait la culture. Pour l'espèce humaine, parler est un fruit, parler est enfant des pulsions orales passives et des pulsions anales passives qui, en se croisant chez le sujet, aboutissent à un phallisme expressif. Ce phallisme en son commencement est le cri, émission de phonèmes privés de sens ; mais, puisque l'être humain est un être « avec, pour et par », il veut que ses phonèmes soient compris ; car ce n'est pas le fruit de ses pulsions passives qui l'intéresse, mais la communication de ses idées et de ses affects. Pour ce faire, il doit entrer dans un code. Ce code, nous dirons grossièrement que c'est par « jalousie » qu'il veut se l'approprier, quand il voit la mère communiquer avec le père, *faire la paire pour communiquer avec quelqu'un.* Et l'enfant veut faire la paire pour porter fruit de communication. Il veut faire couple. Je vous donne ces jeux de mots pour vous faire comprendre ce qu'est le couplage fécond. La fécondité est une situation triangulaire. Dire des mots qui vont être compris, c'est là la fertilité des pulsions orales passives et actives qui, en se croisant, produisent le désir de parler et d'être compris. Mais pour qui ? Ce n'est pas un désir du corps seulement, c'est le désir d'avoir une relation. C'est pourquoi le mutisme d'un enfant, à l'âge où son système sensoriel lui permet de discriminer les sons, est une stérilité. Il est donc indispensable de respecter ce symptôme si nous voulons que la psychanalyse de cet enfant soit possible, sans lui faire mimer des sons qui feront croire aux autres qu'il parle, alors qu'il sera d'autant plus renforcé dans son mutisme s'il ne parle pas *vrai.* Or le *parler vrai,* c'est celui de tous les enfants, au premier jour, dès leur naissance, à travers leurs expressions. Si leur expression n'est pas juste, ils s'en rendent compte, du fait qu'elle n'est pas comprise, et ils en souffrent. C'est très bien de souffrir de ne pas être compris, si la mère reconnaît qu'ils souffrent et qu'elle le leur dit – ce qui n'est pas la même chose que d'essayer de les comprendre.

Vous me demandez : « Comment comprendre une mère ? », mais c'est à elle de se comprendre. Si vous voulez comprendre à quelle étape de son histoire libidinale se trouve une femme enceinte, demandez-vous pourquoi elle désire un enfant, c'est votre droit. Pour ma part, je n'ai pas envie de comprendre cela, mais plutôt de savoir si elle est capable de prendre la responsabilité de cet enfant. Les humains déplacent dans l'expression ce qui ne les satisfait pas sur le plan du besoin. Comment dire qu'une femme assumera de porter un enfant du besoin ? Personne ne peut déterminer où se place un enfant dans le désir de sa mère, parce que le sujet qui s'incarne dans un être humain *dit* des choses fantastiques à la mère qui le porte et au père qui aime cette femme. Ils sont trois dès le moment du coït fécond, et ils sont trois tous les jours de la vie.

La psychanalyse n'interprète pas les rêves comme les oniromanciennes. Le rêve, dans le transfert, ne regarde que le psychanalyste et l'analysant. C'est pourquoi les psychanalystes demandent à leurs patients de ne pas raconter leurs rêves à quiconque, au moins avant d'en avoir parlé dans la séance ; quant à moi, je demande qu'on ne parle de sa psychanalyse à personne. Le véritable psychanalyste, c'est l'analysant ; c'est lui qui devient son propre analyste, aidé d'un psychanalyste de métier qu'il paie pour cela, selon un contrat ; en dehors de la psychanalyse, il faut vivre pleinement dans la réalité.

La cure psychanalytique d'un schizophrène rend celui-ci, à cause du transfert, apparemment de plus en plus fou. En séance, entre les quatre murs, il revit les pulsions anales non castrées de l'époque de ses deux ans ; pulsions dont la sublimation doit avoir pour effet de ne pas nuire à son propre corps ni à autrui, ni de détruire ses objets. Tout se vit dans le transfert : le dire en paroles n'est pas un acte, c'est l'expression d'un fantasme. L'analyse permet au sujet de comprendre que, lorsqu'il parle à son analyste et que celui-ci l'entend dans le transfert, c'est à la personne qui le frustrait lorsqu'il était petit qu'il s'adresse ; personne dont il ne se sentait pas compris et qui ne reconnaissait pas son désir. Mais celle-ci n'avait pas tort de ne pas comprendre l'enfant, pas plus que l'analyste n'a tort de ne pas le comprendre, puisque son métier n'est pas de comprendre mais de permettre à l'analysant de se comprendre, en s'exprimant librement.

Et, tandis qu'à l'école cet enfant schizophrène est désormais tout à fait adapté, dès qu'il vient en séance il se roule par terre et bave, jusqu'au jour où, par exemple, nous apprenons, en le voyant s'étouffer à moitié, qu'il a failli mourir d'une circulaire du cordon. Et s'il n'avait pu se délivrer en analyse de cette impression traumatique, peut-être aurait-il eu, quinze ans plus tard, une impulsion à étrangler n'importe qui, sans savoir pourquoi ; une impulsion folle, en marge de sa psychologie ; résurgence de pulsions intenses ayant porté fruit. Car si un tel enfant a bien subi l'étranglement mortifère du cordon ombilical à chaque poussée qu'il faisait pour naître, au moment où il va lâcher son analyste – dans les dernières séances –, il va revivre cette sensation première, ce moment où, pour vivre, il a risqué de mourir. C'est horriblement angoissant, et c'est cela qu'il revit chez l'analyste ; mais plus il va s'étrangler en disant : « C'est de votre faute, vous voyez bien ! », mieux il pourra dire : « Vous me faites vivre, puisque vous me menacez de mort. » C'est ici qu'on peut lui demander : « A quoi vous fait penser cette sensation d'être étranglé ? – C'est comme si vous me passiez une corde... – N'auriez-vous pas ressenti une menace de mort au moment de votre naissance ? Avez-vous été réanimé ? » Certains retournent ainsi au moment de leur naissance ; ils interrogent leur mère ou le médecin de famille. Souvent les parents ont oublié l'événement ; parfois la mère ne l'a pas su. Par l'hypothèse qu'il propose, l'analyste met en mots l'angoisse retrouvée par le patient, il le libère du poids de ce non-dit touchant ce premier danger vécu, qui fut presque aussi grand que son besoin de respirer et son désir d'aimer. Car, ne pas parler à l'enfant, c'est ne pas le reconnaître humain. Il est alors déraciné de lui-même. Ensuite, c'est comme si, chaque fois qu'il a le besoin impérieux de s'affirmer, il devait affronter un danger de mort : « Tu risques la mort, et, si tu survis, c'est grâce à quelqu'un, non à toi ; tu n'es pas le sujet de ton histoire, tu es l'objet des autres. » C'est comme si l'événement originel avait fait jurisprudence, puis ensuite avait fait loi.

Chez tel de ces enfants il a pu se produire, par exemple, une légère anoxie de certaines cellules ; déficience surmontée, réparée lentement par le corps du besoin, puisqu'il a survécu ; mais le sujet du désir, que réclamait-il ? Il voulait rencontrer la vie, et, pour ce faire, rencontrer l'étranglement. C'est la possibilité de symboliser qui l'a fait survivre dans l'imaginaire. Si la symbolisation est impossible, cet événement portera fruit dans la rencontre signifiante avec un animal, par exemple. Certains enfants qui étranglent les animaux le font par sadisme (celui des pulsions anales). J'ai connu des petits enfants étrangleurs d'animaux, et Dieu sait s'ils nous dérangent, sans que nous sachions bien comment faire avec eux. Ils avaient une très bonne santé et une force pulsionnelle anale fantastique. Ce n'est pas à l'animal qu'ils voulaient nuire en l'étranglant, mais, par transfert, à la fermière qu'ils détestaient, par exemple, parce qu'elle représentait pour eux le substitut de la mère qui les avait abandonnés. C'est, comme toujours, un transfert de transfert. D'autres le faisaient parce qu'ils ne voulaient pas du dernier-né, d'autres encore à cause d'une IVG dont on ne leur avait pas parlé ; car, s'ils avaient su, ils n'auraient pas étranglé de petits ; or, ils le faisaient pour le bien, pour rester dans le *la* musical de la famille : faire comme la maman, étrangler une petite vie.

Ce que nous fait connaître la psychanalyse, c'est qu'il y a dans la libido, telle qu'elle est vécue par le sujet, des strates différentes. Or la répétition de ce qui s'est joué à tel ou tel niveau de la libido est sacrée pour le sujet puisqu'elle a porté fruit de vie. Ce « porter fruit » n'est ni bon, ni mauvais. Ce qui porte fruit désigne seulement ce sans quoi le sujet n'aurait pas pu vivre comme être désirant. Le danger de mort même porte fruit, s'il lui permet de résister et de survivre.

Si un homme étrangle quelqu'un, la justice, bien sûr, va s'en mêler et le mettre à l'ombre, car il est dangereux ; mais lui-même ne sait pas pourquoi il a fait cela ; il sait seulement qu'il a obéi à une vitalité sacrée en lui, qu'il n'a pas été habitué à réfréner depuis sa petite enfance. « Chaque fois que quelque chose me fait vivre comme l'a fait ma mère, il faut que je vive l'étranglement de mort grâce auquel j'ai été sauvé. » Car c'est se sauver que de pouvoir passer à une attitude agressive envers un autre, même si elle fait de soi un délinquant. Mais au nom de quoi pourrions-nous le juger comme quelqu'un qui a voulu nuire ? Peut-être est-ce le cas, peut-être pas. Quand un enfant étrangle les animaux, veut-il leur nuire ? Je n'en sais rien. Est-ce de l'amour ? C'est possible. Et c'est ce que nous découvrons en analyse : un mode d'amour nuisible à l'autre peut être, pour le sujet qui *l'agit,* le plus grand amour qu'il puisse donner, celui que sa mère lui a donné en lui donnant la vie, c'est-à-dire le risque. Ou peut-être a-t-elle tué devant lui, à une époque où elle était le modèle des modèles, un animal auquel il s'est identifié.

L'éthique de l'humain, au fur et à mesure de son développement, l'amène à s'identifier à tous les êtres de la création. L'éthique n'est pas la morale. La morale est un code de comportement ; l'éthique, elle, soutient une intention dans sa visée, elle est le désir et le sens qui en découle. La morale, qu'elle s'applique de façon agréable ou désagréable, qu'elle soit ou non nocive pour autrui, provient de pulsions. L'éthique est affaire de sujet, la morale est affaire de moi ; le sujet se fonde sur le symbolique, tandis que le moi est dans l'imaginaire, il est au service du « fonctionnement ».

Il est vrai que « ce n'est pas gentil » de vivre, puisque c'est toujours tuer quelqu'un. A ce propos, je pense à un enfant pour qui s'est posée en cours d'analyse la question de la naissance. Son père lui avait expliqué la naissance des chiots et des papillons puis l'avait renvoyé à sa mère. Lorsque l'enfant revint, il me dit : « J'ai demandé à ma mère, elle m'a répondu : " Ce n'est pas poli, de naître ! " » Je n'avais encore jamais entendu ça. Et il a ajouté : « J'ai vu le zizi de ma maman, et je suis même entré dedans. – *Entré ?* Tu veux dire *sorti ?* » Il avait encore le fantasme de pénétrer sa mère, dont il n'avait pas encore été castré par le père ; il était donc lui-même le père en analyse. Celui-ci ne lui avait pas donné la clé de sa naissance, s'étant borné à lui expliquer que les chiots naissent des chiennes ; comme si sa femme était une chienne. Bien sûr, cet enfant, à l'âge qu'il avait, voulait en savoir plus. Du « pas poli », nous en sommes venus à l'olfaction, puis au goût, qui lui servait à représenter l'interdit ; il avait la phobie d'être empoisonné, et sa mère devait goûter tous ses plats. Il n'avait pas droit à son propre goût, car le goût était devenu incestueux, du fait de son père, qui le maintenait à l'état animal.

Pour répondre à votre question, je ne vois pas à quoi peut servir de connaître les pensées d'une femme qui désire un enfant.

Nous ne savons pas, avant de l'avoir reçue en analyse, les raisons pour lesquelles une femme boit ; si, par exemple, elle s'identifie ainsi à sa mère. Il ne s'agit pas de l'empêcher de boire, mais de faire en sorte qu'elle n'en ait plus le désir ; qu'elle admette qu'elle doit vivre par elle-même sans ressembler à ses parents, en les honorant non en les aimant. Aimer implique « s'identifier à », en quelque chose ; et les êtres humains ont du mal à accepter qu'il ne faut pas tant aimer ses parents que les honorer, ce qui parfois même est le contraire de l'amour. Vous connaissez en anglais la différence entre *to love* et *to like* – mais « like » signifie également « comme ». Être « comme » celui qu'on aime peut être stérilisant. Être alcoolique peut signifier pour une femme rester fidèle à sa mère en distillant la mort goutte à goutte à son fœtus ; elle ne se rend pas compte que sa propre mère s'est comportée de la même façon envers elle, en l'intoxiquant, lorsqu'elle n'était que fœtus, et en se donnant ainsi une mort douce. Autrefois, il y avait dans les cafés un placard bien connu : « L'ALCOOL TUE ! MAIS LE LÉGIONNAIRE NE CRAINT PAS LA MORT ! » De la même manière, la femme en détresse boit pour dévivre. Elle ne peut vivre à travers sa libido actuelle, car elle se trouve sans réponse devant la réalité. Pour « faire avec », face à ses charges, elle prend la consolation du biberon qui la rapproche, à l'intérieur d'elle-même, de l'amour narcissique de sa mère, faisant sans le savoir une régression archaïque homosexuelle. Tout ce qui est alcoolisme, toxicomanie, est de l'ordre de l'homosexualité-sans-le-savoir ; non point avec quelqu'un, mais sur un mode narcissique. Mais savoir cela ne sert à rien au sujet, hors du travail transférentiel avec un analyste.

Il m'est difficile de tenter de cerner avec vous ces données. Je voudrais seulement souligner qu'être psychanalyste n'est pas une fonction supérieure, mais qu'il s'agit *d'autre chose*. C'est pourquoi, votre travail d'éducateurs, faites-le en tant que tels. Tout le monde n'est pas fait pour être analyste, la preuve en est que beaucoup de ceux qui pratiquent ce qu'on appelle des « thérapies analytiques » ne sont pas du tout analystes. Ce sont des thérapeutes éclairés par la psychanalyse, non des analystes. Il est d'ailleurs dangereux pour le patient qu'un thérapeute mélange l'analyse et la morale. Car la dynamique du désir n'a que faire de la morale, l'inconscient ignorant l'opposition du Bien et du Mal. Il y a seulement dynamique ou absence de dynamique, fécondité ou stérilité, mais en aucune façon « Bien » ou « Mal ». Le Bien ou le Mal concernent la vie en société, qui ne serait pas possible si nous ne nous respections pas les uns les autres. Ce n'est pas un hasard si, dans la Bible, Caïn est le fondateur des villes. C'est parce qu'il a payé très cher la transgression du tabou du meurtre, par le drame humain de la perte de son frère-ami, qu'il a pu être nommé par Dieu fondateur de ce qui organise la convivialité. Bien sûr, la convivialité peut être aussi celle d'un petit groupe contre le méchant groupe qu'il faut tuer ;

notre civilisation connaît de plus en plus ces affrontements de groupes entre eux ; c'est le cas de ceux qui voudraient accéder à une nation unique, et qui sont entravés par les obstacles linguistiques. Vous en savez quelque chose au Québec ; car le langage, c'est de la sexualité, c'est un fruit incestueux. Certes, nous voulons bien être incestueux avec les nôtres, mais non avec ceux qui sont incestueux d'une autre façon que nous, dans une autre langue.

Je ne vous ai fait tout ce laïus que pour vous montrer que la *libido* et la *sexualité* sont complètement différentes. Quant à savoir, en extralucide, comment une femme se comportera avec son enfant, on ne saurait le dire, puisque l'enfant, qui a son mot à dire, va tout faire changer. Et il est aussi puissant, en tant qu'être désirant, à sa naissance qu'à ses trente ans ; seuls ses moyens évoluent. Un enfant change drôlement une femme ! J'ai eu en analyse une femme qui, à ce qu'elle prétendait, ne serait jamais enceinte et ne coucherait plus avec un homme. Elle en avait fait l'expérience : « Les hommes se croient tout permis, disait-elle, ils s'imaginent possesseur d'une femme lorsqu'ils ont couché avec elle. Pour le plaisir que ça donne, un homme ! Une femme en donne autant ! Un objet pénétrant, avec une femme qui vous aime, c'est bien plus agréable que le corps pénétrant d'un homme. Un homme, oui, de temps en temps... » De temps en temps, lorsqu'elle était ivre, elle rencontrait un homme. C'était une femme très belle, qui plaisait. Sa libido se croyait homosexuelle. Elle était venue me voir, car elle ne parvenait pas à décider comment gagner sa vie. C'était une artiste ; or, lorsqu'elle montait sur les planches, elle grossissait. Elle perdait du poids rapidement ensuite, mais, dès qu'elle se remettait à ce travail qui lui plaisait, elle recommençait à faire semblant d'être enceinte. Être vue la rendait enceinte ; elle était enceinte de ces regards. Elle était MLF jusqu'au bout (et pourquoi pas, s'il est des femmes ne pouvant s'accoupler avec un homme sans s'inférioriser ?). Or cette femme est devenue amoureuse d'un homme. Le milieu MLF lui faisait des scènes quand son ami venait la chercher à la sortie des réunions. Bref, elle s'est trouvée enceinte, puis est devenue une mère et une épouse remarquables. Elle était ébahie de ce changement. A partir du moment où elle a désiré un homme, son imaginaire culturel s'est croisé avec celui de son compagnon : ne plus faire de théâtre, par exemple, ce n'était plus renoncer à sa liberté mais, au contraire, occuper sa liberté à la tâche qui lui plaisait vraiment : s'occuper de son enfant. C'est pourquoi aux questions : *avec qui,* et *pour qui* une femme désire-t-elle un enfant ? il n'y a de réponses que dans l'inconscient de la femme elle-même. Si une femme a un enfant, ce n'est évidemment pas celui qu'elle attendait de son père seul, en fantasme. Sinon elle aurait été stérile. Et pour qui a-t-elle un enfant ? Pour personne. Seulement pour qu'il devienne un homme ou une femme. On n'a pas d'enfant « pour faire plaisir à son mari », ça ne veut rien dire. Un enfant, c'est le plaisir qui s'incarne, mais il n'est pas « pour » un autre. *Par qui* la médiation s'est faite, il est important, en revanche, de le dire à l'enfant ; c'est lui donner son père vrai. L'enfant est donné à l'homme par sa femme, et réciproquement. C'est elle qui lui dit : « C'est *ton* enfant. »

Il y a une si grande différence entre vos questions et la manière dont, en tant que psychanalyste, je sens l'authenticité du désir d'enfant chez une femme qu'il m'est difficile de vous répondre. On ne peut rien dire du désir de la mère avant que l'enfant ne soit là. C'est ensuite qu'il faut analyser la résurgence des émotions que cette venue occasionne chez elle, dans son « *like* » à elle, son « comme » ou « pas comme » maman. Vous, vous parlez d'une personne « quelconque ». Je ne peux rien vous répondre à propos d'une généralité. Je ne peux parler qu'à l'intérieur de cette science nouvelle des pulsions, introduite par Freud, qui est une connaissance du *sujet* et non d'un simple spécimen de l'espèce.

4

Parents délinquants. Inceste

Une mère qui « cassait » sa fille - L'idée perverse des psychologues sur l'identification - La « mêmeté » d'être - Les paroisses russes - « La bague de fiançailles de la maîtresse » - La petite agoraphobe qui passait son temps à dessiner des poules - La fille-guenon et le père paranoïaque.

X. : *Pourriez-vous nous parler des difficultés propres aux enfants dont les parents sont délinquants ?*

F. D. : J'ai vu des enfants dont les parents étaient devenus de véritables voleurs pour subvenir aux besoins de leur famille. Les parents étaient condamnés à cinq, six ans de prison. Les problèmes de l'enfant ne venaient pas de ce que son père était en prison, s'il le savait et en connaissait la raison. C'est l'aîné, par exemple, qui faisait le travail d'aider son père à vivre, en soutenant les petits à aimer leur père dans ce qui lui était arrivé. C'est le non-dit sur l'absence du père qui fait du grabuge pour les enfants et les pousse à se révolter.

Les juristes, les assistantes sociales affirment que, dans cette situation, il faut cacher la vérité à l'enfant et ne plus lui parler de son père. C'est tout le contraire, car c'est grâce à l'amour qu'il a pour ce père en prison que l'enfant va structurer ses relations avec la société. Certains parlent du risque de l'identification, mais c'est parce qu'ils tombent dans un faux sens de psychologues. L'identification est structurante pour l'enfant jusqu'à sept ans, et même encore un peu au-delà, dans la période de latence ; si l'enfant reste dans une identification aliénante à ses parents, c'est faute de les avoir critiqués ; auquel cas, il ne sera jamais lui-même. La confusion vient souvent de ce que l'on croit que s'identifier au père, par exemple, ce serait n'avoir pas d'autres désirs pour soi-même que ceux que le père avait pour lui. Si le fin du fin de la vertu pour un enfant était de s'identifier ainsi à ses parents, on en serait toujours à l'époque de Cro-Magnon. Or, il est évident que les enfants de l'homme de Cro-Magnon ont trouvé leur père un peu « ringard » ; ils ont découvert le feu et sont sortis des cavernes. C'est parce que les enfants ont toujours pensé qu'ils avaient à découvrir autre chose que ce que leurs parents avaient trouvé que l'humanité a fait des progrès.

Ainsi on croit que les enfants de parents délinquants doivent être élevés de manière aseptisée. On leur dit : « Papa est en voyage », ou : « Il est à l'hôpital » ; ou bien on leur explique que leurs parents ont divorcé, parce qu'ils ne s'entendaient plus, alors que la mère a pris un ami pendant que son mari était en prison, parce qu'elle doit bien vivre, cette femme ; et ce n'est ni bien ni mal. Mais c'est sur cette expérience de vie que l'enfant se construit, si on la lui formule avec des mots justes. C'est le non-dit qui est déstructurant. Les parents ont un effet structurant sur leurs enfants quand ils disent ce qu'ils font et font ce qu'ils disent ; et quand ils assument leurs faiblesses, s'ils ne peuvent s'en corriger.

X. : *Je voudrais savoir ce que vous pensez des placements d'enfants, soit dans des centres d'accueil, soit dans un lieu extérieur à leur famille ; en général.*

F. D. : Il n'y a pas d'« en général ». Certains placements sont bénéfiques, d'autres sont tout à fait néfastes. Et cela n'a rien à voir avec l'âge de l'enfant. Je pense beaucoup de mal des placements auxquels ni les parents ni l'enfant n'ont été préparés, de sorte qu'ils ne peuvent pas l'envisager comme le moindre mal. Ce n'est jamais *la* bonne solution, mais ce n'est pas *toujours* la plus mauvaise. Je suis opposée aux mesures décidées par une instance extérieure à la famille, et qui n'ont pas été discutées avec celle-ci en présence de l'enfant. Si l'enfant n'exprime pas une certaine souffrance, je ne vois pas pourquoi on devrait le séparer de sa famille, sous prétexte que le milieu extérieur estime que sa mère ou son père ne sont pas les bons parents pour lui.

J'ai été amenée à intervenir dans des histoires de justice à propos de parents, bourreaux d'enfants, qu'on voulait séparer de leurs enfants. L'amour imaginaire de ces parents est énorme et l'amour, réel apparemment, de l'enfant pour ses parents ne l'est pas moins. Ces enfants souffrent terriblement d'être séparés de leur mère, d'autant que, la plupart du temps, on ne leur dit pas pourquoi ils le sont. Il faut leur expliquer : « Quand tu retournes chez ta mère, elle te casse ; ça fait quatre fois que tu reviens à l'hôpital cassé ; nous, les docteurs, nous en avons assez de réparer les enfants cassés. Alors, tu vas aller dans une pension pour que ta mère ne te casse pas [un enfant de deux ans le comprend très bien], jusqu'à ce que tu aies l'âge d'empêcher par toi-même qu'elle ne te casse. »

Pendant trente-six ans, à Trousseau, dans ma consultation qui s'intitulait « neuro-psychiatrique », mais qui n'était ni l'un ni l'autre, qui était psychanalytique, mon travail a consisté à écouter l'enfant et les parents, à les voir se comporter les uns en face des autres. J'ai vu ainsi une mère avec ses deux enfants ; elle était un bourreau d'enfant avec l'aîné, un garçon qui vivait chez elle, tout en étant protégé, le reste du temps, par un éducateur ; cette femme changeait tout le temps d'homme. La petite fille hospitalisée qu'on me présenta avec son dossier – qui indiquait qu'elle souffrait de fractures pour la quatrième fois – avait été carambolée violemment par les corrections maternelles. La mère suppliait qu'on lui rende son enfant. La consultation avait lieu devant des analystes venus se former à la psychanalyse d'enfants ; tenus autant que moi – les parents le savaient – au secret professionnel. Les enfants comme les parents pouvaient donc choisir de rencontrer un autre psychanalyste que moi en particulier, mais ils acceptaient la consultation publique. Or, tout le monde a pu voir cette enfant manifestement énamourée de sa mère et ravie de la retrouver enfin.

La maman avait apporté une petite bricole ; elle a parlé du vêtement qu'elle lui avait préparé : « Et comme ce sera bien quand on sera à la maison. Je te ferai la crème renversée que tu aimes tant. » C'était le babil d'une fillette qui aime sa poupée-enfant. Je lui ai demandé de se représenter comment se passerait ce retour. « Elle va rentrer, je vais lui faire son petit goûter, puis après... après... à l'heure d'aller se coucher, Mademoiselle ne voudra pas se coucher, Mademoiselle se mettra à crier si on la met au lit. Mon ami ne sera pas content et viendra dire : " Ce n'était pas la peine de la reprendre à la maison. " Tu sais bien comment tu es, alors je te dis que je vais te donner une fessée... Il faut me la retirer ! » Mais c'était déjà fait, quand on lui a retiré sa fille. Après, elle m'a dit : « Mais oui, docteur, comment pourrait-on faire pour que ça se passe autrement ? – Il faudrait faire comme avec votre fils : on vous l'a rendu lorsqu'il a été confié à la garde d'un éducateur, ce qui lui permettait d'aller et venir, voire de se sauver de chez vous, par la fenêtre [heureusement, ils habitaient au rez-de-chaussée]. » Ce petit de huit ans, superbement intelligent, avait voulu venir avec sa mère chez le docteur, pour voir si le juge allait céder et lui rendre sa petite sœur qu'il aimait beaucoup. Je lui ai dit : « Tu as de drôles de cheveux [ils étaient blonds d'un côté, rouges de l'autre] !

– On sait ce que c'est que les femmes ! m'a-t-il répondu. C'est maman qui aime bien essayer ses teintures sur moi.

– Et ça, c'est aussi les femmes ? Tu ne peux pas te le retirer [il avait les ongles peints de toutes les couleurs] ?

– Mais ça lui fait tellement plaisir ; elle n'a pas ma sœur, il faut bien qu'elle fasse quelque chose !

– Et avec toi, maintenant, ça ne barde plus ?

– Quelquefois oui, avec Ahmed ou avec Ali [sa mère était une très belle femme française, qui vivait avec des Maghrébins successifs].

– Ils sont gentils ?

– Oh oui, tous les papas sont gentils.

– Et ta maman ?

– Maman, elle est en pétard. »

Cet enfant, très brillant à l'école, était revenu chez lui à sept ans, après avoir été retiré à sa mère, comme la petite sœur. Dans ce cas-là, par exemple, le placement avait été nécessaire, bien qu'on ait manqué d'en expliquer au garçon la raison ; heureusement, ça s'était bien arrangé. La mère était abusive lorsqu'elle lui teignait les cheveux et lui peignait les ongles. N'empêche qu'il s'y est fait. Et, grâce à son éducateur en milieu ouvert, il pouvait ne pas rentrer chez lui lorsqu'il y avait du grabuge. Il continuait d'aller à l'école et de voir sa mère, en assumant son amour pour elle. C'était un enfant qui avait beaucoup de valeur potentielle. Quant à sa mère, elle n'était pas si mauvaise que le pensaient les infirmières, qui pourtant refusaient de croire que c'était elle qui brutalisait ainsi sa petite fille. Mais à cette petite, il fallait expliquer le placement, lui dire qu'il ne serait pas éternel, et qu'elle pourrait revoir sa mère le jour où elle pourrait défendre son corps elle-même.

En fait d'éducation, voilà ce que nous avons à donner aux enfants, afin qu'ils sachent qu'ils sont responsables de leur corps et qu'ils n'ont pas le droit de laisser autrui attenter à son intégrité et à sa santé. Un enfant a le sens de cette morale, c'est à nous de savoir la lui formuler. Cette petite fille savait que sa mère était navrée de la casser. La mère était incapable d'éduquer son enfant aux petites frustrations du type : « On couche l'enfant ; maintenant c'est l'heure des parents. » La petite prenait toute la place dans l'homosexualité archaïque virulente de la mère pour ses deux enfants. Cette femme avait besoin d'enfants, comme une fillette de poupées. Elle faisait beaucoup de choses pour sa fille, notamment des petites robes qu'elle apportait à l'hôpital ; elle aimait tout à fait sa fille, imaginairement, mais elle ne supportait pas, dans la réalité, qu'elle se développe, et ne pouvait pas lui donner une éducation telle que le désir de l'enfant s'arrête quand le désir des adultes doit se satisfaire. Cette femme et son compagnon formaient un couple simplet au niveau des pulsions ; elle était violente, lui ne l'était pas, mais il en avait assez que la maréchaussée s'occupe tout le temps des enfants. Or, comme il n'était pas le père, on croyait que c'était lui qui les maltraitait.

Pour répondre à votre question, le placement est bénéfique pourvu qu'on explique à l'enfant que sa mère est comme elle est : il l'a choisie pour naître. Au bout d'un certain temps, quand ils deviennent responsables d'eux-mêmes, les enfants trouvent toujours le moyen de se débrouiller avec leur mère : ils la défendent, tout en défendant leur propre vie par rapport à elle. Pour cela, ils ont besoin de l'aide latérale de quelqu'un qui les laisse parler de leurs problèmes et qui leur en parle. Mais je suis opposée à ce mode de placement où l'on retire l'enfant à sa mère comme un objet, sous prétexte qu'en ce moment précis elle est nuisible pour lui – elle ne l'a pas toujours été, sans quoi il ne serait pas né viable ; c'est une mère génitrice qui a mis cet enfant au monde, qui l'a allaité jusqu'à un certain moment ; elle n'est ni mauvaise ni bonne, elle ne sait plus, en ce moment, comment élever son enfant. Le placement est bénéfique si l'enfant comprend que la société a des devoirs à son égard et qu'il a envers la société le devoir de se protéger contre quelque chose qui le ferait mourir avant terme. Il faut prendre en compte le risque de mort physique, mais aussi d'une mort psychique, morale, intellectuelle, dans la décision d'un placement. On peut très bien aider un enfant par la médiation de la parole : à court terme, ce sera douloureux, mais, à long terme, bien meilleur pour lui. L'enfant n'est jamais trop petit pour qu'on lui parle vrai. Les paroles restent toujours dans sa mémoire inconsciente, témoignant du respect pour sa personne. Mais il ne faut à aucun prix dire à un enfant qu'il ne reverra jamais ses parents, et que ceux-ci sont déchus de leurs droits. C'est une folie de la société d'agir ainsi. Je ne sais pas s'il existe chez vous une telle procédure de déchéance des droits parentaux ? En France, on y recourt de moins en moins souvent, car elle a des effets de culpabilisation épouvantables sur la deuxième génération. Et c'est d'une psychose qu'à la troisième génération les petits-enfants paieront le prix de la déchéance légale d'un grand-père ou d'une grand-mère. Il faut voir les problèmes à long terme. Et donc reconnaître à des parents maladroits leur dignité de parents génétiques. Si les enfants ne veulent pas les voir, ils en ont le droit ; mais ce n'est pas à la société de déclarer aux parents : « Vous ne reverrez jamais votre enfant, vous n'avez plus de droits sur lui. » Les solutions à ces problèmes ne devraient jamais être prises qu'à court terme, être souplement reconduites, sans que soit installée une séparation définitive entre un enfant et sa famille, ce qui n'a d'autre effet que de renforcer chez lui l'idéalisation du parent dont il est séparé. Devenu adulte il aura peur d'engendrer, ou il sera honteux de ne pas avoir en lui de référents dignes.

X. : *Vous avez parlé des abus physiques, il existe aussi des abus psychologiques. Certains enfants sont placés, puis retournent à la maison, et ainsi de suite, dans un tel va-et-vient qu'à quinze ans ils auront connu quatorze foyers. Face à une telle situation, comment peuvent-ils s'identifier à ceux qu'on pourrait appeler des parents psychologiques, s'ils ne veulent pas d'autre part être déracinés d'images idéalisées de leurs vrais parents ?*

F. D. : Vous parlez ici des parents qui placent d'eux-mêmes leurs enfants. C'est le phénomène du « ras-le-bol » des parents ; mais, dès que l'enfant est parti, le parent idéalise son enfant et, inversement, l'enfant idéalise le parent. Je milite pour que l'on parle à l'enfant et qu'on l'aide à trouver sa solution lui-même, dans la loi, afin qu'il se prenne en charge ; qu'on suscite en lui le désir de se construire selon la loi, sans pour autant qu'il s'identifie à qui que ce soit. A quoi rime qu'un enfant prenne des modèles successifs, au jour le jour ? qu'un garçon, après l'Œdipe, s'identifie au parent substitutif chez lequel il vit ? Jusqu'à la fin de sa vie, il sera un caméléon, sans savoir qui il est. Faire le caméléon en fonction des situations ce n'est pas du tout de l'ordre de l'identification, c'est du mimétisme. Vous parlez ici d'une compréhension livresque, psychologique, de l'identification. Alors que l'identification est un processus dialectique, structurant, permettant à un sujet d'assumer son désir dans la loi qui régit les humains, son père comme les autres. L'Œdipe en est le tournant, puisque le sujet va jusqu'à désirer des rapports sexuels avec sa mère, comme le père en a avec elle. Or, cela ferait de l'enfant un animal au lieu d'un humain. Son père n'a pas épousé sa propre mère (la grand-mère paternelle de l'enfant). Celui-ci comprend tout d'un coup comme une illusion, comme un quiproquo, son désir de faire comme papa et de coucher avec maman. Car il est dans la même loi que son père, et ce n'est pas une question d'âge ; il est dans l'interdit de l'inceste. C'est la loi qu'on inculque à un enfant, non la façon de vivre par rapport à cette loi. Il y a tellement de façons de vivre dans la loi ; c'est à lui de découvrir celle dans laquelle il se sentira le plus libre. Introjecter la loi de ne pas tuer, de ne pas nuire au voisin, de ne pas endommager son propre corps consciemment, de ne pas vivre en parasite ou de façon régressive par rapport à son âge, voilà ce que promeut l'éducation, qui n'implique pas du tout l'identification à quelqu'un. Mais les parents qui demandent à un enfant : « Fais ça pour me faire plaisir » sont pervers. Si un enfant vit pour faire plaisir à ses parents au-delà de sept ans, c'est de la perversion. C'est la mère qui est là pour faire plaisir au père et le père à la mère, ce n'est pas lui.

Ce que je voudrais vous faire comprendre, c'est que la stabilité est beaucoup plus symbolique que corporelle pour ces enfants-balles de ping-pong. On peut pallier le risque qu'ils ne deviennent des arlequins en leur restituant la sécurité qu'ils ont en eux, qui leur vient de leur histoire. Le narcissisme est une « mêmeté » d'être, reconnue dans l'espace et le temps. Ainsi un enfant peut bien avoir des flashes de souvenirs – au cours de ses rêves – sur des lieux où il est passé, mais ils ne sont pas reliés à sa vie consciente. Si on ne lui raconte pas son histoire, il lui manque de pouvoir retrouver sa continuité. De s'inscrire dans une succession et un ordre temporels, ses souvenirs prendront sens pour lui.

Quitte à choquer, je dirai : puisqu'un enfant a survécu physiquement, il peut être aidé à survivre dans son psychisme, à travers les liens symboliques et imaginaires qu'il peut créer en parlant à un psychothérapeute. Ce dernier ne peut rien changer aux faits, mais il permet à l'enfant de les réordonner dans son histoire, par la parole. Lui restituer son histoire, c'est lui rendre son identité, en le débarrassant de toutes ses identifications successives de caméléon.

X. : *Est-ce le juge qui doit déterminer si l'un des parents est plus apte à prendre en charge un enfant, en cas de séparation, de divorce ?*

F. D. : Ce serait plutôt à une commission entourant le juge de décider. La notion de « parent le plus apte à prendre soin de l'enfant » n'est pas intangible ; au-delà de huit ans, c'est à l'enfant de prendre soin de lui. Lors d'un divorce, il régresse, pour rester l'enfant d'un adulte célibataire ; il régresse moins si le parent avec lequel il va vivre se conjoint avec une nouvelle personne. *A priori* et en général, à partir de cinq ans, un garçon devrait vivre avec son père, une fille avec sa mère. C'est l'âge où un garçon souffrira, sans névrose, d'être séparé de sa mère, alors qu'il souffrira d'être séparé de son père, et deviendra névrosé. Au contraire, si un fils vit avec sa mère sans qu'elle ait de conjoint, il n'aura pas la possibilité de se développer dans un devenir de garçon, c'est-à-dire qu'il ne sera pas castré du plaisir d'être dans une relation duelle avec sa mère.

Il est intéressant de savoir comment ces problèmes étaient résolus dans la Russie d'avant la révolution, lorsque c'étaient les ministres des cultes qui tenaient l'état civil. Quand des parents se séparaient, une juridiction prévoyait *a priori* que les enfants devaient rester chez un couple de la famille maternelle, tolérant bien les visites du père ; mais ils n'étaient jamais confiés à la garde de la mère seule. Pour un garçon ayant dépassé sept ans, on choisissait un couple de sa famille paternelle ayant déjà élevé un garçon de son âge, pour lui éviter de régresser. En tout cas, on ne le confiait jamais à un couple stérile. Du même coup, le garçon se trouvait séparé de sa sœur s'il en avait une. Une fille de sept ans pouvait retourner vivre avec sa mère, si celle-ci s'était remariée et que le couple semblait stable ; le fils pouvait retourner chez son père sous les mêmes conditions. S'il arrivait qu'un de ces nouveaux conjoints ne veuille pas des enfants d'un premier lit, il (ou elle) le faisait savoir et tout le conseil de la paroisse en discutait. On se fondait sur le code de la communauté. A une fille, par exemple, on disait : « Tu veux aller chez cette tante ; mais elle n'a pas d'enfant ; tu n'apprendras jamais à être la femme d'un homme, si tu vis avec une femme qui n'a pas d'homme. » Car ce n'était pas nécessairement une personne de la famille qui pouvait apprendre à vivre. C'est mon mari, qui était russe, qui m'avait raconté tout cela.

Il est terrible pour un fils d'être l'objet premier du souci de sa mère et de compter plus pour elle que son conjoint. Une femme qui a peur que son second mari ne s'occupe pas de son fils dira que c'est parce qu'il n'est pas son père. « Placez-le alors dans la famille de son père. – Mais je suis sa mère ! – Oui, mais vous ne voulez pas qu'il soit élevé comme un garçon et qu'un homme prenne autorité sur lui. » Sinon, l'on soutient l'idée perverse des psychologues sur l'identification : qu'il suffirait, pour être viril, d'exercer sur soi – pour s'autogouverner – l'autorité d'une mère, d'une femme. Car l'enfant intériorise alors une conscience de femme prenant autorité sur l'homme comme sur lui-même, sans donner l'exemple du respect pour l'autorité d'un homme qu'elle aime. Le garçon n'aura donc qu'une virilité féminine. C'est l'effet de la névrose obsessionnelle, très fréquente, des femmes qui veulent avoir du pouvoir sur les choses, sur des objets internes extériorisés, comme les excréments que sont devenus pour elles leurs enfants. Avec leur homme, elles sont frigides. Ce sont des viragos qui émasculent leur garçon et castrent leur fille de sa féminité. Elles se targuent d'être plus mères que femmes, ce qui est singulier, car on ne voit pas un homme se vanter d'être plus travailleur qu'amant.

Voilà ce que je peux vous dire sur ce point, en tant que psychanalyste ayant vu à quel désastre sont conduits les enfants qui vivent leur Œdipe de manière perverse, sans être jamais castrés par le père – et ce, à l'instigation de la mère.

X. : *Comment se retrouve la fratrie dans ces cas-là ? On a beaucoup de difficultés à séparer les frères et les sœurs ; mais si, comme vous le dites, on laisse le garçon vivre chez le père, comment ensuite se retrouveront les frères et sœurs ? Le pourront-ils ?*

F. D. : C'est encore une question d'âge. Quand ils sont petits, il est justifié de ne pas séparer les frères et les sœurs ; mais ensuite, la petite de cinq ans souffrira d'être séparée de son frère de sept ans ; il faut alors lui expliquer que son frère est maintenant trop grand pour rester avec elle et qu'il doit aller du côté des garçons pour continuer de s'éduquer, mais qu'elle pourra le voir ; il n'est pas bon, bien sûr, d'empêcher les enfants de se voir, mais ils n'ont pas besoin de vivre constamment ensemble, dans le même endroit. D'autant que, vous le savez, s'ils vivent en petit couple, ils seront retardés dans l'intégration de l'interdit de l'inceste entre frère et sœur, interdit dont la fonction est très importante. Avant d'être psychanalyste, j'ignorais combien était fréquente la stérilisation psychique des enfants, empêchant la sublimation des pulsions orales et anales, c'est-à-dire le *prendre* et le *faire,* qui résulte non pas de jeux sexuels ensemble, mais de coïts.

Une enfant, une fois, m'a parlé de coïts qu'elle avait avec son frère ; je lui ai demandé si lui savait qu'il ne devait pas le faire, elle m'a répondu que non ; alors je lui ai dit de lui en parler ; elle m'a rapporté ensuite que son frère était devenu tout rouge et qu'il avait dit, en parlant de moi : « Elle va me faire mettre en prison ! » C'est donc qu'il savait ; et il avait douze ans. Elle était venue à l'hôpital, ne sachant ni lire ni écrire, envoyée par un juge et un avocat convaincus que c'était elle qui avait volé la bague de fiançailles de son institutrice. Tel est le début de l'histoire.

La directrice de l'école m'explique que la maîtresse avait montré sa bague de fiançailles aux enfants et qu'après la récréation la bague avait disparu du tiroir ; comme cette enfant chapardait les gommes, les crayons, qu'elle avait tout le temps besoin de prendre, on a pensé que c'était elle ; elle ne donnait pas satisfaction du point de vue scolaire, elle traînait dans la classe sans rien apprendre.

Comme rien de ce qui est dit chez le psychanalyste ne doit être répété, je me suis bornée à déclarer à la directrice que j'étais très étonnée qu'une maîtresse montre sa bague de fiançailles aux élèves et la fasse passer parmi eux, comme pour les tenter, pour finalement la ranger dans un tiroir, au lieu de la porter sur elle ; c'était une provocation de la part de cette institutrice. J'ai écrit un mot à la directrice, pour que cette histoire serve de leçon à la maîtresse qui avait étalé et sa richesse et l'amour de son fiancé pour elle, représenté par une bague. Car elle avait demandé pour la circonstance aux parents une part de la somme qu'avait coûté la bague, disons 3 500 F.

J'ai vu plusieurs fois l'enfant. Elle me dit, un jour, qu'elle a jeté la bague dans les égouts, en sortant de l'école. « Tu as bien fait, car, si tu l'avais gardée, elle t'aurait brûlé les mains. – Oui, elle me brûlait. » Cette bague était le représentant de l'amour incestueux qu'elle avait projeté sur la maîtresse. Je n'en ai jamais parlé à quiconque, bien sûr.

Or, cette enfant n'ayant aucun copain, j'ai abordé un jour cette question avec elle. Elle m'a répondu :

« Il faudrait beau voir, avec mon frère, si j'avais un copain ! Il m'a dit une fois : " Je t'ai vue à la sortie de l'école à côté d'Untel. Eh bien, ma vieille, si tu continues, tu ne viendras plus dans mon lit. "

– Pourquoi ? Parce que tu vas dans le lit de ton frère ?

– Il faut bien.

– Pourquoi " il faut " ?

– Parce que maman veut. Parce que, le mercredi, papa et maman vont au cinéma, et maman dit à mon frère : " Prends ta sœur dans ton lit, je ne veux pas qu'elle ait peur toute seule " [quand les parents revenaient du cinéma, les enfants, trop contents, faisaient semblant de dormir. Ils étaient donc très conscients de ce qu'ils faisaient]. Dans le lit, on est mari et femme.

– Que veux-tu dire ?

– On fait ça.

– Montre avec le modelage. »

Et elle fait une représentation de la pénétration.

« Comment ça s'appelle ?

– C'est son zizi, mais je ne sais pas où il le met.

– Tu lui as demandé ?

– Il me dit : " Dans ton cul. "

– Tu diras à ton frère que les chiens font cela, mais pas les enfants [c'est à la suite de cela qu'il lui a parlé de sa peur d'aller en prison]. Lui savait, mais toi tu ne savais pas. Maintenant tu sais, tu vas lui dire : " C'est fini, on ne joue plus à ça. On était bébé, on ne savait pas. Maintenant on sait. " »

La mère, qui accompagnait sa fille aux séances, demande un jour à me parler. Je lui réponds que non, le traitement était engagé... « Alors je vais vous le dire devant ma fille ; c'est pour vous dire combien je suis contente ; elle ne vous l'a pas dit ? Pourquoi ne l'as-tu pas dit à la dame ? Elle apprend à écrire, elle sait lire. » L'enfant ne m'en avait pas parlé, et, du reste, elle n'avait pas à me le dire. En trois semaines, cette enfant avait libéré en elle de grandes possibilités orales d'avaler les connaissances symboliques ; elle s'est développée très rapidement ensuite.

Quant au frère, un jour, la maman vient me dire : « Nous avons une bonne surprise, avec notre fils. L'an dernier, le maître nous avait conseillé les études courtes, car il était au maximum de ses possibilités. Et, après Pâques, le directeur m'a appelée pour me dire qu'on s'était trompé : mon fils avait démarré, et il aurait été dommage qu'il s'arrête au court terme qu'on avait décidé pour lui. »

Dans cette famille, dont j'ai eu des nouvelles par la suite, tout s'est mis en place à partir de l'interdiction non pas de jeux sexuels, mais de l'accomplissement d'un coït incestueux. On ne se doute pas à quel point c'est fréquent, d'autant que l'on ne formule plus l'interdit de l'inceste entre frères et sœurs. Cela se passait en 47, je travaillais depuis dix ans et je n'avais encore jamais rencontré une situation de ce genre aussi nette. On continue d'élever les enfants comme des chiots sans se rendre compte s'ils savent ou non l'interdit de l'inceste. Bien sûr, on peut dormir dans le même lit que son frère, à condition de connaître l'interdit. Dormir, ce n'est pas le coït. Ce garçon était prépubère, sa sœur avait huit ans, et les choses en étaient arrivées à ce point. Ce qui m'avait étonnée, c'était le fait qu'elle n'avait pas de camarades : « Faudrait voir, si j'avais un copain ! »...

Quand les parents se sont séparés et que les enfants restent ensemble, comme ils ont une grande envie de se dresser contre les nouveaux couples, les enfants s'acoquinent dans une intimité exclusive qui peut suffire à prolonger une relation où la sœur est pour son frère le représentant de la mère, où le frère est pour la sœur celui du père. Ils deviennent alors des amis inséparables, ce qui est dangereux à la prépuberté. Voilà en quoi le fait de ne pas séparer les enfants à partir d'un certain âge peut contribuer à les maintenir dans une relation affective infantile où le corps, avec ses exigences, fait d'eux des êtres ambigus, n'ayant aucune relation en dehors de la fratrie.

Car la liquidation de l'Œdipe s'énonce ainsi pour une fille : « Ton père et tes frères te sont barrés pour le corps à corps de la relation sexuelle, tu ne pourras ni te marier avec eux, ni avoir des enfants avec eux ; mais tu peux tenter ta chance auprès de tous les autres qui te plaisent. » Et pour un garçon : « Ta mère t'est interdite, tes sœurs aussi, mais, si une autre fille te plaît, essaie ! » Voilà ce qui permet aux enfants de vivre en société et qui les pousse à se chercher des camarades.

Vous connaissez ces histoires où l'on se chipe son meilleur camarade : on est trois, puis deux, puis c'est le retour à une situation triangulaire, et à nouveau la situation duelle revient, dans cette phase de latence où se répètent ces relations avec le moi auxiliaire du même sexe ; dans le fantasme la fille se représente avec une autre fille et un garçon ; de même le garçon s'imagine en compagnie d'un autre garçon et d'une fille. J'ai entendu un jour une excellente émission à la radio : un psychologue avait mené une enquête dans une école, où un garçon de sept ans racontait que, lorsqu'on aime une fille, il ne faut pas en parler à son copain, parce que, sinon, celui-ci se met à s'occuper d'elle. Les filles disaient : « Quand on a un copain, s'il est embêté, on l'aide ; quand on a un amoureux, s'il est embêté, on l'asticote, on le taquine. Quand on a un copain, si on a de la peine, on le lui montre ; à un amoureux, on ne lui montre pas, sinon il ira avec une autre. »

Ces jeunes enfants parlaient merveilleusement de l'amour, dans ce temps de la recherche, quand il faut se mettre au meilleur de son narcissisme, sans quoi celui qu'on va rencontrer ne sera pas un amoureux, mais seulement un copain ; les filles, quand elles se sentent amoureuses, se montrent sadiques ; les garçons seraient plutôt comme celui de sept ans qui pensait qu'il n'aimerait plus jamais comme il avait aimé à la maternelle : il avait failli mourir d'amour, disait-il.

Quand un adolescent a déjà été amoureux, il comprend très

bien toutes les histoires de couple. Une situation grave, par exemple, est celle d'une adolescente qui sort le dimanche avec son père, lequel n'a pas de compagne. Je pense à un cas de ce genre qui s'est terminé par un suicide ; celui d'une fille qui souffrait d'être prise, dans les restaurants, pour la maîtresse de son père. L'attitude ambiguë de son père à son égard était peut-être, chez elle, un fantasme ; peut-être était-ce une réalité ; mais, selon les mœurs, en France, qui mettent le monde vraiment à l'envers, un père est plus méritant de sortir ses enfants sans sa concubine plutôt qu'avec elle. Il eût été préférable que la fille revînt à la maison et racontât qu'elle était sortie avec son père et une femme, quitte à ce que la mère réponde : « Comment ? Il t'a sortie avec sa poule ! Qu'est-ce que c'est que ce père ? Je vais le dire à mon avocat ! »

Comme si, par ailleurs, la différence d'âge entre un père et sa fille pouvait être un alibi !

J'ai vu à Trousseau une petite fille qui avait, disait-on, la phobie de l'école. Une agoraphobie : elle ne pouvait plus sortir. J'ai demandé : « Mais qu'est-ce qu'elle fait toute la journée, à la maison ? – Elle remplit ses cahiers de dessins. » J'ai dit à l'enfant de m'apporter ses dessins, ce qu'elle a fait.

Je regarde alors ses cahiers quadrillés : à chaque page, je vois une poule rouge, ou une poule noire, chaque poule remplissant toute la page. Cette petite faisait ça à longueur de journée. Je lui demande pourquoi tant de poules, et elle me répond, très sérieuse, en baissant les yeux : « C'est parce que je n'ai jamais vu la poule à papa. *(Rires.)* Maman la voit par la fenêtre, mais moi je cours à la fenêtre et je n'arrive pas à la voir. Je veux rester à la maison, parce qu'il paraît qu'elle passe tout le temps dans la rue. Et, quand je demande à maman où elle est, elle me répond : " Ne t'occupe pas, ce n'est pas ton affaire. " » Elle ne voulait pas aller à l'école, car elle croyait que la « poule à papa » était un gallinacé. Elle avait sept ans.

Ceci montre l'importance des signifiants pour les enfants comme pour les adolescents qui ont gardé un vocabulaire d'enfant, qui ne comprennent pas que le divorce est lié à une question sexuelle ; car ils ne veulent pas le comprendre. Ils se sentent coupables parfois de la séparation de leurs parents, parce qu'ils ont encore des sentiments œdipiens pour leur mère ; alors que ce sont, en réalité, des sentiments narcissiques homosexuels qui passent pour hétérosexuels. Le père est parti, bon débarras ! Ils sont contents avec maman. C'est une situation très préjudiciable pour eux si le juge ne leur parle pas de la réalité du divorce, s'il ne leur explique pas qu'ils doivent prendre désormais leur vie en main sans devenir le chevalier servant ou la servante de leur mère. Il serait préférable pour eux d'aller dans une institution, à un âge où ils n'ont plus à se trouver pris dans une situation duelle.

« Sortir », les adolescents n'ont que ce mot à la bouche ; alors que c'est le père qui sort, et qui, jouant le rôle de son fils, sape chez celui-ci le désir de sortir. C'est que le père revit à travers son fils ou sa fille des histoires d'adolescence. Il craint d'être incestueux, alors il quitte la famille ; ou bien, il est jaloux de son fils adolescent, à qui la mère donne tout le temps raison et qui semble compter le plus à la maison. C'est, en plus violent, ce qui se passe lorsqu'un enfant, à sept ans, enfonce son coin dans le couple de ses parents. L'adolescence, c'est une sorte d'Œdipe généralisé.

X. : *Pourriez-vous nous parler de ce problème de l'inceste, et nous indiquer notamment s'il faut dans ce cas mener une thérapie commune de l'enfant et du parent, ou bien des thérapies distinctes ?*

F. D. : Je vous répondrai *a priori* qu'il faudrait que l'enfant sache que l'inceste est une délinquance. Tous les enfants en âge d'aller à l'école devraient en être avertis. Si l'on parle de l'inceste père-fille, qui est « contre culture », mais n'est pas contre nature, puisque du fait de sa passivité dans l'acte sexuel la fille considère le père comme le maître, la question est de savoir si la fille est au courant ou non de la loi ; si elle a connaissance de la loi, c'est elle alors qui permet à son père, dans un moment où il cesse de l'être, de se dérober à la loi, au lieu que ce soit elle qui se dérobe à lui.

A Trousseau, j'ai compris, à travers ses modelages, comment

une jeune fille s'était trouvée réduite à l'état de guenon : elle ne modelait que des guenons, caractérisées par leurs très longs bras, accroupies à quatre pattes, présentant leur postérieur.

Cette jeune fille avait le visage triste, l'expression concentrée. Visiblement son comportement avait été inhibé récemment. Je lui ai demandé si son père savait qu'avec sa fille il n'avait pas le droit de faire cela, et elle m'a répondu qu'il lui avait dit qu'elle n'était pas sa fille. Je lui ai demandé si elle en avait parlé à sa mère ; celle-ci n'avait eu d'autre mot que : « Le menteur ! » Son père vivait avec sa mère depuis l'année qui avait suivi sa naissance, et personne ne pouvait savoir s'il était ou non le géniteur. Un jour, cette jeune fille m'a déclaré : « Mon père m'a dit qu'il le faisait avec moi car, s'il le faisait avec ma petite sœur, ça lui ferait très mal. »

Quand elle est partie de chez elle, il est arrivé la même chose à sa sœur de treize ans, la première semaine où elle a été réglée.

La mère avait perdu ses parents très jeune, et avait été élevée par une marraine homosexuelle qui vivait en couple avec une femme. Les deux femmes l'avaient pour ainsi dire adoptée. Elle-même ne s'était jamais aperçue qu'elles formaient un couple. Après l'avoir mise dans un foyer, elles se sont dépêchées de la marier, par l'intermédiaire de la paroisse, avec cet homme complètement détraqué, dérangé. Ce père violait la fille aînée avec la bénédiction de la mère : il s'enfermait avec elle deux heures, chaque soir. Plus tard, elle s'est mariée. Le père a continué ses séjours en maison de santé : il entrait, il sortait. La mère ne voulait rien savoir de ces relations incestueuses. Lui était un homme terriblement caractériel. Quand il rentrait chez lui, il jetait volontairement par terre le riz, le café, pour obliger sa femme à faire le ménage. Il vidait tous les tiroirs de la maison. J'ai demandé à la mère si elle savait ce qui se passait et elle m'a répondu : « Je protège la petite ! – Mais votre fille aînée, est-elle de cet homme ? – Je n'en sais rien. » Et elle m'a raconté que, lorsqu'elle s'était mariée avec cet homme, elle était enceinte sans savoir de qui. Voilà le drame qui n'avait pas été dit à l'enfant.

Cette petite s'était laissé punir et battre par son père qui la sadisait depuis longtemps, jusqu'au jour où, comme elle était devenue pubère, il a joué le mâle en rut sur elle. Il était le père de la seconde fille et d'un garçon. Ce garçon est arrivé un jour à Trousseau, en disant à l'infirmière : « Je ne veux plus rester à la maison. C'est un enfer, je ne peux plus travailler en classe ; et, si je ne quitte pas la maison, je me suicide la semaine prochaine. »

L'infirmière m'avertit, je fais venir la mère et je téléphone au père, sans lui parler de l'inceste, bien entendu, pour lui dire que son fils demandait à aller en pension :

« Je ne paierai rien, me répond-il.

– Mais s'il va en pension sans que vous ayez rien à payer ?

– Je me fous de mon fils.

– Mais qu'est-ce qui vous intéresse chez vous ?

– Ma femme. Je veux l'emmerder. »

C'était un père paranoïaque. Pourtant, ils s'en sont sortis peu à peu. La fille a fugué, elle est allée demander secours à une marraine (je n'ai jamais fait un papier pour la police ; heureusement !). Plus tard, elle m'a écrit pour me demander une adresse de thérapeute, en m'apprenant que son frère avait eu son bac, et qu'il demandait à être émancipé. Ils se sont débrouillés sans qu'on intervienne. Car il est terrible que la société se mêle des incestes entre fille et père. Comment faire pour les éviter ? C'est très difficile, car on ne connaît pas la portée à long terme de ce que l'on fait ; cependant, si on soutient la fille à se prendre en charge pour s'en sortir, nous l'aidons vraiment ; mais rien ne peut se dénouer si l'on met la police au milieu, avec examens et vérifications du corps de la fille pour savoir si c'est « vrai ». Alors que ce qui est vrai, c'est qu'il n'y a plus ni père ni fille, mais une femelle en détresse, ou en chaleur, avec un homme en rut sur elle, sur sa fille (symbolique, dans ce cas, puisqu'il l'avait reconnue). Comment voulez-vous que les enfants se défendent à temps, si l'interdit n'est pas formulé ? D'autant qu'il faut compter avec la connivence d'une mère qui veut garder son homme au foyer à cause du salaire.

X. : *Vous voulez dire qu'il faudrait parler de cet interdit en classe, comme une information ?*

F. D. : Absolument ; dans les petites classes, à la maternelle et dans les classes primaires ; de sorte que, si cela se produit, l'enfant en est le complice, il l'aura provoqué. Car, dans neuf cas sur dix, il suffit de dire à la petite fille : « Tu diras à ton papa qu'il est ton papa et qu'il ne peut pas jouer à être ton mari. » Il ne faut pas mettre la mère dans le coup ; c'est une histoire entre cette enfant fille et son père ; c'est le problème de la castration de l'un et de l'autre.

X. : *A-t-on raison d'opposer la parenté psychologique à la parenté biologique ? Ce que les enfants adoptés savent, ou doivent savoir, selon vous, dans la plupart des cas, c'est : « Ce n'est pas ma vraie mère, mais c'est ma mère. »*

F. D. : « C'est ma mère tutélaire, depuis que j'ai deux ans. » C'est une vraie mère, du point de vue de la responsabilité de la tutelle, mais ce n'est pas la mère qu'il avait choisie pour naître.

X. : *J'ai l'impression d'entendre Sartre ! L'enfant n'a rien choisi !*

F. D. : Mais si ; puisque au jour le jour il a survécu ! Quand un enfant n'a pas de quoi survivre avec sa mère biologique, il entre dans une dévitalisation biologique. Quand il n'y a pas de quoi vivre affectivement, il se produit une dévitalisation affective ou intellectuelle. Si l'enfant a reconduit au jour le jour son désir de vivre et qu'il a « fait avec », c'est qu'il y avait de quoi. Si une mère biologique s'intéresse tout d'un coup à son enfant, c'est peut-être qu'elle se sent capable d'élever un enfant de plus de cinq ans, alors qu'elle ne pouvait pas s'occuper d'un enfant de moins de cinq ans. Pourquoi pas ? Certaines mères ne peuvent pas élever des enfants de tel âge à tel âge.

En revanche, si une mère n'a pas élevé son enfant et qu'elle ne le connaît pas, c'est très différent. Si, tout d'un coup, elle gagne à la Loterie nationale, ou veut reprendre son enfant pour bénéficier des allocations familiales, on peut lui dire que, pour l'instant, elle doit attendre – si son désir est authentique, évidemment. Sinon, il ne durera pas plus que le temps d'une flambée imaginaire.

5

Désir et répétition

« Mes tout petits parents » - L'enfant créole qui pensait avoir trois mères - La femme qui avait fait cinq fausses couches successives, au troisième mois - Le dessin du premier visage de la vie - « L'utérus à papa » - La colonne vertébrale, phallisme de la fille.

P. : *Je voudrais vous présenter le cas d'une jeune femme de dix-neuf ans, Deborah, belle, sportive, qui est en conflit ouvert avec sa mère adoptive, laquelle a déjà été enceinte sans avoir jamais enfanté. Deborah a, en effet, été adoptée par une femme dont les trois grossesses s'étaient soldées par des fausses couches. Cette femme a adopté, deux ans plus tard, un garçon très calme, très soumis, que Deborah n'aime pas beaucoup. Deborah est très active, impulsive même, de caractère indépendant ; depuis longtemps, elle désirait s'émanciper de sa mère ; leurs altercations étant fréquentes, à dix-huit ans, elle part. Elle vit alors avec son ami et passe parfois les fins de semaine chez les parents de ce dernier. Il lui arrive parfois d'oublier d'emporter ses pilules. A douze semaines de grossesse, Deborah demande, catastrophée, un avortement, alors qu'elle veut faire mieux que sa mère biologique, en gardant l'enfant, au lieu de le donner en adoption. Mais voilà, la grossesse est le résultat d'un échec de contraception, et la liaison avec le garçon de dix-neuf ans avec lequel elle vit est très aléatoire. Cette grossesse revendicatrice est survenue trop tôt. Elle et son ami décident de ne pas l'interrompre ; ils demandent le soutien de leurs deux familles. La mère adoptive de Deborah lui signifie clairement qu'il n'en est pas question, et qu'elle doit se faire avorter. Elle ne lui accordera aucune aide, ni maintenant ni plus tard. Intelligente et sage, Deborah sait que sa grossesse n'a rien à voir avec ce qu'elle prétendait être une vengeance, et, se pliant aux exigences de sa mère adoptive, demande donc un avortement. Or une échographie montre qu'elle porte des triplés. Du coup, émue, débordée par ce dont elle se voit capable, Deborah décide d'arrêter toutes les procédures. « Un meurtre serait peut-être acceptable, mais trois d'un coup, je ne le peux pas. » Elle rentre chez elle.*

Entre-temps, sa mère adoptive, apprenant qu'elle attendait des triplés, elle qui avait subi trois fausses couches, lui révéla, sans haine ni colère, mais avec intuition et à-propos, que sa mère naturelle n'avait que quatorze ans lorsqu'elle l'avait mise au monde. Deborah a, semble-t-il, compris beaucoup de choses à ce moment-là ; cessant d'en vouloir à sa mère biologique, renonçant à sa vengeance, elle consent finalement à l'avortement, car il était impensable qu'elle puisse prendre en charge des triplés, quelles que soient les subventions de l'État.

Que de forces mises en jeu pour aboutir à l'échec de la contraception ! A-t-elle pensé, comme moi, que, si les événements qui s'étaient produits vingt ans plus tôt avaient eu lieu aujourd'hui, sa mère naturelle aurait demandé un avortement – qui lui aurait été sans doute accordé – ? Elle ne m'en a rien dit, mais elle a quitté l'hôpital en me disant que les relations avec son ami se termineraient probablement d'ici à un an.

F. D. : Il s'agit d'un phénomène de répétition. Autrement dit, comment se fait-il que la communication entre mère et enfant soit d'autant plus étroite que c'est le corps qui l'exprime, quand il n'y a pas eu symbolisation entre les deux personnes ?

Il est intéressant de voir que Deborah voulait montrer à sa mère biologique qu'elle pouvait faire mieux qu'elle. Mais, quand elle apprend que celle-ci n'était qu'une petite de quatorze ans, elle n'a plus besoin de se donner cette preuve. A partir du moment où la jeune adolescente, et même déjà la petite fille de sept-huit ans, peut dire : « Ma petite, toute petite maman », elle devient l'égale de sa mère et se montre même maternelle envers celle-ci ; elle n'a donc plus besoin de se venger – cela peut se produire plus tôt encore : dès que l'enfant apprend ce que sont la filiation et la génétique par l'union sexuelle de ses parents. En comprenant qu'il est la toute petite graine, fruit de l'union de ses deux parents, il en vient à dire : « Ma toute petite, toute petite maman » et « Mon tout petit, tout petit papa » ; alors tous les symptômes de lutte agressive, de négation, s'estompent chez lui. Parce que le sujet s'est pris en charge et se trouve à égalité avec ses parents qui ne lui apparaissent plus comme des monstres supérieurs contre lesquels il a besoin de lutter. Ce cas en est une preuve de plus.

Le jour des Morts, pendant la dernière guerre, des lycéens sont allés sur la tombe du Soldat inconnu portant deux gaules de cannes à pêche ; ils ont été condamnés à mort. Car ils manifestaient, à travers ce jeu de mots mimé, qu'ils étaient des partisans de De Gaulle. Ils ont été les premiers fusillés de Paris, ils étaient âgés de quatorze à seize ans. Les Allemands n'avaient pourtant pas encore entamé leur procédure de décimation qui consistait à fusiller dix otages pour tout soldat allemand tué dont le meurtrier n'était pas dénoncé. J'ai eu en main le fac-similé des lettres que ces jeunes gens avaient laissées à leurs parents, et c'étaient des lettres d'adultes gentils à des tout-petits. Chacun avait écrit à peu près ceci : « Mes chers parents, vous pouvez être très fiers de moi. Je suis très heureux de vous annoncer que je vais être fusillé pour la France. Il ne faut pas que vous cédiez. Vous êtes mes très chers tout petits, tout petits chéris parents. Je demande à oncle Untel et à tels de vos amis de bien veiller sur vous. Ne soyez pas malheureux pour moi. » Devant les responsabilités qu'ils assumaient, ils étaient joyeux ; un renversement s'était produit. L'un avait même signé en dessinant son portrait, une gaule et un petit poisson au bout.

Ceci me fait penser au cas d'un enfant créole que j'ai connu. Il était le fils d'un chirurgien et d'une étudiante en médecine. La guerre ayant été déclarée pendant les vacances, les parents étaient restés en France, tandis que le petit était parti dans la famille de Martinique. Ils devaient tous se retrouver là-bas. Or le père est mobilisé, et la mère, interne, reste seule à Paris. Cette séparation désunit le couple ; quand ce chirurgien revient de la guerre, il rencontre une autre femme. Il quitte alors à l'amiable et sans haine sa première femme. L'enfant, qui, lui, n'avait pas quitté la Martinique depuis 1939, revient en France en 1945. Ses parents l'accueillent, ils dînent tous les trois ensemble, et le père s'en va en disant qu'il reviendra le lendemain et qu'ils se parleront. A ce moment, l'enfant n'avait toujours pas été mis au courant de la séparation de ses parents. J'ai appris tout cela dès les premiers entretiens, de la bouche de la mère, qui a fait une analyse avec moi. Le lendemain, le père vient apprendre à l'enfant la séparation, en lui précisant qu'elle a eu lieu sans hostilité ni d'un côté ni de l'autre. Il déclare également à son fils que, tout en vivant avec sa mère, il pourra le voir quand il voudra.

L'enfant vit donc avec sa mère, va à l'école, travaille bien ; mais il lui est impossible de parler à sa mère. Entre eux, un froid total. Lors des visites du père, en revanche, l'enfant est volubile. A sa mère, il répond par monosyllabes et s'enferme dans sa chambre. Or, un jour qu'elle lui demande si la situation va durer encore longtemps, l'enfant répond :

« Mais je ne sais pas pourquoi je suis ici ! A la Martinique, j'avais mon père et ma mère.

– Ta mère ?

– J'en avais même trois [c'étaient les sœurs et belles-sœurs de ses parents] !

– Et qui était ton père ?

– Untel [c'était son grand-père, que tout le monde, lui y compris, appelait " Papa "]. »

Cette femme m'a dit : « Moi, je ne suis rien pour cet enfant ! » Je lui ai dit d'expliquer à son enfant ce que signifiait « être sa mère ». « Dois-je lui dire qu'il est né dans mon ventre ? – Pourquoi pas ? Mais il doit s'en douter. Dites-lui que son père et vous, vous vous entendiez bien, et qu'il est né de vous deux, de votre union sexuelle à vous deux ; et que c'est la raison pour laquelle il est votre fils et celui de son père. Sinon, il ne comprendra jamais pourquoi vous l'avez retiré de sa famille de là-bas, à la Martinique. »

Un jour, elle a dit à son fils : « Je sais que tu veux retourner là-bas, et j'ai réfléchi à ta demande. Mais, auparavant, je veux que tu saches pourquoi je suis, moi seule, ta mère. » Elle lui explique alors l'union sexuelle, lui dit qu'il est entré en elle vivant, dans la rencontre de deux cellules. Elle lui explique que c'est pour cette raison qu'elle se sent, avec son père, responsable de lui ; mais, ne voulant pas entraver sa liberté, elle lui déclare que, s'il veut vraiment repartir, elle ne l'en empêchera pas. Elle me raconte que, pendant qu'elle lui parlait ainsi, sans la regarder, il feuilletait machinalement des magazines. Or, tout d'un coup, lâchant les revues, il s'est précipité vers elle en lui disant : « Mais alors, tu es ma toute petite, petite, petite maman. Et lui est mon tout petit, petit, petit papa. Mais je vous aime ! Je ne veux pas retourner là-bas. » Tout d'un coup, cet enfant avait sauté de trois ans à huit ans.

Lorsque l'on fait une telle révélation sur son origine à un enfant, humainement, c'est-à-dire en paroles, sans rien lui en imager, sans le toucher, immédiatement surgit le « tout petit petit parent ». Voilà ce que sont les parents biologiques pour lui : ils sont au-delà des parents affectifs, ce qui n'empêche pas les relations qu'il a avec ceux-ci. Le sujet doit se sentir dans cette égalité avec les parents, dès la puberté, pour pouvoir en franchir le cap, pour devenir à son tour mère ou père. Sinon, plus tard, le jeune père sera terrorisé d'avoir un enfant-monstre, un géant, puisque celui-ci, n'étant pas son égal, lui deviendra supérieur. Il est vital que s'établisse l'égalité avec les géniteurs, en termes de valeur humaine ; or cette égalité ne peut exister que référée à la scène primitive, c'est-à-dire non seulement au désir des parents, mais à celui du sujet d'être devenu leur enfant. Ce sont ces termes d'« union sexuelle » qu'il faut dire à l'enfant – car toutes les leçons sur la fornication sont parfaitement inutiles –, en lui expliquant que dans l'union d'une cellule de la mère et d'une cellule du père un enfant s'est préparé, et que c'était lui. Le désir des parents est lié à celui d'un enfant qui veut naître ; c'est de ce moment qu'il est dans la loi du désir. Cela est vrai au moment de la pré-vie, comme au moment de la mort. Ceux qui s'occupaient des condamnés à mort en prison m'ont dit qu'au dernier moment ces personnes témoignaient d'un grand amour paternel pour leurs « petits » parents, demandant qu'on les console de leur mort.

Ainsi, Deborah voulait faire mieux que sa mère biologique, mais, en apprenant que celle-ci n'était encore qu'une enfant à sa naissance, elle s'est mise à l'aimer profondément ; car elle a choisi cette mère pour naître. Elle est devenue l'égale de sa mère naturelle sur le plan du désir. Car c'est en assumant son désir, dès sa conception, qu'un être humain passe de la non-vie, du non-désir au désir de vivre.

Puis j'ai été très intéressée, dans votre exposé, par le fait que la mère adoptive ait eu connaissance de l'âge de sa mère réelle. C'était peut-être un fantasme.

P. : *C'est pourquoi j'ai dit que la mère adoptive avait eu une intuition extraordinaire du moment, en révélant ce fait à Deborah, même si elle l'inventait involontairement.*

Y. : *Cela me rappelle l'histoire d'une patiente qui a appris, à l'âge de vingt-trois ans et alors qu'elle était enceinte, qu'elle avait été adoptée. Elle m'a téléphoné treize ans après, parce qu'elle souffrait de dépression : des idées suicidaires lui venaient, depuis trois ou quatre ans, toujours au moment de son anniversaire. Elle était mariée et enceinte de trois mois lorsque sa mère est décédée. Comme elle était en train de ranger des affaires de sa mère dans une valise, elle a découvert, sous le fond qui s'était décollé, des papiers, dont un certificat de naissance portant un nom. Très contente, elle a pensé qu'elle avait une sœur. En regardant mieux, elle a vu que la date coïncidait avec celle de sa propre naissance. Aujourd'hui, cette femme nie que ce soit la raison pour laquelle, depuis ce temps-là, elle ne veut plus avoir d'autres enfants. Elle a un fils de treize ans qui va tout à fait bien. Mais elle est très déprimée, et elle cherche encore dans sa famille les traces qui indiqueraient qu'elle a été adoptée par sa mère, alors qu'elle serait, pense-t-elle, l'enfant d'une tante.*

Je lui ai dit : « Ce devait être invivable, à la maison, avec votre mère qui avait un tel secret. » Elle a répondu : « En effet. » Et, à ce moment-là, elle a compris pourquoi, à l'époque où elle était secrétaire, lorsqu'elle remplaçait une amie, elle avait toujours besoin d'une quantité incroyable de collants SECRET *(c'était la marque). Elle vit aujourd'hui encore dans ce secret que la mère a emporté dans la tombe. Le père reste intraitable dans son silence ; ce qui confirme pour elle la théorie selon laquelle elle aurait été adoptée, et cela, par quelqu'un de la famille.*

P. : *Je voudrais vous présenter maintenant un second cas, celui de Jane, dix-huit ans, qui a été adoptée par un couple fortuné ; la mère adoptive n'a été enceinte qu'une fois en plusieurs années de mariage. Cette unique grossesse s'est terminée par une fausse couche. Jane a été adoptée quand elle avait six mois et, deux ans plus tard, un garçon sera également adopté, cette fois-ci à la naissance. Lorsque Jane a dix ans, sa mère est à nouveau enceinte ; et cette grossesse se terminera, à quelques mois, par une nouvelle fausse couche. Jane et son demi-frère sont à couteaux tirés. Lui n'a aucun problème dans la vie, si ce n'est que les parents s'occupent beaucoup plus de sa sœur que de lui. Quand elle avait trois ans, on a découvert que Jane était malentendante ; d'où l'attention particulière des parents pour elle : visites à l'hôpital, rééducations diverses, orthophonie, tous traitements relativement peu efficaces, jusqu'à ce que quelqu'un remarque qu'elle a davantage besoin qu'on joue avec elle que de faire des exercices peu attrayants. Tout à coup, Jane s'épanouit et participe aux jeux des enfants de son âge. Elle a cinq ans, à ce moment-là. Il était temps, car c'est le moment de l'entrée à l'école. Commence alors avec la mère une bataille qui n'a pas encore cessé aujourd'hui, au sujet du port de son appareil auditif.*

J'ai vu ses parents dans mon bureau pendant plus d'une heure, et la mère n'a pas cessé de parler, sauf lorsque je lui faisais signe de s'arrêter pour lui poser une question. Elle a fait un plaidoyer intense, et j'en suis sorti KO. Il faut ajouter que cette femme a travaillé bénévolement à Grossesse-Secours et qu'elle se marchait sur le cœur pour accomplir la démarche qu'elle faisait pour sa fille : demander un avortement.

Jane, en effet, a tout fait pour être enceinte. D'abord, à seize ans, elle a tenté une ou deux fois d'avoir des relations sexuelles, mais elle s'est ravisée : c'était trop tôt. Elle a continué, à dix-huit ans, par une série de fugues dont la plus longue, qui a duré un mois, se situe au début de sa grossesse. Elle a laissé à sa mère tous les indices possibles pour lui faire comprendre qu'elle était enceinte, y compris un calendrier de ses menstruations. La mère a fini par comprendre et, à son retour, lui a demandé ses intentions. Jane ne veut pas l'avortement et ne réagit pas aux injonctions de sa mère. La mère prend alors un rendez-vous pour sa fille avec la travailleuse sociale qui soumet le cas au comité : on me demande de les recevoir toutes les deux. Quand je vois Jane, elle a changé d'idée et demande un avortement, sa mère lui ayant signifié qu'elle ne l'aiderait pas parce qu'elle la trouvait encore immature. Jane et moi n'avons pas parlé d'avortement, mais de son infirmité, qui a fait d'elle un expert en communication... Ça la fait sourire. En effet, elle manipule à son gré le bouton de son appareil auditif. Or, durant l'entretien, je lui ai parlé sur un ton ordinaire ; elle ne s'est pas servie de son appareil ; et elle ne m'a fait répéter qu'une fois. Elle porte les cheveux très courts, au grand désarroi de sa mère qui déclare qu'elle ne pourra plus jamais porter son appareil avec des cheveux aussi courts. La mère a évoqué la sexualité de Jane, très étonnée d'apprendre de la bouche de sa fille que la sexualité la rebute. Elle ne comprend pas non plus que, lorsque Jane rencontre des garçons, elle leur dise aussitôt qu'elle est semi-entendante. La mère pense que c'est le meilleur moyen de les faire fuir. Cette femme n'avait pas compris jusque-là que c'était, au contraire, la meilleure façon pour qu'ils viennent lui parler à l'oreille. Par ailleurs, ce n'est jamais à sa mère que Jane parle de ses règles ; c'est à son père, à qui elle téléphone au bureau pour lui demander de lui rapporter des serviettes. De son côté, Jane m'a parlé de ses difficultés avec sa mère. Soudain elle me demande : « Est-

il possible qu'une fille qui a des problèmes comme les miens puisse avoir une relation enfin normale avec sa mère, en quittant la maison ? » C'est le grand espoir que représentait pour elle la grossesse. Puis elle me raconte l'histoire d'une cousine de son père qui a connu la même situation.

Je vois ensuite les parents auxquels j'annonce, avec son autorisation, qu'elle accepte l'IVG. La mère a peine à croire que Jane ait pris seule cette décision ; elle est convaincue que c'est moi qui l'ai amenée à changer d'idée. Je n'y étais pourtant pour rien. Je n'ai d'ailleurs pas cherché à convaincre la mère que sa fille se rapprochait d'elle quand elle quittait le foyer familial ; tout d'abord parce que Jane ne m'y avait pas autorisé – et qu'il me manquait des éléments –, d'autre part parce que j'ignorais ce que cette mère-là allait faire de cette information.

J'ai revu Jane le jour de l'avortement. Elle était très calme, beaucoup plus que ne le sont les filles dans cette circonstance. Comme elle en était à la treizième semaine, elle a subi une anesthésie et un curetage par dilatation. Je lui ai demandé de me téléphoner une semaine après, pour prendre un rendez-vous.

Mais c'est la mère qui me téléphone quelque temps après, pour me demander si sa fille m'a appelé. Je lui réponds que non, qu'elle doit le faire dans la semaine. La mère me dit alors que, si sa fille n'appelle pas, elle prendra volontiers sa place. Elle voulait venir se faire expliquer comment bien s'entendre avec sa fille...

Je voudrais savoir comment vous auriez réagi, madame Dolto. Je me demande encore pourquoi je n'ai pas dit à cette dame que sa fille voulait se rapprocher d'elle par l'intermédiaire de cette grossesse, que c'était là son désir profond.

F. D. : Le père a joué un grand rôle dans la structuration de la féminité de Jane. Car l'adoption de l'enfant, en tant qu'être neutre, était la décision du couple ; mais, en tant que fille, c'est au désir du père qu'elle doit d'avoir été adoptée ; la preuve, c'est que c'est à lui que sa fille demandait d'acheter ses serviettes hygiéniques. En même temps, elle avait besoin de mettre sa mère au courant de son calendrier de règles et du problème qui était le sien.

P. : *Son désir profond était que sa mère lui permette de se rapprocher d'elle, ce que celle-ci ne veut pas. La mère a d'ailleurs déclaré : « Si Jane veut vraiment connaître ses origines, j'ai toutes les informations et je peux les lui donner. »*

F. D. : Elle vous l'a dit devant Jane ?

P. : *Non.*

F. D. : C'est intéressant ; car, la première, Deborah a cessé d'avoir des conflits lorsque sa mère lui a dit ce qu'elle savait, tandis que les conflits de la seconde, Jane, viennent de ce que la mère sait mais ne dit pas. Le cas de Jane me fait penser à celui d'une femme que j'ai eue en analyse, alors qu'elle en était à sa cinquième fausse couche spontanée, à chaque fois à trois mois. Son gynécologue, n'ayant décelé aucune cause organique, lui a dit : « Je ne crois pourtant pas à la psychanalyse, mais je ne vois qu'une analyse pour vous permettre d'avoir un enfant. » Le mari de cette femme, qui était médecin, ne s'y est pas opposé.

Voici son histoire : Elle avait été fiancée une première fois, quand elle avait dix-neuf ans. Le jeune homme est venu faire sa demande officielle chez ses parents. Or elle ne l'a pas vu ressortir de la maison. Elle l'a attendu dehors, en vain ; puis le soir est venu, elle est rentrée ; et la mère, dans tous ses états, n'a rien dit. De ce jour-là, plus aucun signe de vie du garçon. La fille devenait folle, la mère refusait de répondre à ses questions, lui interdisant de téléphoner à son fiancé. Le père s'est un jour décidé à lui dire que ce garçon ne pouvait plus l'épouser : il ne voulait pas se dresser, bien que majeur, contre le gré de ses parents ; il s'était engagé, était parti en Afrique, comme un homme qui fuit, car ses parents lui avaient interdit d'épouser une fille adoptée ; or elle-même ignorait qu'elle l'était. Sa mère adoptive, qui paraissait en pleine santé, à dater de cet aveu s'est laissé emporter en six mois d'un cancer de l'utérus. Elle ne s'est pas remise d'avoir dû lui confirmer qu'elle n'était pas sa fille. Or, pendant toute son enfance, sa mère n'avait cessé de lui répéter : « Heureusement que tu es arrivée ! parce que j'ai eu sept fausses couches avant toi [ce qui était complètement faux]. Tu as été mon bonheur. »

Quand sa mère est morte, la jeune fille a eu beaucoup de chagrin. A la même époque, elle a appris de sa meilleure amie que tout le monde, à l'école, savait depuis longtemps qu'elle avait été adoptée. Je lui ai dit qu'il était impossible qu'elle n'ait jamais eu d'indice. Elle m'a répondu qu'elle ne parvenait pas à en retrouver, d'autant que sa mère lui rappelait sans arrêt son bonheur de l'avoir eue, après tous ses échecs de maternité, lui montrant de petites affaires de bébé censées être les siennes. Souvent les mères adoptives, en effet, ont ce fétichisme des premiers chaussons. Ce n'est pas le cas des mères biologiques qui, elles, ne gardent que les premières mèches de cheveux et les dents de lait parmi leurs bijoux. Bref, cette femme, au cours de son analyse, a pu parler à son père, devenu veuf, qui lui a livré la clé de son adoption. (On se demande vraiment pourquoi on la lui avait cachée.)

Son père adoptif lui a indiqué le nom d'une sage-femme qui tenait une petite clinique d'accouchement. C'est là que ma patiente était née. Son géniteur était un médecin. Prisonnier en Allemagne, il avait connu, en captivité, un officier qui lui avait parlé de sa femme. Lorsque ce médecin, libéré avant son compagnon, vint rendre visite à cette femme, il arriva ce qui devait arriver. Enceinte, la future mère de ma patiente ne voulut point imposer à son mari, l'officier, le fruit d'une union de passage. Elle chercha un couple, qu'elle voulut choisir elle-même, ce qu'elle fit en observant ceux qui allaient devenir les parents adoptifs de mon analysante, à la clinique. Elle leur confia sa fille, tout en gardant caché son nom.

Comme sa mère de naissance, ma patiente avait épousé un médecin. Et c'est toujours à trois mois qu'elle faisait ses fausses couches, c'est-à-dire à l'âge où elle avait été donnée en adoption.

C'est seulement une fois en analyse qu'elle osa demander

à son père son avis sur la rupture de ses fiançailles. Il lui répondit qu'elle avait eu de la chance de ne pas se marier avec ce jeune homme dont la famille était vraiment trop bête. (Car épouser un homme, c'est aussi s'inscrire dans une lignée.) Après son mariage avec le médecin, elle s'est trouvée rapidement enceinte. Comme beaucoup d'enfants adoptés, elle a voulu voir la clinique où elle était née et retrouver la personne qui l'avait gardée pendant ses trois premiers mois de vie. Elle n'a pas recherché sa mère de naissance, qui, selon son expression, lui avait « tout donné » ; elle voulait seulement rencontrer une femme qui pourrait lui parler de sa mère en tant que femme. Or, c'est son père qui lui en a parlé. De la sage-femme, en revanche, elle n'a jamais pu retrouver la trace. Elle a beaucoup pleuré, pendant des séances, de n'avoir pu retrouver cette accoucheuse qui avait été la médiatrice entre sa mère réelle et ses parents adoptifs.

Cette femme venait d'assez loin faire son analyse à Paris. Or elle cherchait à plaire à tous les hommes qu'elle rencontrait dans le train. Elle me disait : « Je ne sais pas à quoi je joue, mais je voudrais passer une nuit d'hôtel avec un homme. » Elle le désirait, sans jamais passer à l'*agir*. Elle allumait les hommes, tout en ayant peur d'être poursuivie à l'arrivée à la gare. Elle disait : « Je le veux, sans le vouloir. » Un jour, elle a fait l'hypothèse que, peut-être, elle rejouait la rencontre de sa mère de naissance avec son géniteur, l'ami de l'officier. D'origine méridionale, elle recherchait des hommes du même type qu'elle, tout à fait différent de celui de son mari. En cette période de son analyse, elle était comme une petite fille qui recherche un monsieur. Elle me disait : « Vous ne pouvez pas savoir les mines que je peux faire à un homme dans le train ! J'ouvre mon sac, je souris... » Je lui ai dit qu'elle avait l'air d'être témoin de ses propres grimaces. Elle s'en rendait compte. En somme, elle n'avait jamais joué à séduire son père, étant petite.

X. : *A propos de l'adoption, vous dites dans un de vos livres qu'il ne devrait pas en être fait mention sur le certificat d'identité de l'enfant.*

F. D. : C'est au bout d'une durée de quatre ans que l'adoption devient officielle. En France, la loi est ainsi faite : si une mère n'a pas vu son enfant pendant un an et un jour, celui-ci est adoptable. Certaines mères ne viennent voir leur enfant qu'une fois par an, jouant avec ce délai ; et les juges se montrent parfois trop faibles. J'ai vu récemment dans une pouponnière une enfant de près de trois ans, d'une angoisse et d'une instabilité inquiétantes à cet âge, dont la mère ne se souciait que de six mois en six mois. L'enfant a été mise en traitement à cause de son état qui allait s'aggravant, plutôt dans le sens de la perversion. J'ai dit à l'enfant qu'à telle date sa mère devait rencontrer le juge et qu'il ressortirait de l'entrevue la décision que sa mère l'abandonnerait ou non. Puis on apprend que le juge a décidé que cette enfant devait être définitivement retirée à la responsabilité de sa mère. Jusque-là, il n'y avait aucun tracé de limites dans les dessins de cette enfant. Or, dès après la décision du juge, elle a fait un dessin extraordinaire : les trois points du premier visage de la vie, à l'intérieur d'un rond. Vous savez que dans les premiers dessins d'enfants ces points ne sont pas enfermés dans une forme. Or elle les a mis à l'intérieur d'un visage. Cliniquement, c'était le signe manifeste qu'elle était désangoissée et qu'elle se structurait sainement. Un enfant très précocement orphelin de mère (s'il a moins de quatorze mois quand il la perd – donc de toute façon avant la fixation orale) ne fera jamais cela. Un orphelin plus tardif (à deux ans au moins), lorsqu'il fait le dessin du bonhomme par exemple, commence une ébauche de tête et dit : « C'est raté », puis recommence dans un autre coin de la feuille le personnage entier. On peut dire que c'est presque un signe pathognomonique de l'orphelin, ce dessin du premier visage perdu qui l'a structuré. Cette petite, elle, a fait le plus beau dessin que puisse faire un enfant ayant intégré la mère archaïque.

A la dernière séance avant les vacances, j'ai expliqué à la maternante que cette enfant avait vécu quelque chose de très important au cours de la semaine précédente. Et à l'enfant j'ai dit : « Tu es rassurée maintenant, parce que tu ne connaîtras pas ta mère dans la réalité, mais elle est pour toujours dans ton cœur. » Une structure s'est enfin construite pour cette petite fille, sur le futur comme sur le passé, grâce à la décision du juge. La mère, qui, dans la réalité, faisait en sorte de ne jamais voir sa fille – cela durait depuis cinq ans, avec la complaisance d'un juge qui se payait de mots –, ne pouvait pas se résoudre à déclarer par écrit qu'elle abandonnait son enfant ; mais elle le signifiait si fortement par son comportement qu'il fallait l'apaiser et lui dire qu'elle n'avait plus à demander à voir l'enfant une fois par an (pour ne pas le faire !).

Lorsque j'ai revu ensuite cette petite fille, je lui ai parlé à nouveau de son amour pour sa mère de naissance, inscrit dans son dessin, amour d'autant plus fort désormais qu'il était intériorisé. Et je lui ai dit que, si elle était belle, c'était parce que sa mère l'avait aimée le temps qu'elle était dans son ventre, sinon elle aurait été plus ou moins ratée.

Car la vie symbolique d'un enfant se dégage soit dans l'abandon définitif, soit dans la responsabilité assumée, mais jamais dans le chèvre-chou de l'ambiguïté.

Y. : *Je connais une femme dont la mère a failli mourir quand elle a mis au monde sa sœur aînée, et qui lui répète sans arrêt que donner naissance à un enfant met en danger de mort. Elle-même ne cesse de parler de son désir d'avoir un enfant, tout en faisant des cures amaigrissantes pour ne pas avoir l'air d'être enceinte ; et elle évite, bien sûr, d'avoir des relations sexuelles. Nous avons beaucoup parlé – car je ne suis pas analyste, mais psychothérapeute – de cette peur de la mort qui circule dans sa famille, et de sa relation à son mari, le seul homme qui ne lui fasse pas peur, mais qu'elle n'aime pas. Cette femme a trente-six ans ; et elle commence à se sentir pressée par le temps, par peur de courir un vrai danger si elle rencontre un jour quelqu'un avec qui elle désire avoir un enfant. Je lui ai suggéré de faire une analyse.*

F. D. : Sa mère ne lui a jamais expliqué à la suite de quel processus elle avait failli mourir ?

Y. : *Elle dit qu'elle a été très malade pendant la grossesse, qu'elle avait des absences. Elle a eu, c'est vrai, un petit garçon, qui est mort à dix-neuf jours.*

F. D. : Quand ?

Y. : *Entre les deux filles.*

F. D. : A-t-elle également failli mourir en mettant ce garçon au monde ?

Y. : *D'après la mère, le père la maltraitait chaque fois qu'ils avaient des rapports sexuels, en l'obligeant à risquer d'être enceinte. À chaque accouchement, elle a « failli » mourir. Mais elle n'en est pas morte.*

F. D. : Ce dont la mère a peur, *elle,* c'est de mourir. Et non de « faillir ».

Y. : *Que peut-on faire dans ce cas ?*

F. D. : Je ne sais s'il y a grand-chose à faire, étant donné que la femme dont vous parlez n'aime pas son mari ; elle ne le désire pas. Pour qui, alors, avoir un enfant ? Pour quoi ? Elle semble aimer les gens qui lui font peur, puisque son mari ne lui fait pas peur. Ça signifie quoi, cette gadoue ?

X. : *Je sens pourtant chez elle un désir très profond...*

F. D. : Un désir de quoi ? D'un enfant qu'elle aurait à la place de sa mère, mais qui ne serait pas de son père, cet homme qui maltraitait la mère ? Un enfant de qui ? Un enfant imaginaire ? C'est la mère qui présente son mari comme celui qui la mettait en danger de mort. La fille ne pourrait donc être féconde qu'avec des hommes qui lui font peur, mais elle ne peut pas, car alors... ce serait papa, ce serait l'inceste.

Y. : *C'est une femme qui n'a jamais pu garder un stérilet, et cela apparemment sans raison. De plus, elle ne supporte pas les pilules.*

F. D. : Cette femme est en contradiction avec son utérus. Elle veut un enfant, mais l'utérus n'en veut pas ; il expulse la moindre chose qui est à l'intérieur.

Quelque chose pourrait peut-être vous aider dans votre travail avec elle. Demandez-lui de vous parler de son père, longuement. Car il y a – semble-t-il – chez la femme deux parties du corps qui sont fruit de sa relation à son père : ce sont la colonne vertébrale et l'utérus. A tel point qu'on pourrait dire : « L'utérus pour papa, de papa, par papa. » La fille devient femme par le fait qu'elle s'identifie à la mère pour son père. Mais, quelquefois, elle se tient trop à cette identification ; quelquefois, au contraire, l'identification a manqué. Quand le père donne la main de sa fille au futur mari, c'est comme s'il lui passait l'utérus de sa fille ; car il est le curateur au ventre de sa fille, jusqu'au moment où il permet à un monsieur d'être celui qui va donner licitement vie à cet utérus. Or cette féminité s'est structurée sur la symbolisation du désir pour le père, sur sa transformation en amour et par la conservation de l'utérus non pas en tant qu'objet partiel, mais comme lieu de la féminité de la femme pour l'homme. L'utérus est bien davantage le lieu de la féminité que le vagin, lequel est pré-conscient. L'utérus, c'est de l'inconscient.

Y. : *Son père ne l'a jamais vue comme étant féminine, au contraire de sa sœur aînée.*

F. D. : Alors, parlez-lui de la relation de son père à sa mère à lui, et des femmes de la lignée paternelle. Vous l'aiderez ainsi davantage, en lui posant des questions et en la faisant associer. Elle fera son analyse avec vous ; vous ne comprendrez pas forcément ce qu'elle dira, mais, elle, elle le comprendra. Et cela fera bouger un peu la fixité d'une relation pétrifiée sur un père qui n'a pas vu que sa fille était fille ; de sorte que celle-ci ne se donne le droit de l'être pour personne.

Quant à la colonne vertébrale, son développement s'améliore ou se pathologise en fonction de la relation au père. Les filles qui ont des scènes avec leur père ont ensuite un lumbago ; lorsque c'est avec leur mère, elles ont une crise de foie. C'est un fait d'observation clinique comme de la vie courante : ceux qui ont tendance à somatiser leurs émotions ne le font pas de la même manière selon qu'elles mettent en cause le père ou la mère. La colonne vertébrale relie le crâne au bassin et fait la liaison entre l'encéphale et le périnée : elle est le seul phallisme du corps chez la fille et se trouve affectée par les épreuves que le père – selon qu'il est trop rigide ou pas assez – impose à sa fille. L'axialisation de la colonne vertébrale est, chez elle, une symbolisation. Du fait que le phallisme est en plus localisé en son sexe, le garçon a d'autres moyens de somatiser : ce sont les troubles de l'érectilité, l'altération de son punch.

6

Enfant pervers

Le sens d'une confusion de souvenirs-écran - Faire mourir en soi l'enfant incestueux - A propos de « cothérapies » - « Plus les enfants sont pervers, plus ils sont fascinants » - « Le père n'est ni bon ni mauvais » - « Du point de vue psychanalytique, rien n'est pathologique » - « C'est toujours par et pour quelqu'un que l'on est allergique » - L'enfant agressif, électrochoc de la mère dépressive - La psychanalyse : écoute d'un dire, qui est un dire sur un dire.

P. : *J'appartiens au service de psychiatrie infantile et juvénile d'un hôpital. Je suis psychanalyste dans ce service, et, à ce titre, je rencontre certaines difficultés, parce que les gens sont peu habitués au dialogue et à l'écoute psychanalytiques, parce que nous sommes aux prises, d'autre part, avec la loi 24 sur la protection de la jeunesse. Le cas que je vais exposer tombe sous cette loi. Nous sommes plusieurs, associés face à ce cas : le délégué à la Protection de la jeunesse, qui joue un rôle dans la thérapie, la travailleuse sociale qui suit la famille, le juge qui ordonne la thérapie, deux avocats, celui du jeune en question et celui du CSS*[1]*, enfin les éducateurs du centre d'accueil. Le service clinique, qui forme ces éducateurs, intervient parfois lui aussi. On peut rencontrer également un autre intervenant, un expert en psychologie près la Cour.*

Devant un tel appareil, on se demande parfois qui est responsable de la thérapie. Est-ce le juge, puisqu'il l'a ordonnée ? Ou bien les avocats, qui se battent auprès de la cour pour savoir s'il doit y avoir ou non thérapie ? Ou la famille,

1. Centre de soins sociaux.

souvent mise à l'écart pour avoir été déclarée inapte, et qui est généralement privée de son pouvoir naturel ? Les adolescents jouent souvent à travers les mailles de ce filet, et l'on constate que la loi 24 peut renforcer les traits caractériels de certains. On s'aperçoit, à la longue, que le jeune, caractériel au début, devient franchement délinquant ; et l'on peut se demander si l'on n'incite pas la délinquance, à travers toutes ces chicanes, sous couvert de vouloir protéger le jeune.

F. D. : Cette loi s'applique aux jeunes jusqu'à quel âge ?

P. : *Jusqu'à dix-huit ans ; mais il peut y avoir prolongation. Elle est valable dans des cas de divorce, ou lorsque le jeune réclame lui-même la loi de protection de la jeunesse, parce qu'il trouve ses parents trop sévères ; une jeune fille de quatorze ans, par exemple, est venue réclamer l'application de cette loi sous prétexte que ses parents l'empêchaient de sortir jusqu'à trois heures du matin.*

Il arrive ainsi que des intervenants dépossèdent les parents de leur rôle d'éducateurs, par le recours à cette même loi.

F. D. : Que disent les articles de cette loi ?

P. : *Je ne les connais pas très bien.*

F. D. : Il serait pourtant intéressant que tous les adolescents et tous les citoyens la connaissent.

P. : *Comme j'ai à plusieurs reprises dit au juge que le jeune en question ne voulait pas de thérapie, il a inscrit mon nom dans l'ordonnance, de sorte que je dois aller aux subpénats faire un rapport.*

F. D. : Livrer le secret professionnel ?

P. : *En quelque sorte. Et il arrive que ce rapport, l'avocat le donne à lire à l'intéressé ; car la défense dispose de toutes les pièces à conviction. On a souvent l'impression que la dispute juridique est une bataille familiale : les avocats s'arrachent l'enfant comme des parents, tandis que la famille propose qu'on le lui rende. Souvent le jeune refuse de retourner chez ses parents. L'affaire passe ainsi à la Cour tous les trois mois.*

La difficulté de la cothérapie vient aussi de ce que tous les participants n'ont pas le même objectif. Le centre d'accueil doit travailler sur les traits délinquants d'un jeune, alors qu'il peut avoir des aspects de délinquant sans l'être vraiment. On veut faire appliquer des modèles thérapeutiques ou éducatifs dans tel centre, qui ne sont pas valables pour un autre.

Tout concourt à empêcher qu'on s'intéresse au sujet, parce qu'on veut seulement savoir s'il est délinquant ou non. On ne s'arrête pas à la personne, mais à son environnement. Les centres d'accueil n'ayant d'autre objectif que de poser des diagnostics, je me trouve y appliquer les techniques requises, sans savoir très bien qui j'ai devant moi.

Le délégué à la Protection de la jeunesse contrôle les échanges entre tous les intervenants. Il peut arriver qu'il cumule cette fonction avec celle de travailleur social, chargé de suivre la famille ; et cela contre son gré, car il est parfois dans l'obligation d'agir conformément à la loi et contrairement à la thérapie. En conflit avec lui-même, il laisse aller les choses et se désinvestit du cas. Il communique alors de moins en moins avec la famille, ne s'intéresse guère aux visites du jeune dans sa famille, coincé entre son rôle de surveillance et son rôle de thérapeute.

F. D. : Il peut donc faire les deux ?

P. : *Les données psychologiques personnelles du délégué prenant le dessus, la thérapie généralement passe au second plan. Il peut se trouver dans l'obligation de se mettre en rapport avec quelqu'un qui habite loin, à deux cents kilomètres par exemple, pour obtenir un feed-back sur ce qui se passe du côté du jeune lorsqu'il est dans sa famille. Il n'obtient, bien sûr, aucune information utilisable. Partagé entre deux rôles, le délégué choisit l'attitude la moins impliquante, qui consiste simplement à suivre la loi.*

Quant à la thérapie individuelle, lorsqu'un jeune est obligé d'entrer contre son gré dans un service de psychiatrie, il attend de tirer son temps dans le centre, et cette attitude de défense passive va susciter inévitablement des conflits.

X. : *Il faut préciser un point : quand la loi 24 a été mise sur pied, c'était dans un courant de « déjudiciarisation ». On voulait, de bonne foi, que les enfants profitent davantage de la psychothérapie. Or, le vice de forme de cette loi est d'imposer* a priori *cette thérapie. On a rencontré le même écueil dans le système pénitentiaire des perversions sexuelles, lorsqu'on a voulu établir un pont entre le système carcéral et la cure. J'ai vu un individu accepter une thérapie parce qu'il gagnait ainsi un an de prison ; lorsque sa stratégie s'est dévoilée, j'ai cessé la thérapie.*

P. : *Voici maintenant le cas de D., que j'ai choisi parce qu'il est entré en thérapie depuis peu, après être déjà passé par de nombreuses institutions.*

Sa famille est originaire de l'est du Québec. A onze ans, D. est déjà connu du CSS depuis un an et demi, pour ses absences de l'école, ses vols, répétés fréquemment, de bicyclettes, d'autos, et pour d'autres infractions commises avec des groupes, dans des maisons.

Sur le plan scolaire, ayant redoublé chaque année, il avait un retard de trois ans. A la demande de sa mère, il est admis en juillet 1980 dans un centre d'accueil à Montréal. Il vit ce placement comme une punition. De juillet à septembre, il fugue deux fois. Sa mère, veuve de M. B., vivait avec M. C., qu'elle quittera fin 1982, pour vivre avec M. X. et revenir dans la région d'Amkoui. Ce retour à ses sources est important pour elle, puisque c'est en même temps le retour au lieu de sa première relation avec un homme, M. B. C'est un incendie dans la ferme qu'ils habitaient à Amkoui qui avait motivé son déménagement ; elle était partie à Montréal comme pour tout gommer de son lieu familial.

F. D. : Quel âge avait le garçon au moment de l'incendie ?

P. : *Sa mère était enceinte de lui. D., aujourd'hui, a connu six placements en centres d'accueil, en l'espace de trois ans. Dans les rapports, on parle de lui comme d'un zombie qui prend la couleur du mur, selon le moment. Muet, il nomme juste les gens selon leur tâche ou l'objet qui leur est associé. L'éducateur qui joue avec lui, il l'appelle « le Ballon », celui du soir il l'appelle « l'Éducateur-Coucher », alors qu'auparavant il appelait les gens par leur prénom. Il peut devenir très violent contre les personnes ou les objets. Dans un centre, il a arraché un lavabo, détruit son matelas, mis le feu dans sa chambre. Le feu a une grande importance pour lui, comme pour sa mère, puisque c'est à cause du feu qu'elle a dû quitter son foyer. Il a subi deux évaluations psychiatriques et psychologiques. A Alévi, le psychiatre lui ayant demandé s'il voulait connaître son nom, D. lui a demandé en retour s'il allait le revoir ; le psychiatre ayant répondu non, D. a dit que ce n'était pas la peine.*

F. D. : C'est intelligent, ça ; et, de plus, pas du tout régressif.

P. : *Mais au centre, personne n'y arrive plus avec lui. On dit qu'il n'a pas progressé, que les interventions ne servent à rien, que son cas est psychiatrique (ce qui est l'ultime défense de chacun en face de lui). Le psychiatre à l'extérieur déclare qu'il ne relève pas de la psychiatrie, et on renvoie D. au centre d'accueil. Il ne sait plus à qui il appartient, à quel lieu il peut se référer. Pourquoi se lierait-il dans la thérapie, si je suis moi aussi quelqu'un de passage ?*

D. paraît plus vieux que ses quatorze ans, il semble avoir dix-huit ans. Lors de notre première rencontre, après un court moment de retrait et de méfiance, il est devenu volubile ; mêlant fiction et réalité, il a parlé d'un lieu où il a vécu, puis du vol qu'il allait commettre pour se procurer une carabine à canon scié. Car il a une grande attirance pour les carabines.

Le soi et l'autre se mêlent dans son discours. Parfois il

demande : « Je vous parle de vous ? De ma mère ? De mon père ? – De toi. – Ah... » Il confond les éducateurs. Il décrit volontiers et innocemment sa manière de procéder lorsqu'il vole des fusils par exemple ; il parle aussi de ce qu'il se procure avec le produit de ses vols. Puis il fait allusion, très vite, à la mort de son père, dans un accident de voiture. Il situe cet événement vers ses cinq, six ans, alors que son père est mort lorsqu'il avait deux ans. Six ans, c'est le moment de son entrée à l'école, où il aura, comme je l'ai dit, beaucoup de difficultés. C'est aussi l'époque de sa première séparation d'avec son monde familial ; enfin, c'est l'âge où il a été heurté lui-même par une voiture ; il déplace donc ce dernier événement, en le situant à ses deux ans. On voit là qu'il se confond avec son père. Son propre accident est source de nombreuses fantaisies et incertitudes, les faits réels étant partiellement oubliés. Il va mêler au souvenir de son accident l'ami de son père, « qui a eu un accident en même temps » : « Nous étions tous les deux dans l'ambulance, et ça saignait, ça saignait » ; alors qu'en réalité D. a eu le bras cassé. L'accident du père s'est figé en images pour la mère, et beaucoup de fabulations de D. se greffent sur le discours de celle-ci.

A la première entrevue, la mère vient en compagnie de son aînée, parce que, dit-elle, elle se perd en ville. Timide et réservée, elle parle de façon maternelle de ses enfants, dont elle semble s'être beaucoup occupée ; la fille aînée semble avoir dans la famille des attributs maternels, bien qu'elle soit elle-même mariée et qu'elle ait des enfants. Mme B. paraît beaucoup plus jeune que son âge, elle a l'air d'une adolescente. D. parle avec beaucoup d'admiration de la beauté de sa mère et de ses longs cheveux, puis il quitte la pièce les yeux dans le vague. Elle s'exprime facilement, raconte des rêves. J'essaie de la faire parler de son fils, mais elle parle d'elle. La communication des fantasmes et des peurs semble courante dans cette famille où tout le monde parle d'ésotérisme.

Quand D. a commencé à avoir des problèmes avec la Protection de la jeunesse, sa mère vivait depuis six ans avec M. C. Cela ne se passait pas très bien, parce que, d'après elle, M. C. aurait eu des relations incestueuses avec sa fille à elle.

D. est le quatrième de cinq enfants. Il y a dans cette famille un fils, marié, la fille aînée dont je viens de parler, une fille de dix-sept ans qui vit à Montréal, D. qui a quatorze ans, une fille, J., qui a huit ans, issue de la relation de Mme B. avec M. C.

Mme B. nous apprend que l'accouchement a toujours été pour elle très douloureux, notamment lorsqu'il s'agissait de garçons. En riant elle ajoute : « Je les haïssais pendant deux ans. Après, ça allait. » C'est donc lorsqu'elle entre véritablement en relation avec son fils – âgé alors de deux ans – que se produit l'accident qui cause la mort du père.

D., jusqu'à trois mois, aurait été allergique au lait ; il a été hospitalisé à plusieurs reprises pour des gastro-entérites importantes. Il paraît qu'il n'aurait pas eu de difficultés au moment de l'apprentissage de la propreté, ce dont je doute car, lorsqu'il manipule la glaise, il dit toujours qu'il faut se laver.

Mme B. nous décrit ainsi son mari : « C'était un bon gars, quand il n'était pas soûl. Mais il n'était pas souvent à jeun. » Bien que sa relation à son mari ait été insatisfaisante, surtout vers la fin, Mme B. a réagi par un profond découragement à son décès ; elle avait le sentiment que sa vie était finie. Elle a mis un an à s'en remettre. « Je m'enfermais dans une chambre. Ce n'était pas possible ! » C'est à cette époque que la fille aînée a pris en charge les autres enfants, notamment D.

Dans la famille de Mme B., il n'y avait que des filles. A travers le père qu'elle veut donner à ses enfants aujourd'hui, elle se cherche un père pour elle-même. Elle parle très peu de sa mère : « Vous savez, c'est une femme comme les autres. Je ne m'en souviens guère, j'ai quitté la maison à seize ans », comme si ce fait justifiait qu'elle ne connaissait pas sa mère vraiment.

F. D. : Et de son père, que dit-elle ?

P. : *Elle en parle comme d'un être important, puisque c'est lui qui faisait subsister la famille. D'où l'image qu'elle a d'elle-même comme ne pouvant faire subsister sa propre famille.*

Elle avoue avoir laissé peu de place aux hommes avec lesquels elle a vécu depuis la mort de son mari, M. C. puis M. X. Sous prétexte que les quatre premiers enfants sont ses enfants à elle, ni l'un ni l'autre de ces deux hommes n'a pu intervenir dans leur éducation. Tout doit passer par elle, et elle a interdit à l'un comme à l'autre de les réprimander.

Elle nous rapporte qu'à la naissance de la dernière fille, D. aurait été d'abord jaloux, mécontent de perdre son statut de benjamin. Mais elle l'a rassuré en lui disant que J. et lui n'étaient pas de la même famille. Il restait donc son bébé à elle.

Les messages qu'elle transmet à son fils-bébé apparaissent contradictoires. En effet, elle s'est montrée souvent complice de ses vols. Quand il a volé pour la première fois un beignet dans un camion stationné en bas de chez lui, le propriétaire du camion l'a ramené par la peau du cou chez sa mère qui, en voyant son garçon suspendu par le col et l'homme brandissant le beignet de l'autre main, a souri. Pour D., ce fut une consécration d'avoir fait sourire sa mère. Il est resté sur le sourire de ce vol. Depuis, pour lui, « vol = sourire de ma mère ».

Lors du psychodrame où on a fait rejouer à D. ce premier vol, l'intervenant qui tenait le rôle de la mère ne voulait pas du tout sourire ; il donnait au contraire raison au marchand de beignets. Alors D. s'est mis vraiment en colère, se roulant par terre, en criant : « Ça ne s'est pas passé comme ça, ce n'est pas comme ça qu'il faut que ça se passe ! Tu dois rire là, parce que, moi, je t'ai fait rire. » Faire rire sa mère était vital, c'était la sortir de sa dépression. Il est porteur de cette mission-là ; du plaisir de sa mère. Il a donc continué de voler.

A chaque fois, sa mère a réagi en disant que ce n'était pas si grave : « Vous savez, D. est gourmand ; alors, il arrive qu'il prenne des choses sans demander la permission. »

Puisque ainsi il avait sorti sa mère de la dépression, il

était donc plus valeureux que son père qui l'avait fait pleurer. C'était, pour lui, comme si sa mère avait souri pour la première fois depuis la mort du père.

F. D. : Ce qui est important ici, c'est qu'avec le beignet, D. amenait un homme à sa mère. Dans le psychodrame, il n'avait pas cette possibilité ; donc l'homme, c'était lui ; le rôle de sa mère était tenu par un homme, ce qui faussait la réactualisation des pulsions.

Cependant – et vous avez raison –, l'incendie compte pour elle, cet incendie du désir, qui détruit tout ; de même, il est vrai qu'il est très important pour D. de sortir sa mère de sa dépression, mais en lui amenant un homme.

P. : *Pourtant, à ce moment-là, cette femme vivait déjà avec un autre homme, M. C. D'autre part, le marchand de beignets, qui tenait D. par la peau du cou, avait une vraie place de père. Si elle n'avait pas ri...*

F. D. : Elle aurait eu la place de mère qui convient, devant un père.

P. : *C'est comme si D. avait clivé la place du père puisque, ayant fait sourire sa mère, il recevait le gage qu'elle n'était qu'à lui.*

Quand il parle de sa mère, « si jeune et si belle », il en est ébloui. Il la voit comme son amoureuse adolescente. Et si je dis que sa mère est complice de ses vols, c'est qu'elle savait que, dès ses neuf ans, il se sauvait de la maison par la fenêtre, pour rentrer à deux, trois heures du matin. Elle était au courant de ses absences à l'école, elle n'ignorait pas qu'il jouait avec un 22 long rifle dans sa chambre.

Finalement, la seule manière pour cette femme d'intervenir devant les difficultés de son fils, c'était de le menacer de placement. C'est ce qu'elle avait déjà fait pour sa fille qui est danseuse à Montréal. « Si vous continuez, je vais vous mettre en prison [car, pour elle, le centre est une prison] », leur disait-elle.

Vous parlez, dans certains de vos livres, de la notion de double : *pensez-vous que cette notion puisse être appliquée dans le cas présent ?*

F. D. : Le double ? En quel sens ? Cette femme reconnaît maintenant son impuissance, puisqu'elle veut déléguer l'éducation de ses enfants à une instance, alors qu'elle a empêché son concubin de jouer le rôle paternel qu'elle tient, elle. Elle a introjecté son père, mais pas sa mère.

Cette femme n'a pas pu évoluer depuis l'adolescence ; à ce moment-là, elle a été capable de partir, enceinte, avec un homme qu'elle aimait. On ne peut pas dire qu'elle était malsaine ; c'était une fille très riche en imagination ; et, à seize ans, elle n'a pas triché avec cet homme, puisqu'ils se sont mariés ; c'est plutôt à la naissance du quatrième, D., que l'homme, lui, n'a pas pu faire face, lors de l'incendie. On ne sait rien des causes de l'incendie ?

P. : *Chaque fois que j'ai posé des questions sur l'origine de cet incendie, je n'ai obtenu aucune réponse.*

F. D. : Jusque-là, dans ce qu'elle vous a dit, on ne voit encore rien de pathologique, ni chez elle ni chez ses enfants, quoique les deux derniers aient vécu profondément la perte narcissique de leur père.

Il se peut que le garçon ne désire pas de thérapie, tandis que sa mère désire un traitement pour elle-même ; et elle l'a commencé de fait, vu le transfert qui s'est établi entre vous. Pourquoi n'avez-vous pas décidé de vous occuper d'elle, en disant à D. que lui n'était pas motivé pour une thérapie ?

L'enfant et sa mère sont ici fixés à un même traumatisme, survenu à la naissance de celui-ci. Les souvenirs-écran qu'il vous raconte sont tout à fait sains : il est normal que par confusion, il ait introduit l'ami de son père dans le souvenir de son accident, dans lequel il a eu, lui, le bras cassé, à cinq ans ; s'il y a un double pour l'enfant c'est à cet endroit qu'il se situe : quand il place son père, accompagné d'un ami, dans le souvenir de son propre accident. A deux ans, D. était encore identifié à sa mère, il était encore l'ami de son père : c'est pourquoi il a transféré ce souvenir à celui de sa fracture du bras à cinq ans.

P. : *Il est intéressant de remarquer que M. C., le compagnon actuel de Mme B., était un ami de son mari, avec lequel il faisait de la musique ; cet homme est donc identifié au bon côté de son mari. C'est lui, d'ailleurs, qui a ramené Mme B. dans sa région d'origine, à Amkoui ; elle l'a connu quand D. était en placement.*

F. D. : Dans la petite fille, J., qu'elle a eue avec M. C., elle doit se retrouver fille de son père ; et je me demande si la mort de son père n'a pas eu lieu autour du moment de l'incendie...

P. : *Il n'est pas insignifiant qu'elle dise des garçons que leur naissance est plus difficile, et que ce soit à cause d'un garçon qu'elle ait dû quitter la maison paternelle.*

F. D. : De toute évidence, cette femme est en analyse avec vous.

P. : *Il est vrai que j'aurais plutôt le désir de prendre la mère en analyse, puisque D. ne semble venir en thérapie que pour complaire à son éducateur. Je me suis demandé à un moment s'il n'amenait pas l'éducateur aussi en thérapie car, pendant une séance de psychodrame où il tapait par terre à un endroit précis, il a dit : « Ça ressemble à une tombe », et son éducateur a protesté que ce n'était qu'« un carré », en niant cette image de mort. La réaction de l'éducateur avait été si intense que je lui ai dit qu'une émotion importante l'avait sans doute traversé à ce moment-là. Il l'a nié, puis il est revenu peu après me raconter son histoire : son propre père avait quitté la maison, le laissant comme D. Identifié à D. dans cette perte du père, c'est lui qui niait la mort, le départ. C'est pourquoi je me suis demandé si ce n'était pas le désir de thérapie de l'éducateur qui prévalait sur celui de D. Ce sont les problèmes posés par la cothérapie. Ainsi la travailleuse sociale qui suit Mme B. prétend qu'il n'est pas utile que celle-ci vienne me voir.*

F. D. : Dites à D. : « Votre mère est venue me parler et, étant donné les drames qui se sont passés lorsqu'elle était enceinte de vous, elle a compris qu'elle avait besoin de faire un travail pour elle. Si c'est vous qui voulez faire un tel travail, je vous recevrai, mais sans votre éducateur. » Que D. ait parlé de « tombe » signifie qu'il en est au point où il doit faire mourir en lui l'enfant incestueux, homosexuel. Pourquoi, du reste, l'éducateur assiste-t-il aux séances ?

P. : *A cause des conflits entre les centres d'accueil et le milieu thérapeutique, le centre a exigé la présence d'un de ses représentants, l'éducateur tuteur, pendant la thérapie. C'est pourquoi nous avons choisi le système du psychodrame analytique, qui permet d'intégrer les différents participants. J'avais demandé au chef du service d'éviter ces formalités, mais cela s'est avéré impossible.*

F. D. : Ce que vous appelez ici cothérapie, c'est donc, en réalité, la thérapie de plusieurs personnes en même temps. Tandis que la mère de D. est dans une cothérapie d'un autre style, puisqu'elle est suivie par une autre femme et vous-même. Votre rôle est de la centrer sur une seule personne, et ce ne peut être vous, puisque vous vous occupez déjà de son fils.

Tout le monde est fasciné par le cas de cet enfant ! Plus les enfants sont « pervers » – et c'est un grand pervers –, plus ils sont fascinants. Rien ne sert de le punir, c'est sa mère qui est à soigner, sa mère qu'il a lui-même soignée pendant toute son enfance. Il faut lui expliquer que sa mère, désormais, peut être prise en charge et qu'il peut se reposer d'elle ; cette mère qui est merveilleuse ! Car je trouve cette femme de très grande qualité. A seize ans, elle a fait ce qu'elle désirait, elle avait besoin d'un mâle, elle possédait son père à l'intérieur d'elle-même et elle a su donner un père à ses enfants. Elle était donc assez équilibrée, au début. C'est le traumatisme de cet incendie qui les a tous laissés démunis, plongeant le père dans une très grande culpabilité.

Cette femme a subi une blessure narcissique génitale, ensuite, de ne pouvoir faire face à la responsabilité de ses enfants. C'est en ce point que vous devez, vous, renoncer à la cothérapie, et la laisser revivre son enfance avec la travailleuse sociale, en lui disant que vous vous occupez de son fils, qu'elle pourra vous écrire, quand elle le voudra, et que vous lui répondrez. Elle n'aurait pas pu se lancer dans une thérapie avant d'avoir rencontré un psychanalyste, mais, maintenant, sa psychanalyse étant amorcée, elle peut la continuer avec n'importe qui. L'analysant doit comprendre que le travail qu'il fait, il le fait pour lui ; et si, dans la personne qu'il rencontre, il ne trouve pas l'écoute qu'il peut attendre, comme dans le cas de Mme B. vis-à-vis de la travailleuse sociale, il peut toujours écrire à la personne qui lui a indiqué ce thérapeute, pour le lui dire. Nul besoin, évidemment, d'aller jusqu'au juge qui a indiqué la thérapie.

Car, en analyse, celui qui est en danger, ce n'est jamais l'analysant, en tant qu'il est son propre analyste. Chaque patient devient son propre analyste. Notre rôle est de provoquer chez nos analysants, qui nous paient le temps de parole du contrat, cette aptitude à devenir leur propre analyste.

Quand un adolescent parle en présence de celui qui l'a amené, l'ami associé, pour lui, à la mère ou au père, et que ce dernier, représentant pour lui un moi auxiliaire, déclare, comme dans le cas présent : « Ce n'est pas une tombe », vous pouvez dire au jeune garçon : « Tu vois, pour toi, c'est une tombe, et pour lui non. » Ce serait cela la cothérapie : l'aider à assumer la possibilité d'interpréter autrement que son voisin. En définitive, il semble que D. veuille faire une thérapie, puisqu'il vous parle.

P. : *Sans doute, puisque j'ai pris à un moment un miroir, et qu'il a dit : « Vous, derrière le miroir, j'ai quelque chose à vous dire. »*

En ce qui concerne la mère, je n'ai d'autres informations

que celles qu'elle m'a données lors de la première entrevue. Je ne suis pas en thérapie avec elle.

F. D. : Vous, peut-être, mais elle, si ; et cela, dès le premier instant ; elle a pu faire un transfert parce qu'elle était dégagée de son fils, devenu adolescent ; et, surtout, parce qu'elle a rencontré un homme qui l'a ramenée dans un lieu qui n'est plus dangereux pour elle, même s'il a brûlé autrefois.

P. : *La présence de cet homme est importante pour D. également car, lors d'une séance, il a dit : « Marc n'est pas mon père, mais il est* comme *mon père. » Surtout s'il représente un bon côté du père.*

F. D. : Le père n'est ni bon ni mauvais ; c'est celui qui barre la mère et qui supprime chez l'enfant le besoin de la faire sourire ou pleurer ; c'est le père qui s'occupe des émois de la mère ; c'est lui qui est le dispensateur actuel des plaisirs et des peines de sa femme. Il exerce, de droit, une puissance dynamisante sur la mère. Le père est la personne sur laquelle l'enfant peut projeter sa propre virilité, au lieu de la réserver de manière infantile pour sa mère. Ce père-là n'est pas le père mort.

P. : *Quand je parle de « bon objet », je veux dire que D. a eu avec le père, en l'occurrence Marc, une relation agréable à travers la musique.*

F. D. : Vous voulez dire qu'il était avec lui dans une bonne relation homosexuelle sublimée. C'est, en effet, un modèle sain pour devenir garçon, pour être castré et devenir viril dans la société, au lieu de rester ambigu vis-à-vis de ses parents réels, et sans responsabilités. Devenir responsable d'une femme et des enfants de celle-ci est une sublimation dans le sens de la paternité.

P. : *Je voudrais que vous nous expliquiez ce que représente le canon scié.*

F. D. : Ce n'est pas une représentation, c'est une réalité : un fusil à canon scié est plus destructeur qu'un fusil normal. Ça ne veut pas du tout dire « pénis castré », mais, au contraire, « pénis renforcé par cette mutilation apparente ». Si D. a l'air d'avoir dix-huit ans, l'image de lui que vous devriez lui restituer, c'est justement qu'il n'est pas un canon scié. Il a peut-être souffert d'être pris, à cause de son air, pour plus responsable qu'il n'était. Quand les enfants paraissent plus âgés que leur âge, ils sont toujours en porte à faux, car on attend d'eux qu'ils aient un comportement accordé à la logique de leur apparence. S'il dit, à travers ce canon scié, autre chose que la réalité, à un niveau symbolique, c'est cet écart entre ce qu'il se sent être et ce qu'il paraît.

X. : *Mais enfin, n'y a-t-il pas quelque chose de pathologique chez cet enfant, ne serait-ce que dans son intolérance au lait maternel ?*

F. D. : Rien n'est pathologique du point de vue du sujet. Le comportement d'un enfant n'apparaît pathologique qu'en rapport avec son âge, parce qu'aux yeux des autres c'est la loi de la réalité qu'il ne peut accepter. Que voulez-vous dire par pathologique ? Être fou n'est pas pathologique ; c'est pathologique pour les gens qui ne sont pas fous. Le fou, lui, est dans la vérité de sa fonction symbolique, laquelle a son histoire « avec » des parents ayant eu eux-mêmes leur histoire avec les grands-parents. Car il y a trois générations en jeu, temporellement, dans la structure d'un sujet, c'est-à-dire trois niveaux où fonctionne « l'ancêtre en soi-même » pour chacun. Parallèlement à sa grand-mère réelle, qui a existé historiquement, il y a en D. une grand-mère en soi, introjectée, correspondant à ses pulsions passives. C'est ce signifiant *grand-mère* qui est responsable du passage aux pulsions passives de chaque stade ultérieur. C'est cette grand-mère-là qui, pour D., a eu une fille fœtale, laquelle n'a pas été bien castrée ; c'est pourquoi, D., à la troisième génération, a vécu le lait en feu de la peau. La peau étant en rapport symbolique avec le placenta, c'est par les muqueuses au contact du lait que cet enfant a revécu l'ancêtre en lui du père, cette fois, celui qui a commandé la famille, c'est-à-dire le feu. Le feu est une image du désir, d'un désir qui a carambolé toute la famille, et donc sa cohésion sociale, mais nullement le sujet, D. Il est, lui, extrêmement cohésif, très doué ; peut-être, cependant, ne pourra-t-il rien faire de la richesse de ses pulsions. Car les prisons regorgent de gens de plus grande valeur parfois que des professeurs de faculté, mais qui ont été coincés, n'ayant pas reçu à temps les castrations nécessaires. Leurs pulsions sont restées en vrac, à l'état pervers, inacceptables dans une société.

Du point de vue psychanalytique, rien n'est « pathologique » ; ce qui veut dire que, si le transfert permet à D. de revivre toutes ces étapes dans leur ordre, il y aura enfin mort en lui du père qui devait mourir et qui n'est pas mort ; de même, il y aura mort de la mère qui devait mourir et n'est pas morte. Car ce garçon aime sa mère adolescente ; or, si un garçon n'aime pas sa mère, il est pervers ; s'il l'aime trop, il est pervers ; s'il l'aime sur tous les plans à la fois, il est pervers aussi. Qu'il l'aime donc de façon à ce qu'à chaque étape il assume une castration ; les pulsions qui n'auront pu trouver d'expression dans le corps à corps, dans le « rentrer dedans », dans « les yeux pénétrant les yeux », produisant des effets bœufs dans les tripes, ces pulsions seront sublimées dans un autre registre : dans l'esthétique, par exemple ; peut-être que cet enfant serait prêt à devenir sculpteur... Il a bien une sœur qui est devenue danseuse ; la danse est l'esthétique du mouvement dans l'air : c'est la sublimation de pulsions qui sont en rapport avec les sensations paresthésiques liées aux pulsions passives de « l'être-porté » (c'est en raison de ces paresthésies qu'on trouve qu'un ascenseur descend trop vite ou qu'on croit qu'on n'a plus de mère parce qu'on ne sent plus le sol). Vous avez vu ce qu'il s'est passé pour le premier astronaute, de retour sur la planète Terre : il n'a plus jamais retrouvé son équilibre. Gagarine a toujours eu besoin dès lors de quelqu'un à côté de lui, épaule contre épaule ; il n'a plus jamais pu se tenir debout. L'être humain a une extraordinaire capacité de sublimer la privation de quasiment tout, à condition qu'on médiatise cette privation sans changer la réalité ; à condition qu'il soit en relation à quelqu'un et qu'il puisse dire son épreuve sans avoir besoin de la mimer avec son corps.

Vous dites « pathologique », mais ce n'est pas pathologique d'avoir une intolérance vis-à-vis du lait. C'est toujours *par* et *pour* quelqu'un qu'on est allergique. C'est à un autre qu'est reliée la chose à laquelle on est allergique. La mère de D. était déjà pompée par ses trois premiers enfants et avait besoin de toutes ses forces pour tenir le coup dans un nouveau lieu ; en arrivant à Montréal, elle a perdu les bases de son narcissisme sain – lorsqu'on parle de narcissisme, il faut bien faire la différence entre narcissisme sain et narcissisme régressif. Elle avait donc de grandes difficultés à se soutenir, tout comme son mari qui, peut-être, s'est mis à boire à Montréal.

P. : *Selon vous, D., en tant que sujet, ne souffre pas ?*

F. D. : Non, car la fonction symbolique joue en lui, donnant un symptôme sain pour le sujet, bien qu'il paraisse compliqué aux autres. Évidemment, nourrir un enfant avec du lait est beaucoup plus simple ; il arrive une fois sur mille que ça ne se passe pas comme pour tout le monde. C'est le cas de D., qui, pour des raisons *sacrées,* pour la continuation du sujet dans son corps qui n'est que pré-sujet, a dû se refuser à ce qui était associé en lui à une source d'angoisse ; il a réagi, par ces deux revêtements que sont la peau et la muqueuse, aux ondes d'angoisse que sa mère a diffusées, lorsqu'il était *in utero,* au moment de cet incendie et lors du départ qui s'en est suivi. Il a été porté par une mère qui vivait dans l'angoisse, il lui faut donc vivre à son tour constamment dans l'angoisse pour se sentir vivre, tant qu'on ne le débarrasse pas de ce souci de vivre comme un fœtus. La castration est symboligène, tandis que la frustration est mutilante ; or ce garçon n'a pas été castré. C'est pour cette raison que j'ai réagi ainsi lorsque vous avez parlé du 22 long rifle, car ce qui, pour nous, est mutilation est en réalité pour lui une force ; une force réelle que confère ce fusil, que l'on cache avec d'autant plus de facilité qu'il est plus court.

Les cas d'intolérance au lait que j'ai rencontrés à l'hôpital provenaient le plus souvent de l'angoisse de la mère à donner à l'enfant une nourriture différente. Car l'allergie au lait n'est pas le refus de se nourrir, d'absorber d'autres aliments. De plus, D. n'était pas intolérant au lait de sa mère, mais à celui du biberon. L'allergie au lait maternel est très rare. Vous savez que la mère a un lait différent pour chaque enfant ; il semble que le progrès de la gestation soit de produire, chez la mère, du lait incestueux ; c'est comme si le fœtus était marié avec la mère.

J'ai fait un séminaire pour des pédiatres, pendant quatre ou cinq ans, et j'ai été tout étonnée que certains d'entre eux ne sachent pas qu'une vache ne pouvait pas avoir du lait pendant toute sa vie, qu'il fallait qu'elle ait eu un veau pour avoir du lait et que, son lait tari, elle devait avoir un autre veau pour avoir à nouveau du lait. Je ne crois pas à l'existence de névroses collectives, j'étais pourtant ébahie devant le refus névrotique de voir les choses telles qu'elles sont, chez des praticiens voués à la biologie humaine. Comme les enfants, ils croyaient que les vaches avaient du lait par nature, que c'était inhérent à l'être-vache. *(Rires.)*

Le comportement d'une mère qui, par son propre désir gauchi, fausse la sexuation de son enfant, retentit sur cet être humain, mais cela ne signifie pas qu'il ait des effets pathogènes pour l'avenir, si l'enfant a des possibilités de sublimation. Dans notre société, la sublimation des pulsions passives dominantes se produit dans l'art, notamment dans la musique, pour autant qu'elle intéresse une faculté de réceptivité ; l'émissivité du plaisir, en revanche, met en jeu les pulsions actives. Chez l'humain, tout est question d'ouverture à la sublimation, par laquelle la souffrance due à la castration s'avère, à long terme, symboligène ; plus cette souffrance est intense, aiguë, mais porteuse pour le sujet de l'espérance d'en sortir par la sublimation, plus la créativité sera grande chez lui. On le voit chez ces êtres, peut-être un peu zinzins dans la vie courante, mais dont la délinquance apparente est compensée par la découverte du désir puissant de travailler leurs pulsions pour qu'elles portent fruit symboliquement. Je pense, par exemple, à Louis de Broglie, dont on redoutait, quand il avait entre huit et onze ans, qu'il ne fasse tout sauter avec sa chimie – qu'il appelait sa « physique » –, dans le château familial. Il ne pouvait faire ses expériences que dans l'armoire à linge Renaissance de sa mère, laquelle a conservé les traces des explosions car, bien sûr, il ne les faisait pas dans la pièce qui lui était réservée. Était-ce pathologique ou non ? C'était en tout cas un adolescent à la recherche de son génie. Plus tard, je l'ai souvent vu passer rue de la Sorbonne ; on se demandait comment il ne tombait pas par terre ; traînant les pieds, les yeux au ciel, c'était le savant Cosinus. C'était un homme charmant lorsqu'on cherchait à entrer en relation avec lui mais, le reste du temps, il ne sortait pas de ses rêves. Il était certainement très schizoïde. Mais ça ne veut rien dire d'être tout le temps au cordeau. D'après quel modèle ? Pour être qui ? La normalisation des enfants, au jour le jour, peut être une stérilisation pour leur avenir. Celui qui ne supporte pas le lait ne doit pas être normalisé : il a ses raisons, qu'il faut respecter.

Une mère peut encore aider son enfant quand il est dans une relation d'amour à elle qui est ordonnatrice pour sa libido. Mais D. est à un âge où le *jouir* de cette relation devient un obstacle à son développement. Il est maintenant à l'âge où la rencontre ordonnatrice de sa libido peut avoir lieu dans le corps à corps génital avec une fille, mais certainement plus avec sa mère. Il lui serait plus profitable de retrouver chez une fille des qualités de sa mère qui l'émeuvent, qualités qui ne sont perceptibles que par lui. Dans le travail avec un analyste (dont le sexe importe peu dans ce cas), cet enfant revivrait ses pulsions, dans la recherche de son histoire, et comprendrait qu'il en est resté, pour sauver sa mère, à un obligatoire inceste dont son père mourant l'a chargé : « Sois l'homme de ta mère, il n'y en a pas d'autre que toi. »

J'ai pu faire un travail de prévention avec des généralistes qui reçoivent très souvent des enfants-ouragans, qui font tout valser dans leur bureau. Il est très important que ces médecins hommes puissent dire à la mère : « Revenez sans votre enfant », ou à l'enfant, en présence de la mère : « Tu fais ça pour aider ta mère ; tu as raison, parce que, si tu n'étais pas insupportable, elle tomberait dans un état de dépression. » Il joue « à perpète » le rôle de l'électrochoc du pauvre pour qu'elle ne déprime pas. Il suffit de soigner la mère – et on y arrive en peu de temps – pour que rapidement l'enfant aille mieux de lui-même. S'il se comporte ainsi depuis trop longtemps, il va bien sûr se trouver déprivé, en voyant que ses contorsions n'émeuvent plus sa mère ; il peut suffire alors qu'une personne en qui il a confiance, le médecin par exemple – car les généralistes peuvent beaucoup dans la prévention des troubles névrotiques des enfants –, lui dise deux ou trois vérités pour qu'il reçoive une castration ; mais ce n'est jamais, jamais en culpabilisant qu'on donne une castration ; c'est seulement en empêchant le sujet de prendre un plaisir. D'ailleurs, si l'on sépare ces femmes de leur enfant, elles s'effondrent tout de suite. L'enfant peut jouer ainsi jusqu'à sept ans ce rôle d'antidépresseur de la mère si le père, pour telle ou telle raison, n'a pas pu tenir le sien. Si, au contraire, celui-ci joue au père Fouettard, la mère est encore plus déprimée, car elle a peur qu'il casse l'enfant. Ce qu'il faut analyser, c'est le jeu des pulsions qui vont jusqu'au désir de mort chez la mère, épuisée de ne pas être renflouée par le bonheur de désirer son homme et d'être désirée par lui. Ce sont des couples qui n'ont plus de relations sexuelles, ou bien, au contraire, qui ont ces jeux de caméléon sur plaid écossais ; la femme, exténuée, très fière d'avoir un homme si puissant et de n'être pas, elle, de nature à se réfugier dans la frigidité.

Chaque situation libidinale des parents est à étudier suivant l'âge de l'enfant. Cet adolescent dont nous parlons, D., en est resté à un âge de sexuation de deux ans dans ses rapports aux autres ; mais, dans ce cas, ce n'est pas le traitement de la mère qui va délivrer l'enfant de son angoisse ; certes, cela le déculpabilisera qu'on lui dise : « Tu as fait tout ce que tu as pu, depuis que tu es petit, sans t'en rendre compte, en vivant cul par-dessus tête ; maintenant que ta mère est prise en charge, à toi de travailler pour toi, pour ce que tu veux devenir plus tard. » On peut penser qu'il s'en sortira, bien que la société lui rende les choses d'autant plus difficiles que tout le monde est fasciné par lui.

C'était la même chose, en France, pour cet enfant de neuf

ans, qui volait des camions et qui n'a jamais eu d'accident. Quelqu'un a suggéré alors qu'on lui confie le camion de la pension, pour donner une poire à sa soif d'être conducteur de poids lourds ! Ce serait bien sûr délinquant de la part d'adultes de le laisser conduire des camions, d'autant que, sans la pression due au désir de ne pas se faire prendre, il se pourrait très bien qu'il ait des accidents justement. Au contraire, il aurait certainement pu accompagner des routiers quelquefois, ce qui aurait fourni une médiation à son désir.

***

X. : *Quand un adolescent, dans ce qu'il dit, marque le manque de sa mère en lui, on peut éprouver le besoin de remplacer ce support maternel.*

F. D. : Ce n'est pas de la thérapie, ça, c'est du travail social. Si la mère se plaint de ne pas avoir celui qu'elle veut, c'est qu'elle a ce qu'il faut pour dépasser ce manque, si elle est aidée à en parler. On demande à l'enfant : « Tu crois que ça vient de quoi, que ta mère n'ait pas compris que tu avais encore besoin d'être soutenu par elle ? T'expliques-tu la manière dont ta mère a été élevée ? Comment se fait-il qu'elle ait confiance en toi, au point de croire que tu peux te débrouiller sans elle, alors que tu ne le peux pas ? Si tu veux le comprendre, parle-moi de ta mère. » Il y a des enfants qui vous décrivent une mère qui n'existe pas dans la réalité : « Ma mère est trop gentille... », car, lorsque vous la rencontrez par hasard dans le couloir, vous tombez sur une virago. Mais ce qui importe est le *dire* de l'enfant, ce n'est pas de comparer son dire avec la réalité, mais ce qu'il en *dit* : c'est toute la dimension de la psychanalyse : l'écoute d'un dire, qui est un dire sur un dire. Et si un enfant est vraiment écouté, il n'a plus besoin de se plaindre. Je suis effarée de voir comment la théorie psychanalytique se trouve dévoyée par les idées éducatives selon lesquelles il faudrait maintenir une stabilité de rapports avec les mêmes personnes, toute la vie ! Mais pas du tout ! Il faut une certaine stabilité pendant une étape donnée ; mais, une fois que cette étape est estampillée par la castration, n'importe qui d'autre fera aussi bien l'affaire pour l'enfant, lequel a besoin véritablement de stabilité jusqu'à dix-huit mois ; à partir du moment de la marche délurée, qu'importe la personne qui est à ses côtés ; qu'il marche sur la mère prouve qu'il peut la quitter. Le sol est une symbolisation de la mère ; vous le voyez d'ailleurs sur les plages : un enfant, encore incapable de marcher sur le sol, marche sur sa mère ; n'importe qui tomberait par terre, à piétiner un corps mou ; mais les petits enfants, jusqu'à deux ou trois ans, le font très aisément. On marche sur sa mère, puis on la laisse derrière soi ; c'est pourquoi, lorsque la mère court toujours après soi, on ne sait plus où marcher et on s'immobilise dans un état qui peut aller jusqu'à la catatonie, quand on ne peut pas sublimer par le sol, sous ses pieds, la mère qu'on fuit ; on perd le goût d'explorer, on revient à la mère, on repart... C'est donc l'étape où il n'est plus nuisible pour l'enfant de quitter son premier objet d'identification. La seconde se situe à trois ans, lorsqu'il n'a plus besoin de son père ni de sa mère, mais de modèles tutélaires des deux sexes complémentaires, qui ne font ni ne disent les mêmes choses (car, si les deux aiguilles montraient ensemble le nord, le nord n'existerait plus). L'enfant a besoin de deux personnes différentes dont la résultante permet l'action, parce qu'elles ne sont pas du même avis. C'est l'opposé de ce que la psychologie présente comme le fin du fin du prétendu bon couple éducateur, dans lequel les deux parents devraient penser et agir pareillement vis-à-vis de leurs enfants.

7

Le sujet, et non l'objet

Le mot comme objet transitionnel - Suicide d'un enfant après l'interruption de sa thérapie - « Vivre pour faire plaisir à ses parents, c'est de la perversion » - Le symptôme évite la souffrance - Bégaiement, tics - Un enfant schizophrène et la question du père - Le sujet se construit dans la parole de l'Autre - Pas d'humanisation possible à partir du seul objet partiel - « Je suis trisomie 21. »

X. : *Avant d'en venir aux questions, je voudrais seulement dire que, si l'Angleterre s'enorgueillit d'avoir Winnicott, la psychanalyse française n'a rien à envier à qui que ce soit ; elle a Françoise Dolto.*

F. D. : ... qui admire beaucoup Winnicott. J'aimerais d'ailleurs faire une remarque à propos de l'objet transitionnel. Lorsque Winnicott parle de la petite couverture que l'enfant a perdue, il dit bien aux parents de ne pas en remettre, de ne pas s'agiter, sous prétexte que l'enfant a abandonné son objet transitionnel. Selon moi, le meilleur objet transitionnel c'est, après tout, le mot. Car les mots changent tous les jours. De ce point de vue, une comptine est un objet transitionnel au même titre qu'une couverture. On ne perd pas les paroles comme les autres objets, puisqu'en les prononçant on peut les échanger avec les autres. D'autre part, l'objet transitionnel est un objet narcissique en rapport avec l'olfaction, le goût, le toucher : il intéresse donc toute une zone comprise entre les lèvres et le nez, rappelant la tactilité d'avant le sevrage.

X. : *Pourtant, le mot n'a pas les propriétés sensorielles que Winnicott attribue à l'objet transitionnel.*

F. D. : Au début de l'acquisition du langage, si ! Le mot est un objet transitionnel lorsque l'enfant le répète tout le temps, et se gargarise avec. Ainsi un enfant de quatre ans répétait dans une oraison jaculatoire : « Alex et Zavatta, venez à mon secours ! » chaque fois qu'il se trouvait devant une difficulté. Cette invocation lui tenait compagnie. Il s'agissait au fond d'idées-mots. Avant de devenir tout à fait symbolique, le mot peut n'être qu'un fétiche, en raison de ses seules propriétés sonores. Les noms de ces deux clowns avaient pris le relais, pour cet enfant, de noms de personnes qu'il prononçait lorsqu'il avait deux ans (c'étaient ceux d'un serrurier et d'un menuisier). Il les invoquait compulsivement quand il voyait un arbre foudroyé ou un animal mort dans la campagne, parce qu'il ne supportait pas qu'il y ait « du blessé ». Ils représentaient pour lui la puissance magique des réparateurs, c'est-à-dire celle du sein maternel.

Les formules magiques, jaculatoires, des obsessionnels ont la même origine. Là encore, il ne s'agit pas d'une allégorie. L'objet-fétiche sonore doit conjurer une situation de danger, de rupture.

X. : *La formule de l'obsessionnel n'annonce-t-elle pas aussi la menace, le risque d'une catastrophe ? Je pense à l'homme aux rats.*

F. D. : Oui, mais c'est alors l'objet maléfique. Pour « réparer », certains obsessionnels se sentent obligés de réciter, compulsivement, toute une série de stations de métro, sans en omettre aucune. C'est pour eux une façon – magique – d'obtenir une *restitutio ad integrum.* Or c'est bien le rôle de l'objet transitionnel. Winnicott a *nommé* transitionnel cet objet que je décris là. Car les mots, tout autant que d'autres objets, peuvent amener l'enfant à renouer avec l'époque où il n'était pas sevré. Il retourne au sein, il transfère sur un objet cassé par exemple, pensant qu'il faut l'apporter tout de suite chez le réparateur. Il s'agit donc bien d'une relation réparatrice, à l'époque du narcissisme primaire.

Un garçon de quatorze ans ne peut se passer de son nounours. « Nous sommes très inquiets, notre fils est bizarre, et c'est très gênant devant ses camarades, disent ses parents. – Lui avez-vous demandé si cela le gêne ? – Non, car c'est nous qui en sommes gênés », répond son père. C'est assurément un trait original chez un adolescent, mais, tant que le sujet n'en est pas gêné, que les parents supportent l'originalité de leur enfant ! Seule la souffrance peut amener le sujet à faire un travail pour se libérer d'un symptôme archaïque qui l'entrave dans sa vie actuelle. Mais qu'il soit permis à l'enfant de garder des originalités, de petites débilités, si elles ne le font pas souffrir ! Il est très grave de faire sa psychothérapie à la demande d'un de ses professeurs, lorsque ni les parents ni l'enfant ne souffrent de ses troubles, à cause de lui.

Ce fut une de mes épreuves de psychanalyste débutante que d'avoir pris en traitement un enfant à la demande de son école, à cause de résultats de tests chaotiques. Parvenu à un QI de 120, l'enfant a voulu rester en thérapie ; mais ni les parents ni l'école n'en comprenaient la nécessité, puisqu'il s'était mis au niveau de la classe. Lui retirer brusquement la possibilité du transfert a provoqué en lui une réaction de tension agressive en classe ; on a décidé alors de le placer dans une maison d'éducation de caractériels. Le personnel était ravi de récupérer un élève brillant ; mais il était déprimé d'être séparé de ses parents, et il a demandé un jour au moniteur de natation : « Comment peut-on se noyer quand on sait nager ? » Or c'est ce qu'il a fait à la première occasion, en colonie de vacances. Il est certain qu'il avait besoin de continuer sa thérapie, comme il avait encore besoin de l'affection de ses parents, dont il était l'enfant unique, le nounours. Il aurait fallu, au moins, que quelqu'un continuât de le soutenir dans ses efforts scolaires – ce que personne ne faisait –, parce qu'il se sentait marginal d'être devenu intelligent. Alors que, dans le climat scolaire où il ne réussissait pas auparavant, il vivait bien.

On ignore ce que l'on met en route quand on commence une thérapie, mais il faut aller jusqu'au bout. Or, le terme, personne ne peut le décider ; ni le commencement. C'est à l'enfant de se sevrer progressivement, quitte à ce qu'il revienne voir l'analyste, plus tard, de son plein gré. Et personne, hors lui et l'analyste, n'a besoin de savoir les raisons qui le font revenir.

Celui qui souffre n'est pas celui qui a des symptômes, c'est plutôt celui qui, sans rien en montrer à la famille, est en danger pour l'avenir. L'affreux jojo est rarement en danger ; celui qui est en danger, c'est plus souvent le gentil mignon, qui donne satisfaction à ses parents, refoulant ses pulsions actives ; car, le jour où il ne peut plus rien ingurgiter, il se sent tellement coupable de ne plus réussir en classe et d'avoir perdu sa dignité, qui n'était accrochée qu'à ses succès scolaires, à cet avalement qui vient des pulsions passives d'obéissance, qu'il subit une chute grave de sa libido, qui peut se somatiser ou produire un état dépressif violent, jusqu'à une tentative de suicide.

L'affreux jojo, lui, n'est pas en peine, car il est plein de pulsions actives ; il parvient très bien à s'exprimer. « Il fait de la peine » à ses parents, on le met en pension et, finalement, il obtient ce qu'il veut : s'éloigner de ce milieu où il étouffe !

Il est impossible qu'un enfant vive pour faire plaisir à ses parents : c'est de la perversion. S'il ne leur procure que du déplaisir, bien sûr, il s'en sent coupable, mais c'est moins lourd que d'être coupable vis-à-vis de soi, pour avoir éteint ses possibilités d'agressivité, d'amitié à l'extérieur. Quand un enfant entend à longueur d'année : « Prépare ton avenir », il est clair que, n'ayant jamais eu de présent, il n'aura pas d'avenir non plus. Son avenir est un avenir psychiatrique, jusqu'au moment où une analyse peut le sortir de l'horreur d'avoir à préparer son avenir à perpétuité.

C'est celui qui souffre qui doit aller parler de sa souffrance, et non pas celui qui a un symptôme. Puisque le symptôme est précisément ce grâce à quoi il ne souffre pas. Le bégaiement n'a aucune importance, s'il ne gêne pas celui qui en est affecté. Le comédien Roger Blin bégayait ; mais dès qu'il disait un texte, c'est-à-dire qu'il n'avait pas à exprimer directement ses propres émotions, il était un merveilleux acteur. Je lui ai demandé un jour si le bégaiement l'avait gêné et il m'a répondu, en bégayant : « Pas du tout ; c'est même amusant. »

(Rires.) Aurait-il dû faire une psychothérapie ? Certainement pas. Un enfant de quatre ans bégaie depuis qu'il n'a plus cet objet qu'il appelle sa « nounou ». Mais pourquoi ne l'a-t-il plus ? Que s'est-il passé autour de ce moment traumatique ? C'est cette question qu'il faut travailler, au lieu de chercher à savoir seulement ce que représente cette « nounou ».

X. : *Faut-il parler à un enfant de ses tics ?*

F. D. : Certainement pas. Il faut seulement lui demander s'il en souffre, et lui dire qu'il pourrait en être débarrassé en allant en parler avec quelqu'un. Qu'il n'en souffre pas n'exclut pas pour autant qu'il soit peut-être névrosé de manière irréversible ; mais nous sommes tous névrosés. Que cette névrose soit féconde pour l'avenir, voilà ce qui importe. On a tort de reprocher à un enfant les symptômes de sa névrose, car il souffrirait de les supprimer. Les tics sont l'effet d'une tension des cellules nerveuses du cerveau qui ne parvient pas à se décharger dans le circuit neuro-musculaire par une représentation mentale adéquate. Ce sont des représentations-buts inhibées, ne trouvant pas d'issue satisfaisante. A la place du plaisir recherché, revient donc, obsessionnellement, le même geste, privé de sens pour le sujet ; mais, au moins, il a la vertu de libérer de l'énergie. Il est possible, par exemple, que l'enfant qui a perdu sa « nounou » ait des tics faciaux, parce qu'il n'a pas pu passer de la masturbation olfactive (car la « nounou », l'objet transitionnel, remplace le téton absent, perpétue la sécurité que donne la mère) à la masturbation génitale, qui est saine, et sans laquelle l'enfant ne saurait jamais qu'il a des organes génitaux.

Un enfant encoprésique n'est certes pas facile pour ses parents, mais, s'il n'en est pas lui-même gêné, on peut lui demander s'il consentirait à laver lui-même ses culottes ; puis, de quoi il n'est pas content. S'il répond : « C'est ma sœur, la salope ! » ou bien : « C'est la maîtresse », on lui dit qu'il ne pourra pas en changer, ou qu'il pourra tenter de vivre mieux avec elle en allant parler avec un thérapeute. En général, les enfants sont passionnés d'une vraie psychanalyse, parce qu'on ne leur y fait pas la morale. Mais, si l'on ne dit pas à l'enfant qu'il ne vient pas en thérapie pour jouer mais pour faire un travail en son nom propre, le traitement est un non-lieu.

J'ai vu, un jour, à l'hôpital, un enfant, prépubère, qui est venu après avoir suivi une psychothérapie pendant trois ans, sans savoir ce que c'était. C'était un schizophrène, complètement perdu. Je lui demande s'il souffre, en commençant à détailler les parties de son corps. Très vite, il m'interrompt :

« Je souffre à rien dans mon corps.

– Souffrez-vous autrement ?

– Est-ce que je peux vous le dire ?

– Vous venez pour cela.

– J'ai mal à mon père.

– Croyez-vous que vous pourriez changer quelque chose à cette souffrance ?

– Je ne sais pas.

– En avez-vous parlé avec Mme Untel, chez qui vous êtes allé en psychothérapie, pendant trois ans, deux fois par semaine ?

– Moi ? Je n'ai jamais fait de psychothérapie.

– Mais vous alliez chez elle faire des dessins.

– Ah oui ! Ma mère m'avait dit que c'était une personne qui aimait les enfants. Alors j'ai fait plaisir à ma mère, je suis allé chez cette dame, mais je ne lui ai jamais parlé. »

Cet enfant se demandait s'il était le fils de son père. Il a posé par trois fois la question, dans son analyse avec moi. Il est probable qu'il ne l'était pas (mais on ne l'a jamais su). Son père souffrait d'une maladie génétique, héréditaire, qui n'est transmissible que de père à fils, et non à fille. Cet homme l'avait appris, alors qu'il avait déjà engendré une fille. Cependant, malgré la décision du couple de ne pas courir de risques, le père désirait un garçon. La mère m'a seulement révélé qu'elle avait consulté un médecin, qui lui avait déclaré : « Il vaudrait mieux, si vous voulez un autre enfant, qu'il ne soit pas de son père. » D'où la question de l'enfant, à qui la mère répondait qu'il était, bien sûr, le fils de son père. Il n'allait pas plus loin dans sa curiosité ; mais ce qui l'inquiétait, c'était qu'il pourrait être malade comme le grand-père paternel. D'autant que sa tante, du côté paternel, avait été emportée brusquement, à l'âge qu'avait le grand-père au moment où sa maladie s'était déclarée : elle avait les mêmes symptômes, ce qui donne à penser que c'est par hystérie que le processus s'était déclenché chez elle. Cet enfant a fait des progrès considérables, et il est devenu capable de s'assumer. Lorsque je l'ai vu au début, il était complètement absent ; il semblait flotter, disant : « Ah ? » ou « Hein ? » comme s'il n'entendait pas. Il était dissocié. La seule chose qui le rendait un peu expressif, c'était de parler de sa sœur qui l'embêtait ; la sœur, c'était dans la réalité. Je n'ai vu le père qu'une fois. Lui aussi avait mal *à* son fils, mal *à* sa fécondité.

L'enfant était un zombie, certes, mais le diagnostic de schizophrénie était ici un diagnostic d'évolution ; il vivait dans la réalité, tout en vivant en dehors de la réalité, comme « le Distrait » de La Bruyère, ou le mathématicien Poincaré qui pouvait sortir avec deux chaussures de paires différentes. Souhaiter que tout le monde soit dans la norme est absurde, même si l'Instruction publique espère ravaler tous les enfants à la mesure commune. Il faut les soutenir dans leur originalité, s'ils n'en souffrent pas ; à ceux qui supportent difficilement la souffrance de l'enfant d'aller en parler à quelqu'un.

Nous ne savons pas ce qu'est la psychose, mais nous savons que les enfants psychotiques sont beaucoup plus avancés et intelligents que la moyenne. La psychose appartient à notre époque, elle résulte pour une part, sans doute, de la réduction de la mortalité infantile qui dans nos pays tend vers zéro. Et puis, nous sommes à la deuxième génération du biberon, dont l'emploi dans les années 1900-1914 a supprimé le corps à corps avec la mère. Or, quand la satisfaction du besoin ne s'accompagne plus de perceptions humanisantes, la communication se raréfie, en quelque sorte, et la fonction symbolique de l'enfant tourne à vide : il n'est plus en relation qu'avec des sonorités, des visions, des impressions tactiles, dissociées de toute référence à un être humain. D'autre part, bien des mères de la seconde génération n'ont elles-mêmes pas engrammé une attitude maternante. Leur enfant a donc hérité de tout un arriéré d'absence de contacts. Car, l'origine de la psychose, c'est le manque de relations.

Certains moments du développement d'un enfant peuvent être intolérables à sa famille ou, inversement, rendre cette famille insupportable à l'enfant qui ne peut, dans un tel climat, se reconnaître et s'aimer lui-même. Car vivre exige un minimum d'amour de soi. Nous nous construisons et nous nous aimons dans l'amour que notre père ou notre mère nous portent ; c'est pourquoi dans une famille, seuls certains enfants sont marqués par un événement grave survenu dans la vie de leur mère. Un enfant de cinq ans ne sera pas affecté comme un enfant de treize ans par l'avortement provoqué que sa mère subit. J'ai vu un enfant de cinq ans qui était devenu fou, paranoïaque, parce qu'il ne lui avait pas été dit que sa mère avait avorté ; il s'en est trouvé stérilisé dans son évolution sexuelle. Taraudé jusqu'en ses gonades, il est devenu un persécuté de la société, alors que son frère de treize ans n'a pas été affecté par le même événement, car il avait dépassé ces problèmes de sexuation.

X. : *Comment peut se former un objet interne constant si l'enfant, depuis sa naissance, va et vient entre les mains de plusieurs personnes ?*

F. D. : Cet objet ne se développe guère, en effet. Mais il ne s'agit pas de construire un objet interne, il s'agit de construire un sujet. L'enfant est un sujet qui se construit sur le mode du *toi,* par lequel une personne s'adresse à lui, lorsqu'il ne parle pas encore. Lorsqu'un enfant dit : « Toto *veux* ça », il dit, en réalité : « Toto, tu veux ça. » On croit qu'il parle de lui à la troisième personne, alors qu'il parle comme s'il était l'autre qui s'adresse à lui. C'est une différence qu'il est difficile de percevoir en français. Lorsque l'enfant commence à parler, c'est lui qu'il représente par la forme de ce tutoiement, dans la parole de la mère. L'emploi prolongé de ce *tu* chez les enfants pour se désigner est le signe d'une entrée dans la psychose : « Tu veux manger » signifie alors dans la bouche de l'enfant qu'il a faim. Tant qu'un enfant n'a pas encore l'usage de la première personne, où « Toto veut » signifie « Moi veux », il n'est pas encore sujet.

D'autres enfants parlent à l'infinitif. C'est qu'ils sont, pour ainsi dire, à l'infinitif : « Toto prendre ça. » L'enfant n'est pas encore sujet, c'est un roi. Il ne s'agit pas d'un « on » ; c'est en quelque sorte l'équivalent de « l'État, c'est moi ». Il s'agit alors non d'un *je,* mais d'un *moi,* qui veut coiffer tous les autres. Cependant, cet usage de l'infinitif en troisième personne est assez rare chez les enfants. On le trouve plutôt chez les adultes qui parlent petit nègre dans une langue étrangère, comme Tarzan.

Il ne faut jamais construire un objet interne – heureusement pour le sujet ! –, car l'objet interne est une folie. C'est le sujet du désir qui doit se construire *pour* quelqu'un, *avec* quelqu'un, *par* quelqu'un. Jamais le désir n'est satisfait en dehors de la présence de quelqu'un – présence parfois hallucinée, comme pour les psychotiques qui ont l'illusion d'entendre la voix de la personne aimée. C'est la parole d'un tiers qui présentifie, pour un sujet, une personne absente. Il y a une présence qui n'est restituée que dans le langage seul, mais toujours par un tiers. On voit ainsi des petits devenir psychotiques en entendant des voix dans une radio où il n'y a personne. C'est qu'ils ne sont pas encore à l'âge d'identifier une voix qui parle ou qui chante : c'est la machine qui parle. Ils deviennent alors, eux aussi, des machines. De même, la télévision mettant sur le même plan les images dramatiques de l'actualité et celles des films d'aventure, l'enfant ne peut distinguer entre ceux qui sont payés pour faire semblant d'être tués et ceux qui le sont réellement.

Or l'humanisation ne peut jamais se faire à partir du seul objet partiel, fût-ce la voix ou le regard. C'est pourquoi l'on peut se demander ce qu'il adviendra des générations qui vont avoir pour moi idéal l'ordinateur ou le robot, machines logiques dépourvues de sensibilité. La cybernétique peut être, il est vrai, un modèle du symbolique, mais à condition de ne pas être déconnectée de l'autre structure, qui est celle de la sensibilité propre aux humains.

Si les personnes qui s'occupent d'un enfant changent

constamment, il va rester en retrait jusqu'à ce qu'on lui parle de tous ceux entre les mains de qui il est passé. C'est par la parole qu'on peut aider un enfant qui a souffert de ces sauts kaléidoscopiques.

X. : *Pourriez-vous nous parler de ce que représente pour des parents la présence d'un enfant mongolien au sein de la famille ?*

F. D. : Si vous parlez du fait d'avoir engendré un enfant mongolien, alors ce peut être positif pour l'enfant et pour les parents, comme très destructeur : dans ce cas, tout vient de ce qu'on ne peut pas, on n'ose pas dire à l'enfant qu'il est mongolien. J'ai reçu un jour une lettre d'une mère catastrophée, qui venait d'accoucher d'une petite fille mongolienne. Comme je venais de subir une opération, c'est par lettre que je lui ai recommandé de dire *sur-le-champ,* à sa petite fille, les causes de son chagrin : qu'elle était née *trisomie 21 ;* ce qui voulait dire qu'elle serait beaucoup plus difficile à élever qu'un autre enfant. Les parents ont parlé à leur bébé de quatre jours comme à une personne adulte et ils ont eu l'extraordinaire surprise de voir leur enfant, tout replié, s'animer et leur sourire. Le personnel de la clinique a pensé qu'ils étaient fous et que je l'étais aussi. *(Rires.)* Mais médecins et infirmiers n'ont pas tardé à changer d'avis en voyant que cette enfant communiquait.

Cette petite fille est aujourd'hui tout à fait au niveau des enfants de son âge. D'un aspect mongolien très marqué, mais pétillante de vie, à deux ans et demi, elle ne se défendait pas contre les agressions des autres. Or, un jour, une mère qui attendait son enfant à la sortie de l'école a lancé, en la voyant : « Elle a une drôle de tête, celle-là ! » et la petite, se campant devant elle, a répondu : « C'est parce que je suis trisomie 21. – Comment ? Et en plus, elle le sait ! » s'est exclamée la dame effarée. « Voulez-vous vous asseoir, madame ? » lui a proposé la maîtresse, pour qu'elle se remette de ses émotions. *(Rires.)*

J'ai vu cette enfant à la Maison Verte ; elle était petite

pour son âge, mais c'était un vibrion de vie, d'intérêt pour elle-même et pour les enfants autour d'elle. Un garçon de dix-huit mois, qui, lui, n'était pas mongolien, mais qui avait la tête tout aplatie, s'est approché d'elle, en croisant comme un bateau *(rires)*, puis il a foncé sur elle et l'a renversée. La petite est tombée, a fait, en silence, mine de pleurer, mais sans pleurer – je n'intervenais pas, bien sûr –, puis elle s'est relevée et est retournée à ce qu'elle était en train de faire auparavant. Voyant qu'elle s'était redressée, l'autre recommence alors à croiser alentour, pour la renverser de nouveau ; je m'approche de lui, et je lui dis : « Celle-là, elle a vraiment une drôle de tête, parce qu'elle est trisomie 21. Toi, on te dit toujours que tu as une drôle de tête ; mais tu es plus fort qu'elle, et, chaque fois que tu le voudras, tu pourras la renverser. Mais ce n'est pas très drôle ; tu ferais mieux de jouer avec elle. » Il m'a regardée, il s'est enfui, puis il a regardé de loin la petite, qui était en train de jouer avec son père ; il a fini par s'approcher d'eux ; le père l'a intégré à leur jeu et ils sont restés ensemble, comme les meilleurs amis du monde. On disait toujours à ce petit garçon qu'il avait une drôle de tête, mais on ne lui avait jamais dit qu'il était fort, et qu'il y avait mieux à faire que de renverser ceux avec qui il pouvait jouer. La mère de la petite m'a dit qu'elle était très aimée des autres enfants mais qu'ils commençaient toujours par la renverser. Une psychologue avait conseillé à la mère de faire en sorte que cela ne se répète pas trop, soulignant cependant qu'il fallait laisser la petite trouver ses défenses elle-même.

Par la suite, les parents m'ont écrit qu'ils étaient si heureux d'avoir cette enfant qu'ils désiraient en avoir un autre. Lorsque le médecin leur a conseillé de faire un examen chromosomique préalable, ils ont répondu qu'il n'en était pas question ; ils n'avaient pas l'intention de faire d'IVG, si le test révélait que l'enfant serait mongolien, puisqu'ils n'avaient pas regretté leur fille.

Le développement d'un mongolien pose, bien sûr, la question de son vieillissement plus précoce, puisque dans son organisme fait défaut la synthèse d'un acide aminé particulier. Mais, s'il est heureux et qu'il rend heureux, quelle importance si sa vie est plus courte !

La mère n'a donc pas subi l'examen en question ; et l'enfant est né sain. La petite, elle, était au courant de la grossesse de sa mère, et elle demandait si le petit frère ou la petite sœur serait comme elle, ou non. Et, lorsque à la naissance du petit frère le père lui a appris qu'il ne serait pas comme elle, il a senti passer sur le visage de sa fille un voile de tristesse ; il lui a dit qu'elle pourrait jouer avec lui quand même et lui expliquer ce que c'était que d'être trisomie 21. En l'examinant de partout, elle a demandé comment on pouvait voir qu'il n'était pas trisomie 21 ; on lui a répondu que c'était grâce à un examen. Elle a dit alors : « C'est bien, la médecine ! » *(Rires.)* Car elle aurait pu croire, par exemple en voyant le zizi du petit frère, que c'était ça, ne pas être trisomie 21. *(Rires.)*

A partir de deux ans et demi, elle s'est arrêtée de grandir pendant une période de six mois durant laquelle son petit frère était, lui, en pleine croissance. A la fin de cette période, je lui ai dit, devant ses parents : « Il est possible que tu ne puisses pas grandir parce que tu es trisomie 21 ; mais, comme je vois aussi tout ce que tu fais pour attirer l'attention de tes parents et pour les empêcher de regarder ton frère, je me demande si ce n'est pas la jalousie que tu éprouves pour lui qui te fait rester petite ; car il est maintenant de ta taille. – Merde ! merde ! merde ! » c'est ainsi qu'elle est sortie en claquant la porte. *(Rires.)* Après les mois d'été, elle avait déjà repris une croissance normale.

A l'école, c'était la première mongolienne qu'on voyait obtenir des 10 sur 10 aux tests de logique. Comme tous les mongoliens, elle avait cependant besoin d'un repos compensateur en classe : elle s'arrêtait de suivre à certains moments ; elle disait à la maîtresse : « Il faut que je me repose un peu », puis elle reprenait. C'est un phénomène qui est tout à fait propre aux mongoliens – je l'ai observé en séance avec eux –, il ne s'agit nullement d'une résistance ; ce n'est pas non plus une absence. Il y a chez eux une nécessité de récupérer plus souvent que les autres. Il faut donc respecter leur rythme.

Cette enfant se développe parfaitement bien ; et sa mère, dans le département où elle vit, aide aujourd'hui les parents qui viennent d'avoir un enfant trisomie 21 à dépasser leur angoisse. Il est certain que j'ai rencontré chez ce couple dont je vous parle un respect extraordinaire du sujet en leur enfant. Et la mère m'a dit qu'en lui expliquant qu'elle était trisomie 21 elle lui avait donné un statut d'*autre,* d'un autre qu'elle aimait, et que le sourire de l'enfant avait scellé leur communication.

Si un enfant est heureux en état symbiotique, il ne faut pas s'en mêler.

8

Sur la puberté

Fugues sans rapports sexuels - La culpabilisation due aux parents jaloux - Le « cas » Wagner - « L'adolescent est toujours Polyeucte » - Le mot des adolescents : « Sortir » - « Soutenir la dynamique de l'enfant et non une morale vaseuse » - Les fantasmes de suicide : le moi idéal doit disparaître - Un père homosexuel - La puberté « fait chapeau claque » - Analyser le transfert, au lieu de le manipuler - Le secret professionnel, condition de toute psychothérapie.

X. : *Madame Dolto, comment concevez-vous le rôle du psychologue en matière de prévention, notamment face aux problèmes de la puberté ?*

F. D. : Qu'est-ce que la puberté ? Ce sont des pulsions dont l'effet, tout d'un coup, se ressent dans les génitoires chez les garçons, qui donnent aux filles des troubles vagues, et suscitent chez les uns et les autres le besoin – je ne dis pas le désir – de se masturber. La masturbation est indispensable au moment de la puberté, et il importe de ne pas s'en sentir coupable. Il se produit à ce moment-là des fantasmes de rencontre, comme pendant la période de latence, mais, désormais, il ne suffit plus d'imaginer, puisque la région génitale veut entrer dans la danse, dans la recherche de l'autre ; or, dès que les adolescents rencontrent, dans la réalité, ceux ou celles qu'ils désirent, ils ne cherchent plus du tout l'échange génital, ils vivent des amours passionnées. Les parents pensent qu'ils se livrent à de véritables coïts, alors que, le plus souvent, ils ne font qu'y jouer, et cela parce que les parents sont angoissés et les empêchent de se fréquenter. Que de fugues passionnées, dans lesquelles rien de génital ne se passe ! D'ailleurs, si les parents invitaient à déjeuner le garçon avec lequel leur fille s'est « sauvée », ils verraient bien qu'il n'existe entre eux rien d'autre que le désir violent d'être seuls ensemble. La puberté est l'âge où garçons et filles ont besoin de rencontres réelles, pour sortir de l'angoisse de la masturbation, liée à la pression des pulsions qui, dans la solitude, finissent par ne plus trouver d'autre issue que dans l'imaginaire. Or ces pulsions doivent passer dans l'expérience sociale réelle, et non pas rester maintenues dans l'imaginaire, en chambre ; elles doivent rencontrer l'expérience affective d'autres jeunes, en groupe, sans les parents. Pourquoi ? Parce que c'est l'âge du remaniement de l'interdit de l'inceste. Et si les parents sont mêlés à une histoire amoureuse de leur enfant, elle est alors frangée d'inceste.

Il faudrait que les parents sachent que beaucoup de ces moments structurants pour les enfants sont vécus comme culpabilisants, alors qu'ils sont parfaitement sains ; car cette culpabilité des adolescents, qui vient de la jalousie des parents à leur égard, les entraîne à vouloir se faire punir ou à réaliser leurs amours dans des voies où ils se casseront le nez. Au contraire, leur laisser vivre une première histoire les ouvrira à d'autres expériences qui apporteront des chagrins d'amour, en même temps que la structure de l'enfant se formera grâce à un confident, quel qu'il soit : psychologue scolaire, infirmière du lycée, parrain ou marraine ; mais ce confident ne peut pas être l'un des géniteurs. Cela suppose que ces derniers aient confiance en ceux qui entourent leur enfant et qui l'aiment, et donc que l'enfant soit en relation avec eux, avant la puberté. Quand un enfant a été élevé dans un cercle de famille restreint et étouffant, à la puberté il restera comme un petit qui veut toujours plaire à ses parents, avec les conséquences qui s'ensuivent.

La puberté est également la révélation pour les jeunes de leur violon d'Ingres, très inattendu souvent. L'exemple le plus frappant que j'ai trouvé dans les livres est celui de Wagner, qui n'appartenait pas à une famille de musiciens ; à la puberté, il s'est trouvé comme l'halluciné auditif d'une musique inconnue ; il voulait l'écrire ; mais, ignorant tout de la composition, de l'écriture musicale, il dessinait sa musique plus qu'il ne l'écrivait – en la chantant. Puis il est allé trouver un chef d'orchestre à qui il a demandé de jouer sa musique. Ce dernier lui a conseillé de faire comme tout le monde, c'est-à-dire, en particulier, de noter la partie de chaque instrument. C'est ainsi que Wagner a appris le solfège. Et c'est pourquoi, alors qu'il n'est pas de musique plus passionnée et fougueuse que la sienne, ses manuscrits semblent être des imprimés, tant la calligraphie en est minutieuse, dans le souci qu'il avait d'être lisible. Wagner avait tant besoin, à la puberté, d'écrire sa musique, pour ne pas devenir fou, qu'il s'est appliqué ainsi.

Bien des parents, stricts, rationalistes, sont stupéfaits de voir, à la puberté, leurs enfants devenir membres d'une secte. Ils n'y comprennent rien, et sont affolés, alors que c'est le même phénomène que de devenir musicien ; si ce n'est que, sous l'emprise d'une crise mystique, un jeune court le danger de tomber sous la coupe de quelqu'un ; risque d'autant plus grand que les parents sont sidérés de voir que les affects inexplicables de leur enfant trouvent un répondant dans l'imaginaire d'un folklore de secte faussement mystique (car la vraie mystique ne consiste jamais à prendre de l'ascendant sur un autre pour jouir de son propre pouvoir). On ne peut pas expliquer cela à l'adolescent qui vient juste de trouver, dans la discipline fondée sur la relation imaginaire à un Maître, la force de sortir de la culpabilité qui le poussait à obéir à ses parents. Il faut savoir qu'à la puberté un adolescent se découvre une passion pour un mode d'affects et de représentations qu'il n'avait pas jusque-là ; que ce soit la peinture, la sculpture, la musique, le sport ; les parents, parfois, s'opposent à son désir de pratiquer telle ou telle discipline, prétextant qu'ils n'ont pas d'argent pour cela. L'important n'est pas là. La vie affective et sexuelle de l'adolescent ne les regarde plus ; ils ont simplement à soutenir son désir impatient de quitter les matières scolaires pour le théâtre ou l'opéra, de s'inscrire dans la société. Cette passion peut être durable ou n'être qu'une flambée, auquel cas elle s'éteindra d'elle-même. Quoi qu'il en soit, il faut laisser ce désir se vivre, sinon il se transformera en fantasmes masturbatoires, en désir d'impossible. Il ne faut pas éviter à un enfant d'échouer, mais le soutenir lorsqu'il a échoué ; c'est la même chose dans le cas d'un amour impossible.

L'adolescent est toujours Polyeucte ; il doit brûler ce qu'il a adoré. Si son père est très conservateur, il peut, lui, devenir terroriste et payer de sa peau le choix de son père. Tant qu'il a quelqu'un pour en parler, il peut tenir à distance ses pulsions, au lieu de passer à l'acte. Se révolter en paroles, ou dans son apparence vestimentaire, voilà ce qui va l'aider à passer la puberté. Or, la plupart du temps, les parents prennent des fantasmes pour la réalité, ne permettant pas à l'enfant de s'exprimer. Qu'ils lui laissent la liberté d'aller parler à quelqu'un d'autre. C'est d'ailleurs l'époque où l'enfant doit quitter ses parents. Il veut « sortir » : « Ils ne me laissent pas sortir. » Les parents veulent tout contrôler, alors qu'ils ont la possibilité d'exprimer leurs craintes devant les dangers que leur enfant ne connaît pas, et parfois de lui proposer de choisir une maison d'éducation. « Tu m'angoisses trop », voilà ce que les parents peuvent lui dire. En général, à ce moment-là, l'adolescent « met la sourdine » car, après tout, il est très content de rester chez les parents et de ne pas aller s'exposer à un autre type de contrôle.

L'enfant voudrait travailler : « Ah non, on ne peut pas travailler à douze ans, c'est délinquant. » Quand j'étais jeune, ce n'était pas du tout délinquant. Les parents regrettaient que leur enfant ne continue pas l'école, mais ce n'était pas un péché d'entrer dans la vie du travail pour gagner de l'argent à douze ans. On pouvait même donner de l'argent à sa mère si le père, qui, par exemple, buvait, n'en apportait pas suffisamment. Les jeunes se trouvent désormais dans une société dont les règles ne permettent plus d'actualiser de manière licite les pulsions phalliques, vecteurs de responsabilité. Nous sommes tous confrontés à cette grande difficulté actuelle ; je pense qu'il est très important que le sentiment de responsabilité de l'enfant puisse se développer sans que ses parents pensent qu'il est délinquant. Il est bon que la justice reste la justice, le thérapeute un thérapeute et les hôpitaux des hôpitaux.

Un jeune va dans une autre famille parce qu'il y a une fille qui l'intéresse, non point pour devenir véritablement son amant, mais une sorte de frère ; il est l'amant d'une sœur qu'il s'est choisie. Tout en commençant à se sentir génitalisé, il reste infantile, puisque le fait d'aller coucher avec une fille chez elle, en continuant d'être entretenu par ses parents, ne lui permet pas de se développer et de s'assumer complètement.

Pour une fille, coucher à seize ans avec un garçon sans en vouloir les suites, rester soi-même enfant avec tous les avantages que cela comporte, tout en ayant, soi-disant, les plaisirs de l'adulte, ça rime à quoi ? Or c'est notre société qui contraint les jeunes à vivre de telles situations. Au moment de la poussée génitale, on oblige les jeunes à jouer à touche-pipi, comme s'ils avaient six, sept ans, et que ça n'avait pas d'effets dans leur cœur.

On peut toujours sublimer une frustration avec l'aide de quelqu'un. Tout seul, ce n'est pas possible. A partir du moment où un moi auxiliaire momentané permet de faire l'analyse des difficultés dans lesquelles on se trouve, on peut en sortir. C'est la solitude qui fait choisir des solutions délinquantes par rapport à la société ; ou par rapport à la santé, puisque la maladie continuelle, c'est la délinquance à soi-même.

L'adolescent est beaucoup moins en danger avec des parents qui vivent dans la réalité ce qu'ils ont à vivre à leur âge. Une mère culpabilise le père de trouver une maîtresse au moment où leur fille, ou leur fils, est en âge de sortir de la maison. « Il n'est jamais là ! » dit-elle en parlant de son mari. Oui, mais pourquoi ? Au lieu de le cacher, le père doit dire que sa femme n'est plus sa femme et qu'il faut bien qu'il en trouve une, sans quoi tout le monde serait dingue. La mère est frustrée en tant que femme. Mais qu'a-t-elle fait pour le retenir ?

Sinon, l'angoisse de l'enfant entre en résonance avec l'angoisse de l'adulte frustré, avec laquelle elle n'a pourtant pas de lien. Évidemment, ce n'est pas très moral, ce que je suis en train de dire : qu'il faut soutenir la dynamique d'une famille et le conjoint qui vit sa vie ailleurs, parce que c'est moins dangereux à long terme pour la sexualité du jeune ; même s'il peut sembler, à court terme, plus nocif que le père ne soit pas à la maison. A partir de sept ans, l'enfant enfonce son coin dans le couple, en jouant son rôle œdipien. C'est notre rôle de thérapeutes de soutenir la dynamique réelle de l'enfant et non ces histoires vaseuses de morale apparente, car il y va de sa sexuation, de son devenir-autre par rapport à ses parents. C'est en assumant sa sexualité qu'il va devenir opérant en société, au lieu de rester enfermé dans la sexualité de ses parents frustrés.

X. : *Pouvons-nous faire quelque chose pour prévenir le suicide des adolescents ? Nous avons tous, je pense, connaissance de l'importance du taux de suicide chez les jeunes au Québec, qui nous met même à l'avant-garde des pays occidentaux.*

F. D. : Toutes les idées de suicide n'aboutissent pas à l'acte. D'autre part, les adolescents qui ne fantasment pas le suicide ne sont pas des adolescents. On peut dire la même chose des enfants qui n'auraient pas idée de donner de la mort-aux-rats à leur petite sœur. Le fantasme de suicide verbalisé est le signe que l'adolescent doit tuer en lui celui qu'il croyait qu'il deviendrait en prenant comme modèle son père, sa mère, ou tout adulte articulé pour lui au père ou à la mère d'autrefois. C'est le moi idéal qui doit disparaître. En revanche, l'idéal du moi que gardera toute sa vie le sujet ne peut pas s'incarner dans une personne ; sinon, c'est la marque d'un retard de développement, semblable à celui qui peut se produire en phase de résolution de l'Œdipe et encore en période de latence, c'est-à-dire à l'époque où l'on croit encore que le père est quelqu'un de très bien, jusqu'au jour où l'on s'aperçoit qu'il est comme tout le monde, qu'il appartient à une lignée. Or, c'est à l'adolescent de prendre le relais dans cette lignée. L'idée de suicide est donc très importante pour liquider le désir de ressembler à des modèles. Comment faire, alors, la différence entre les fantasmes de suicide et le projet réel ? C'est que, du projet de suicide, on ne parle jamais. L'adolescent qui va se suicider est presque toujours perçu par les autres comme un être apparemment bien dans sa peau. Il n'a pas compris que devait mourir en lui celui qu'on croyait qu'il était. Il reste dans un paraître qui le fait bien voir par les autres. Celui qui veut vraiment se suicider appelle toujours quelqu'un au dernier moment ; il importe de le comprendre au-delà de son paraître. Mais celui qui en parle, même en étant déprimé, n'est pas dans la même urgence. J'ignore si vous partagez mon avis, mais ceux dont nous sommes désolés d'apprendre le suicide sont la plupart du temps ceux dont nous n'avons pas été assez proches, ou vis-à-vis desquels nous n'avons pas été suffisamment lucides pour comprendre que se préparait, derrière cette façade parfaite, ce deuil de l'enfance tel qu'ils ont jeté l'enfant avec l'eau du bain. Ils étaient eux-mêmes l'enfant qu'il fallait tuer, car ils ne pouvaient pas se décevoir au point de changer brusquement. Cela se produit souvent au moment de l'abandon d'un(e) ami(e) ; c'est une chose que je tiens à rappeler, car beaucoup d'adolescents se croient homosexuels ; or, lorsqu'ils sont dans la détresse d'avoir perdu leur moi auxiliaire, qui était un ami, une amie, en miroir, en duo, plus personne n'existe, et ils pensent avec horreur qu'ils sont homosexuels. Ainsi, un garçon se croira homosexuel parce qu'il bande pour un tombeur de filles. Les adolescents n'osent parler à personne de telles craintes ; alors que ce qui est en jeu, c'est la honte de pulsions homosexuelles datant de l'enfance. Or, cette homosexualité infantile est indispensable, sur le plan affectif, au déclin de l'Œdipe ; comme est indispensable l'hétérosexualité idéalisée, jusqu'au moment de la puberté. C'est à la puberté que les garçons découvrent que les filles existent dans la réalité, et inversement. Jusque-là, le garçon, par exemple, avait reporté son idéalisation du père sur le premier camarade. C'est une personne latérale qui peut alors lui montrer qu'il avait placé en une personne quelque chose qui la faisait paraître autre que ce qu'elle était, sans être homosexuel pour autant. Ce suicide provoqué par la hantise d'être homosexuel, mais souvent raté heureusement, provient sans doute du manque de lucidité des adultes en ce qui concerne l'inconscient des adolescents qui, se méprenant sur le sens de leur attirance pour un autre de même sexe, en éprouvent une terrible culpabilité.

X. : *De nombreux suicidés, entre dix-neuf et vingt-cinq ans, laissent des lettres, dans lesquelles ils disent : « Je vous demande pardon, excusez-moi. » Dans leur vie, au contraire, ils se montraient arrogants et méprisants. Comment expliquer cette contradiction ?*

F. D. : Le « Je vous demande pardon » signifie : « je ne peux pas vous faire plaisir ». Le jeune était alors sur le point de se prendre en charge ; c'est au moment où il allait choisir de vivre qu'il a préféré mourir. Il n'a à demander pardon à personne de mourir, ce n'est pas « mal » de mourir ; mais il sent que n'avoir rien fait de sa vie est une manière de ne pas avoir honoré les parents qu'il portait en lui. Honorer ses parents ne signifie pas du tout les aimer, mais faire dans sa vie au moins aussi bien que ce qu'ils ont fait pour nous et dont nous sommes fiers. Le jeune qui se suicide honore donc ses parents au moment où il est maître de sa vie, mais c'est à ce moment-là qu'il meurt... Il se sent coupable vis-à-vis de lui-même de n'avoir rien fait de sa génitalité naissante, qui exigeait de lui qu'il prenne des responsabilités d'une œuvre à venir. Voilà ce qu'on oublie facilement aujourd'hui ; l'on a des responsabilités à l'égard de soi-même, et donc de ses parents, ce qui ne signifie pas, je le répète, les aimer ni leur faire plaisir. Il s'agit de faire honneur à sa lignée. Toute créature sexuée porte en elle la loi de « donner vie ». Or cette vie à donner n'est pas nécessairement charnelle ; ce peut être une vie affective, une vie spirituelle. Et c'est ce que vous faites, vous travailleurs sociaux, en voulant donner une vie affective à des enfants chez qui elle clopine ; leur redonner le droit à une vie portée par leur désir. C'est cela la génitalité et sa sublimation. Le jeune qui s'est suicidé a « calé », lorsqu'il a eu à prendre la responsabilité de lui-même pour vivre, en renonçant complètement au plaisir qu'il croyait représenter pour ses parents ou devoir leur donner.

Quand un jeune donne sa vie pour une cause qu'il sent être valable, il n'en demande pas pardon. Le désir de mourir pour une cause est si intense chez les jeunes que, lorsqu'on a demandé 200 kamikazes pour les corps francs, pour les torpilles et les avions-suicides, il y en a eu 2 000... Vous voyez bien les risques que prennent des adolescents dans des escalades, pour tout ce qui leur semble « valoir le coup » de mettre leur vie en jeu. Alors que « donner sa vie », c'est vivre dans le temps, et non pas nécessairement « mourir pour ». Quand on demande pardon, c'est parce que l'on se sent lâche devant sa responsabilité, ou face à un conflit entre « faire plaisir » et « honorer ». Ceux dont vous parlez sont peut-être des adolescents qui souhaitaient faire tout autre chose que ce que leurs parents avaient prévu pour eux, et qui ont manqué soit de l'appui de la société, soit du courage de décevoir leurs parents. Il fallait risquer de « peut-être réussir ». L'adolescence est une naissance où il faut lâcher les certitudes antérieures, pour quelque chose qui n'est pas sûr, mais qui vous tient, parce que l'on sait que ce que l'on désire vaut le coup. De quoi ? De s'y risquer. Ce dont les adolescents qui se suicident demandent pardon, c'est de se sentir coupables de ne pas s'être risqués, justement, à l'œuvre de leur désir.

X. : *La question de l'homosexualité chez les adolescents, que vous avez abordée, intéresse notre société dans les transformations qu'elle subit. Un père, par exemple, se découvre homosexuel à l'âge de cinquante ans, et en fait part à son épouse. Il y a quatre enfants dans cette famille ; il semble que les deux plus âgés ont été informés par le père du motif de la séparation, mais la mère a refusé que le fils de quinze ans et la fille de dix ans en soient informés. Quel est votre avis sur ce non-dit, sachant que les deux derniers enfants sont à la recherche de leur identité sexuelle ?*

F. D. : J'ai connu beaucoup de situations de ce genre, dans lesquelles les parents deviennent homosexuels au moment où leur enfant est lui-même en âge de se décider pour un mode de relations sexuelles et affectives. Pour un père, l'adolescence de son fils est un moment difficile ; l'homosexualité est pour lui une issue, un moyen d'éviter l'inceste. Ce moment ne dure jamais pour le père si sa femme l'aime dans cette difficulté même, et si les enfants sont mis au courant de la situation. Il n'y a rien de tragique à avoir un père homosexuel ; le fait qu'il ait engendré des enfants prouve, d'ailleurs, qu'il ne l'est pas complètement. J'ai vu des hommes se déclarer homosexuels pour pouvoir divorcer, parce que c'était pour eux la seule manière de se débarrasser de leur femme. De même, on voit des femmes trompées qui n'ont ressenti aucun manque jusqu'au jour où elles découvrent que leur mari avait besoin en plus de donner à une autre femme. Tout d'un coup, elles se sentent vexées de ne pas s'être aperçues qu'elles étaient trompées depuis deux ou trois ans, tout en étant heureuses avec leur mari. Elles ne sont privées de rien ; elles sont frustrées. C'est comme si elles devaient accepter d'être deux femmes différentes. Je crois d'ailleurs qu'il se passe pour elles la même chose que pour l'enfant découvrant la sexualité de ses parents. Vous savez que la bigamie des hommes est le problème des femmes, car elles sont monoandres ; en tout cas elles n'ont jamais plus d'un amant de cœur à la fois ; les femmes pluriandres sont rares. Il est vrai qu'un homme n'a qu'une femme dans sa vie, car, s'il a des relations avec d'autres femmes, celles-ci lui restent extérieures. Une femme, elle, a toujours à *prendre* d'un homme ; elle en attend quelque chose qui porte fruit en elle. Vous êtes, messieurs, des polygames potentiels en permanence, et c'est merveilleux ! Je vous admire, car nous, femmes, n'en sommes pas capables. *(Rires.)* Donc, quand on explique aux enfants que leur père a décidé de vivre avec un homme et qu'ainsi il n'aura pas d'autres enfants, ceux-ci sont tout de suite rassurés, car ils sont très inquiets à l'idée que leur père puisse se remarier et faire des enfants avec une autre ; les filles surtout. Les enfants savent tout inconsciemment, mais savoir consciemment soulage leur intuition. Quant à l'épouse qui s'en offusque violemment, quelque chose reste inéclairci de son côté, puisque tout, pour elle, chavire lorsqu'elle apprend consciemment que son mari est homosexuel. Le père dont vous parlez devait beaucoup aimer ses enfants et craindre de devenir incestueux. Dans la plupart des cas que j'ai rencontrés il s'agissait de cela : ces hommes préféraient se dire et se croire homosexuels, plutôt que de se voir en danger d'inceste. Ayant dépassé l'Œdipe, les enfants, à partir de sept ans, n'ont plus du tout besoin de leur père comme modèle sexuel, ni de leur mère. Ils ont besoin de modèles dans la vie. L'homosexualité se prépare entre trois et cinq ans ; quand elle éclot, à quelque âge que ce soit, il s'agit toujours d'un « revenez-y » d'inceste non liquidé, dans le sens enfant-parent ou dans le sens parent-enfant.

X. : *Les homosexuels souffrent-ils de leur homosexualité ?*

F. D. : Tous les humains souffrent, les homosexuels comme les hétérosexuels. Certains homosexuels souffrent de ce qu'ils n'auront pas laissé d'œuvre. Ceux qui ont une œuvre à laisser ne souffrent pas plus de leur homosexualité que les hétérosexuels de leur difficulté à vivre. La souffrance, pour les uns comme pour les autres, c'est d'avoir créé une œuvre qui leur échappe. Le pire pour un homosexuel est de se marier et de faire des enfants pour avoir une couverture. J'ai connu ainsi un homosexuel qui était le père d'un enfant que j'avais en cure. Cet homme est venu me dire qu'il vivait dans son foyer avec pour ami et partenaire le parrain de son fils ; il ne voulait pas que celui-ci le sache. Je lui ai répondu qu'il avait tort : son fils était en âge de le savoir, et lui donnerait certainement la preuve qu'il acceptait son père, même s'il était différent des autres. Ce père ne pouvait plus, par ailleurs, laisser bêtifier son enfant à longueur de temps. L'enfant m'a demandé s'il pouvait venir avec son père en parler devant moi. Je n'ai pas accepté ; et j'ai dit au père, qui était venu chercher son fils à la fin d'une séance, que ce dernier souhaitait que nous parlions tous les trois, mais que j'estimais préférable qu'il parle à son fils avec un tiers, qui serait ou la mère du père, ou la mère de l'enfant, ou le parrain, l'ami. Le père m'a remerciée ensuite de mon refus ; il a pu en parler à sa femme, laquelle l'avait compris depuis longtemps, tout en continuant de l'aimer : elle acceptait son mari dans ce qu'elle appelait « son infirmité ». La bêtification de l'enfant a cessé – vous savez, ce comportement des garçons de douze ans qui jouent au bébé sans y jouer. Il ne comprenait pas la raison pour laquelle son parrain vivait à la maison, et lui demandait tout le temps pourquoi il n'avait pas de femme. Le parrain répondait qu'il était heureux de vivre dans la famille ; l'enfant le voyait comme un parasite. Quand il a appris que ce parrain, qui avait un métier, payait son écot à la maison, et qu'il s'agissait donc d'une communauté de deux hommes et une femme, l'enfant est sorti de sa régression. Car c'est le non-dit sur cette situation qui empêchait ce garçon d'acquérir les armes d'une réussite scolaire.

C'est la vérité, mise en mots, qui soulage de tout ce qui a dû rester caché. Sinon, l'enfant ne peut se sentir l'égal des parents et demeure un petit qui n'a pas le droit de savoir. C'est le père qui avait demandé cette thérapie pour son fils, vivant une phase de latence qui n'en finissait pas et qui le maintenait en deçà de lui-même, bien qu'il fût l'aîné de la famille. On le voit, la maturation de l'enfant, c'est la vérité, la révélation de la contradiction des parents. Ce père avait tenté, paraît-il, une psychanalyse, vers vingt-cinq ans, pour essayer de sortir de son homosexualité, mais il n'avait pu renoncer aux choix de sa bisexualité. En effet, il aimait sa femme, sans pouvoir se passer de sa liaison avec son ami, avec lequel il n'avait que de rares masturbations ; il ne pénétrait que sa femme, mais ne pouvait pas se passer affectivement de cet homme. Voilà ce que je peux vous dire de mon expérience dans cette science jeune qu'est la psychanalyse. Mais ce n'est pas parce qu'elle ne peut pas tout qu'il faut gauchir la psychanalyse. Il faut écouter, sans prescrire, ni à l'enfant ni aux parents, d'actes normalisateurs, dont on ne connaît pas bien, du reste, la portée. Toute espèce de normalisation devrait aujourd'hui être périmée dans quelque forme de thérapie que ce soit. Si le sujet désire changer, qu'il y travaille. S'il ne le peut, qu'il s'accepte dans ses contradictions, en obéissant au sentiment de responsabilité qui est le sien. Si je vous ai cité le cas de cet homosexuel qui s'était marié pour se donner un alibi, c'est aussi que l'on voit beaucoup de mères que l'on croit femmes, et qui ne sont que des petites filles prolongées, si l'on peut dire, pédophiles à l'égard de leurs enfants. On prend cela pour de l'amour maternel ; mais une femme n'a pas d'amour maternel pour ses enfants si elle n'est pas femme avec un homme. Si elle préfère ses enfants à son homme, c'est qu'elle est restée dans une homosexualité de femme. Le mari n'étant pour elle qu'une mère contre laquelle se blottir, elle ne connaît pas le lien d'une femme à un homme.

En ce qui concerne l'adolescence, je voudrais que vous puissiez retenir cette image, qui a servi à beaucoup de mères de famille : à la puberté, la structure du garçon ou de la fille fait « chapeau claque » ; ce qui signifie que les difficultés de sa vie, devant lesquelles il a décompensé, de sa petite enfance jusqu'à son présent, l'adolescent va les revivre à la puberté. Par exemple, un enfant anorexique au début de sa vie aura à la puberté des troubles analogues – dont il ne faudra pas s'inquiéter. Vous savez que beaucoup d'adolescents, piégés dans une fausse anorexie, deviennent ensuite de véritables anorexiques, alors que ces symptômes disparaîtraient si on ne s'en occupait pas. Si un enfant a eu un rhumatisme articulaire, et qu'en conséquence on s'est inquiété de son cœur, à la puberté il peut avoir une tachycardie, parce qu'il revit alors les moments structurants de sa vie, avec la décompensation subséquente ; alors il passe en revue d'un coup, en chapeau claque, les symptômes qu'il a eus au cours de son adaptation, symptômes qui ont servi à purger ce qui, de la libido, n'était pas symbolisable autrement, à canaliser une énergie qui ne pouvait pas se dire. Voilà ce qui se rejoue à la puberté. Si des événements familiaux difficiles ont eu lieu dans son enfance, il se peut que l'adolescent revive avec angoisse ce qu'il avait vécu comme une indignité : le fait que ses parents aient fait faillite, ou qu'une tante ait été mise enceinte ; n'importe quoi dont il aura à peine entendu parler, mais assez cependant pour avoir été touché du sentiment d'un déshonneur concernant sa famille. Il faut alors lui expliquer qu'il repasse les moments de sa vie et qu'il ne doit pas s'en inquiéter ; en aidant également les parents, car la puberté des enfants est toujours difficile à vivre pour eux. Si l'adolescent n'en fait pas voir de toutes les couleurs à ses parents, c'est qu'il n'est pas en crise d'adolescence. Comment, d'autre part, les parents peuvent-ils s'aider ? En formant des groupes de parents qui leur permettent de ventiler leur angoisse, de s'entraider à ne pas se sentir coupables et, surtout, d'éviter aux jeunes de se sentir coupables. Vous savez que c'est l'âge où les enfants voudraient que leur père change, que leur mère s'habille autrement, où tout est mauvais à la maison. Il faut seulement leur dire : « Figure-toi que tu t'étais trompé sur nous. Nous ne sommes plus perfectibles. C'est à toi de devenir autre que nous ne sommes. Laisse-nous être rétro et popote. » C'est au couple à se soutenir, grâce à d'autres couples, laissant l'adolescent se chercher, pour trouver les compagnons qui lui conviendront dans sa classe d'âge. Être témoin, sans intervenir, est la meilleure des attitudes pour les parents.

X. : *Vous avez dit que la masturbation était essentielle à la puberté...*

F. D. : Elle est fatale.

X. : *Qu'advient-il des femmes qui n'en font jamais l'expérience ? En restent-elles à la période de latence ?*

F. D. : Sans doute. Quoique beaucoup de femmes pensent ne pas se masturber, qui se masturbent dans le sommeil profond. Beaucoup croient ne s'être jamais masturbées dans leur adolescence, mais vous savez que les tampons jouent un grand rôle dans la vie des jeunes filles. La masturbation des filles, de toute façon, est beaucoup moins importante à la puberté que celle des garçons ; et c'est tout naturel, puisque le pénis est pour ceux-ci, organe visible, témoin de leur excitation sexuelle. Mais ce n'est pas parce qu'un garçon a des érections qu'il est amoureux. La masturbation de la puberté est celle qui s'accompagne de fantasmes concernant quelqu'un d'inaccessible que l'on ne cherche pas à rencontrer. Comme, la plupart du temps, ils n'essaient rien du tout dans la réalité, les adolescents régressent et retournent à des fantasmes incestueux, à l'image de la grande sœur, ou de la meilleure amie de la mère ; car ils ne se sont pas rendu compte que c'était leur manque d'effort pour rencontrer quelqu'un dans la réalité qui les obligeait à en rester à la masturbation. En ce qui concerne la femme, la véritable jouissance étant utérine, la superficie clitoridienne n'est pas grand-chose en comparaison de ce que représente la rencontre d'un autre, la pénétration par un autre. Tandis que les garçons, eux, peuvent s'imaginer que le plaisir, c'est local. C'est pourquoi il est important qu'ils travaillent à rencontrer dans la réalité les personnes qu'ils désirent affectivement, même si, en dépit de leurs efforts, celles-ci restent inaccessibles.

X. : *Une fille ayant eu des problèmes d'énurésie, pensez-vous qu'elle en connaîtra des répercussions dans sa vie sexuelle adulte ?*

F. D. : J'ai l'expérience de trois femmes qui sont restées énurétiques, bien qu'aimées de leurs époux ; et elles n'étaient pas du tout frigides. L'une, en particulier, mère de deux enfants, était venue me voir pour sa fille de onze ans, tout à fait équilibrée, comme elle. Son mari m'a dit par la suite que, lorsqu'il la courtisait, elle était si timide et honteuse qu'il lui en avait demandé la raison ; et elle avait eu le courage de lui avouer ce symptôme. Ça lui avait fait un choc, mais il l'aimait tellement ; et puis il pensait que le fait d'avoir une vie sexuelle changerait les choses. Mais les choses n'ont pas changé, avec ou sans urologue. Cet homme m'a dit : « C'est curieux mais, lorsqu'on aime quelqu'un, on l'accepte avec ses infirmités. » Cette femme se trouvait en harmonie avec ses deux enfants, elle acceptait son infirmité comme elle aurait accepté de boiter. Une psychothérapie analytique est, toutefois, venue à bout de l'énurésie de sa fille. J'avais demandé à la mère d'informer sa fille de son insuffisance à elle. La fille n'était pas assez phallique, elle était trop « petite mère » avec ses camarades. Elle repérait l'agressivité des autres, sans savoir se défendre. En parlant, peu à peu, elle a développé un comportement autodéfensif ; ce défaut (qui visait à faire montre d'une urétralité virile qu'elle ne possédait en rien, d'ailleurs) s'est guéri en même temps que sa passivité.

X. : *Comment un intervenant peut-il amener un adolescent, qui souffre d'une carence familiale profonde, à avoir une relation thérapeutique avec un tiers, sans qu'il se sente pour autant blessé de perdre la relation privilégiée qu'il a déjà avec cet intervenant ?*

F. D. : Il s'agit là d'une confusion entre une relation amicale et une relation thérapeutique ; confusion difficile à lever pour des gens qui ne sont pas psychanalystes. Car le travail d'un psychanalyste avec un adolescent, ou un enfant, consiste justement dans l'analyse du transfert. Si un enfant est en amitié avec l'analyste, ce dernier, quant à lui, n'a pas à se trouver en amitié avec cet enfant. Sinon, il est à côté de la plaque. Dans le cas dont vous parlez, l'intervenant doit donc expliquer à l'enfant qu'il lui faut rencontrer quelqu'un d'autre dans une relation thérapeutique, lui-même ne pouvant pas l'aider davantage, maintenant qu'il est devenu son ami. Cela n'empêchera pas leur amitié ; mais le transfert est autre chose que l'amitié, laquelle, dans ce cas, produirait un transfert pervers. Il y a des amitiés vraies entre enfants et adultes, qui sont des sublimations homosexuelles ou hétérosexuelles, lorsqu'elles sont sans corps à corps. C'est, pour l'adulte, une sublimation en amour maternel ou paternel ; c'est un amour chaste, qui est cependant un piège pour l'adolescent s'il croit que cette personne l'aime, au plein sens du terme. Il faut donc que l'adolescent sache que cet adulte a sa vie sexuelle, ailleurs. La véritable amitié, comme le véritable amour, n'est jamais mise en danger par une psychanalyse. Ce qui est mis en danger, c'est le faux. Au contraire, plus on analyse les côtés négatifs ou ambivalents, plus le sentiment vrai s'affirme comme tel. L'amitié, c'est de l'amour chaste, sans jalousie ni possessivité. C'est pourquoi l'on est d'autant plus libre d'aimer lorsque l'on fait une analyse. Le psychanalyste doit expliquer que, si on le prend pour quelqu'un qui aime, ce n'est pas vrai, puisqu'on le paie ; qu'il s'intéresse à l'évolution de l'analysant, mais qu'il ne l'aime pas, et que, la porte refermée, il ne pense pas à lui. Dès que l'on a une relation privilégiée avec un adolescent, on ne peut plus être son thérapeute. On peut être son « intervenant », comme vous dites, c'est-à-dire une personne barrée selon l'interdit adulte/enfant, mais non pas barrée pour l'amour.

Peut-être suis-je en train de vous heurter en disant cela, mais je souligne ce point : vous ne faites pas l'analyse du transfert ; vous vous servez du transfert de l'enfant pour le diriger, ce qui est complètement différent de la psychanalyse, laquelle est l'analyse du transfert, opérant la différence entre l'illusion d'une relation et la réalité d'une relation. L'illusion d'une relation, c'est, par exemple, de reporter sur une personne une carence de la petite enfance. C'est avec l'analyste que doit se revivre le désir de combler les carences de la petite enfance. Dans une psychanalyse, justement, qu'il soit homme ou femme, l'analyste doit signifier au patient qu'il reporte sur sa personne les carences de sa relation à sa mère, par exemple. Dans la thérapie d'assistance affective, de convivialité, l'élucidation ne va pas jusqu'à ce point. Mais, de toute façon, une relation privilégiée, dans ce domaine, est une relation chaste. On peut le sentir lorsqu'on apprécie à travers un jeune ses parents à lui. C'est pourquoi un travailleur social ne peut pas tolérer d'entendre dire de la mère d'un enfant dont il s'occupe qu'elle est indigne, ou alors il n'est pas un travailleur social. Aucune mère n'est indigne, même si son comportement a été délinquant vis-à-vis de ses enfants. Elle est peut-être névrosée, ou même psychotique, mais, en tant que mère, elle ne saurait être indigne. Si c'est ce que pense le thérapeute, cela signifie qu'il n'aime pas l'enfant dont il s'occupe, tout en érotisant la relation qu'il a avec lui. Certains éducateurs sont piégés dans un amour homosexuel pour un jeune. Car les jeunes, les enfants sont séducteurs. C'est parce qu'ils sont séduits que certains éducateurs qui n'avaient pas choisi ce métier dans cette visée cèdent sur leur désir génital et font une régression dans le corps à corps. Mais tous ne sont pas des « homosexuels » possessifs. Il en est qui n'ont véritablement pas d'autre souci que l'avenir d'un jeune.

X. : *Que faire dans le cas d'adolescents qui, bien qu'ils posent des problèmes à tout le monde, n'ont pas eux-mêmes le sentiment qu'ils doivent être aidés ? Comment les motiver à entreprendre une thérapie ?*

F. D. : Il n'y a pas à essayer de les motiver. Ils sont dans un passage qui paraît dangereux à ceux qui les entourent, mais qui, pour eux, est nécessaire. Toutes les décompensations momentanées ne sont pas à « thérapiser ». Ce n'est pas parce que l'on se penche en avant que l'on va tomber. Si vient le pas qui vous empêche de tomber, alors cela s'appelle *marcher.* Quel instantané voit-on durer vingt-cinq ans ? Ce passage difficile n'est qu'un moment dans la vie des adolescents ; ils trouveront la solution eux-mêmes, si vous ne vous affolez pas et si vous ne vous focalisez pas sur le symptôme – sinon, vous allez l'accroître ; voilà le fond du problème de la relation aux jeunes. Là encore, c'est l'analyse du transfert qui reste la base – analyser n'étant pas manipuler leur transfert, ni leur faire croire que l'on pense comme eux. Il ont raison de dire ce qu'ils pensent. Qu'on leur dise ce que l'on pense *soi,* en leur donnant l'exemple de quelqu'un qui peut les écouter, mais qui suit son propre chemin, sans changer sa manière de penser à cause d'eux. Si vous êtes éducateur et qu'un jeune vient vous raconter des choses épouvantables sur un autre éducateur, voyant que vous continuez d'avoir la même relation avec votre collègue, le jeune s'apercevra que vous n'êtes pas dupe de ses fantasmes et que votre relation à cette personne ne dépend pas de celle que lui a avec vous. C'est comme dans les couples : lorsque l'enfant dit à la mère des choses sur le père et que ce dernier laisse dire, l'enfant comprend que ses parents comptent l'un pour l'autre.

X. : *Au Québec, le thérapeute qui travaille en institution n'est pas tenu au secret professionnel. Il est, au contraire, obligé de faire connaître aux responsables (au directeur d'un centre, au juge, à la police, même) tout ce qui est de nature à prévenir un danger pour un jeune* [1]*. Quelle est, selon vous, l'incidence d'une telle situation sur la thérapie des jeunes ?*

1. Il faut préciser, pour le lecteur français, que cette règle obligeant un thérapeute d'institution à référer des fantasmes d'un patient, supposés dan-

F. D. : Le thérapeute doit être lié par le secret professionnel, ce qui implique qu'il ne parle à nul autre de ce qui se passe dans le traitement d'un patient. L'adolescent, par exemple, ne peut pas parler en confiance à une oreille policière; or, c'est bien ce qu'est pour lui le thérapeute qui doit tout rapporter à un policier ou une instance judiciaire. Je comprends pourquoi, chez vous, les thérapeutes qui travaillent en institution – je ne parle pas de ceux qui reçoivent en cabinet – sont coincés. Si la règle d'une institution oblige le psychothérapeute à rapporter les propos d'un jeune à une instance quelconque de pouvoir, il n'y a pas de psychothérapie possible. Qu'il sache le thérapeute tenu au secret professionnel ne peut suffire à déterminer un adolescent à entreprendre un traitement, mais c'est une condition indispensable pour qu'il puisse le désirer. Sinon, l'adolescent est complice et victime d'une hypocrisie, d'autant plus néfaste qu'elle peut l'empêcher d'entreprendre, plus tard, en son nom, une psychothérapie dont il avait effectivement besoin.

---

gereux, à une autorité sociale ne s'explique pas seulement par l'emprise d'une idéologie médicale, juridique et pragmatique. Elle trouve aussi son origine dans une solidarité propre à un pays où l'isolement, en raison des rigueurs climatiques, notamment, et de la dispersion de la population, peut représenter un danger de mort pour une personne. L'interventionnisme très diligent du Bien-Être social est donc, partiellement, l'héritier de cet état de faits.

9

Procès. Tests

L'enfant du désir, conçu dans l'orgasme - Une religieuse obsessionnelle - Une confusion d'Anna Freud - La relation ombilicale dans le TAT - Délire d'un patient qui avait passé le Rorschach - Effet pervers de la loi excluant le secret professionnel - Sur la mascarade féminine - L'Œdipe de la fille empêchée par la mère - Clowneries préœdipiennes - A propos de l'homosexualité incestueuse, ne pas confondre « touche-pipi » et sodomie.

P. : *Je présente aujourd'hui le cas de Meryl, jeune mère âgée de vingt ans, pour lequel j'ai été invité à être témoin expert au tribunal. Le matériel sera nécessairement fragmentaire, car je n'ai pas eu cette cliente en psychothérapie.*

Meryl est la troisième d'une famille de cinq enfants, les autres étant des garçons. Les parents ont divorcé il y a six ans. A l'heure actuelle, seuls les deux plus jeunes enfants vivent encore avec la mère. Le père et la mère se sont fréquemment séparés et réconciliés dans le passé, à dater des huit ans de Meryl. Ils sont restés tous deux dépressifs ; chacun d'ailleurs a fait une tentative de suicide après la séparation. Autrefois, le père buvait, il avait déjà été traité en clinique psychiatrique externe. La mère, elle, sortait et avait régulièrement des aventures. Après la séparation, elle a été hospitalisée. Encore aujourd'hui, elle lance régulièrement des menaces de suicide, faisant à l'occasion des intoxications médicamenteuses. Pourtant, le père et la mère continuent régulièrement de se voir. Le mari demande de l'argent à son ex-femme, passe des journées chez elle, et ce, bien que chacun ait de nouveaux partenaires dans sa vie. La mère vit des prestations du Bien-Être social. Elle a un appartement luxueux de cinq cents dollars par mois, meublé avec goût. Elle travaille dans un restaurant comme serveuse. Elle subtilise des cartes de crédit qu'elle ne rend pas aux clients, et qu'elle utilise pour divers achats. Si la carte porte un prénom masculin, elle la passe à son mari, qui en use comme elle. Cependant, malgré ces différentes sources de revenus, cette femme doit de l'argent à des prêts usuraires.

Meryl a arrêté l'école très tôt, sur les instances de sa mère, d'autant plus facilement qu'elle n'aimait guère les études. Elle commence alors à s'occuper de ses plus jeunes frères, puis se met, à partir de quinze ans, à travailler. Elle aide sa mère en contribuant au budget de la maison et en s'occupant des travaux ménagers. La mère sollicite régulièrement ses services (accompagner les enfants chez le médecin, les conduire à l'école, les garder pendant qu'elle-même travaille ou sort le soir). Il faut noter que les deux plus jeunes enfants, qui ont maintenant seize et treize ans, ont déjà consulté en psychiatrie infantile pour divers motifs : refus d'aller en classe, somatisations, inhibition dans les relations interpersonnelles. La mère emmène Meryl dans ses sorties. Elle lui a présenté des hommes, dès ses treize ans. La fille devient enceinte à seize ans et, sur les conseils de sa mère, se fait avorter. La mère cohabite avec un homme d'origine tunisienne âgé de trente-huit ans. C'est la première fois qu'un homme vient vivre chez elle, depuis son divorce. Meryl ne tarde pas à sortir avec le frère de l'amant de sa mère, âgé de dix ans de moins que ce dernier. La mère et la fille sortent ensemble, chacune accompagnée de son amant. Un an après son avortement, Meryl se trouve à nouveau enceinte. La grossesse est confirmée par un docteur X. Les mois passent sans que Meryl avertisse sa mère de cette grossesse, car elle n'est pas encore majeure et veut garder l'enfant. Lorsque la mère apprend par une voisine la grossesse de sa fille, elle conseille à celle-ci de se faire avorter. De son côté, l'amant de la mère désapprouve son frère et lui conseille de retourner dans son pays natal. Quelque temps après, effectivement, ce dernier s'en va, pour retrouver en Tunisie une femme qui l'attend, et avec laquelle il s'est marié depuis.

L'amant de la mère menace de quitter celle-ci si sa fille ne se fait pas avorter. Mais il est trop tard pour y songer. Dès lors, la mère invite sa fille à abandonner l'enfant et à le confier au Service d'adoption à sa naissance. Elle contacte le docteur X. et lui demande s'il peut l'aider à régler le problème. Celui-ci connaît un couple d'origine italienne, prêt à adopter un enfant en bas âge et disposé à remettre une somme d'argent à la mère, en compensation. Meryl s'oppose à ce projet. La mère dit à Meryl que le souci qu'elle lui cause va la faire mourir, lui enjoint d'abandonner l'enfant, prétendant qu'elle est instable, immature. Meryl va donc continuer à travailler à plein temps, jusqu'à quinze jours de l'accouchement. Lorsqu'elle accouche, à l'automne 1981, le docteur X. vient donner des instructions précises aux infirmières pour empêcher Meryl d'entrer en contact avec son enfant, et interdire aux visiteurs et à la parenté de le voir. Tout ceci sans le consentement de Meryl, qui est laissée dans l'ignorance. Elle apprend alors ces manigances et réagit. C'est sa mère qui a annoncé la naissance au docteur X., lequel a prévenu à son tour le couple receveur. Deux jours plus tard, ce médecin vient demander à la jeune mère de signer un consentement à l'abandon de l'enfant. Elle refuse catégoriquement. A sa sortie de l'hôpital avec l'enfant, sa mère lui signifie que la porte de son appartement lui est désormais fermée. Meryl se tourne alors vers son père qui vit chez une concubine, dans des relations conflictuelles d'ailleurs. Pour comble de malheur, la concubine met le père à la porte de chez elle quelques jours plus tard. Meryl et son bébé, ainsi que son père, vont alors trouver refuge chez la sœur de la mère. Cette dernière est encore plus hostile que la mère au projet de Meryl de garder l'enfant. Un jour d'octobre, Meryl appelle le docteur X., pour que celui-ci vienne chercher l'enfant. Il lui fait signer la formule de consentement qu'il lui avait présentée antérieurement et lui apporte quelques jours plus tard la somme de trois mille dollars, payée par le couple qui adopte l'enfant.

Par la suite, l'état de Meryl va se détériorer. Elle souffrait déjà auparavant d'une broncho-pneumonie chronique. Or, dans les mois qui suivent, elle maigrit de quinze kilos et fait une tentative de suicide. Elle retourne alors chez sa mère quelques semaines, puis va s'installer dans un appartement avec un ami de rencontre. Elle vit avec lui trois mois.

Les trois mille dollars ont été rapidement dépensés : elle a dû payer trois mois de loyer d'avance, récupérer chez sa mère des meubles – qu'elle avait pourtant déjà payés avec l'argent de son travail ; enfin, acheter de quoi équiper son logement. Or, vers la fin de cette même année, elle commet deux délits de fraude et usage de faux, avec une carte de crédit subtilisée par sa mère, dans un magasin d'alimentation. Elle achète, une première fois, trente-deux sacs de victuailles, une seconde fois, vingt-deux. Elle ira se dénoncer elle-même aux enquêteurs.

Au début de l'année suivante, elle rompt avec son ami et retourne vivre, à nouveau, chez sa mère. Elle décide de faire des démarches pour retrouver son enfant et le reprendre, après avoir écouté une émission radiophonique traitant de la recherche par leurs parents naturels d'enfants adoptés. C'est alors que l'amant de la mère quitte celle-ci. L'enfant de Meryl est retrouvé, et les principaux acteurs du drame comparaissent en cour supérieure. Le tribunal pose trois questions :

- Premièrement : au moment de la renonciation à son enfant, la mère se trouvait-elle dans un état mental qui ne lui permettait pas de juger de la portée de ses actes ?

- Deuxièmement : la mère naturelle manifeste-t-elle actuellement une capacité mentale nécessaire et suffisante pour pouvoir reprendre l'enfant ?

- Troisièmement : l'enfant risque-t-il d'être traumatisé en passant du couple adoptif à la mère naturelle, compte tenu des phénomènes d'attachement et de séparation ?

Finalement, le jugement de la cour supérieure rend l'enfant à la mère naturelle. Depuis lors, la jeune mère s'est bien adaptée à son enfant, qui s'est rapidement attaché à elle. Elle a, pourtant, reçu des menaces de chantage de la part des parents adoptifs, dans les premières semaines qui ont suivi le jugement. Sa mère a proposé à Meryl de garder l'enfant pendant qu'elle ferait des courses, ou lors de ses sorties ; elle lui a même suggéré de permettre au couple italien qui avait adopté l'enfant de venir le voir, moyennant paiement. Meryl s'est opposée à cette dernière proposition. Le dossier juridique prévoit l'assistance d'une travailleuse sociale pour permettre à Meryl de prendre une distance par rapport à sa mère. L'enfant n'a aucun problème de langage, il parle bien le français et n'a présenté aucune réaction dépressive ou agressive lorsque sa mère l'a repris. Meryl est, du reste, en meilleure condition physique et psychologique qu'auparavant. Je voudrais, à propos de ce cas, poser trois questions à Françoise Dolto.

La première : comment peut-on expliquer le désir de Meryl d'avoir un enfant, compte tenu de sa dynamique et de son histoire familiale ? Plus particulièrement, comment peut-on comprendre l'abandon de l'enfant contre une somme d'argent, compte tenu de la relation de Meryl avec sa propre mère ?

La deuxième : quel est l'impact sur l'enfant de son transfert, au sens local, du couple adoptif à la mère biologique ? Quelles peuvent être les incidences de ce changement sur le plan de la relation d'objet, du langage, et compte tenu de la présence d'un père dans un cas, de son absence dans l'autre ? L'enfant aurait-il eu intérêt à garder les racines qu'il avait dans la famille adoptive ?

La troisième : comment peut-on définir la capacité d'être mère (ou d'être père) ? Quand l'enfant est-il vraiment le fruit du désir des parents et reconnu en tant que tel ?

F. D. : C'est une observation passionnante. Ce qui m'intéresse le plus, à première vue, ce sont les trente-deux et les vingt-trois sacs de victuailles, car Meryl est la troisième d'une famille de *cinq* enfants. Il y a là quelque chose de symbolique dans quoi elle s'est fait prendre. On pourrait associer également sur « trente-deux ans-vingt-trois ans », âges auxquels, probablement, la mère, elle, s'est laissée couler, parce que son mari se révélait impuissant. L'histoire de Meryl est celle d'une femme qui n'a pas pu trouver un mari pour sa mère, convenant à la féminité de celle-ci. Le père de Meryl, visiblement, avait besoin d'une mère en sa femme ; c'était un homme inconsciemment homosexuel ; tandis que son épouse était une femme de niveau génital, assumant ses responsabilités. Dans ce cas, c'est le rôle, manifestement très important, de la mère de la mère (la grand-mère maternelle de Meryl) qui est à interroger. Or, on ne sait rien d'elle. Vous vous posez la question de la genèse de la relation mère-fille, alors que nous sommes en présence d'une triade mère-tante-fille, puisqu'il y a deux femmes en jeu, la mère et sa sœur, issues d'une même mère. C'est donc cette grand-mère-là (et le couple qu'elle formait avec son mari) qui est, certainement, l'origine de l'affolement de ces deux femmes devant l'amour que leur descendante porte à son enfant. Vous avez noté par ailleurs que si le géniteur de ce petit avait accepté de retourner dans son pays natal, c'était parce qu'il avait besoin d'une femme phallique, puisqu'il s'est aussitôt marié, obéissant ainsi à son grand frère ; du reste, il avait choisi Meryl parce qu'elle se trouvait articulée à la femme de son frère aîné. Son départ fut donc pour Meryl comme la répétition de la relation d'impuissance de son père vis-à-vis de sa mère. Voilà pour ce qu'on peut appeler la morpho-génétique d'une situation qui s'est transmise à Meryl par sa mère, femme de valeur, féminine, mais mal mariée. Cette femme s'est affolée de voir sa fille dans une situation où sa liberté se trouvait limitée par l'incapacité du père à en assumer sa part. Meryl n'a pas su dire à son amant : « Je pars avec toi en Tunisie. » Pourtant, cette jeune femme avait accédé à la féminité, puisqu'elle s'occupait auparavant de ses petits frères. Mais c'est coupable, parce que incestueux, de s'occuper des enfants de son propre père. Cela s'est avéré dans la suite, du reste : quand elle est retournée chez son père, celui-ci est devenu comme son mari, ayant avec elle un bébé ; et la concubine n'a plus voulu de lui, car elle était jalouse de la relation qu'il avait avec l'enfant de sa fille. Cela a joué comme un rappel de l'interdit de l'inceste. J'en viens à la réponse à votre question : Meryl était en mesure de désirer son enfant, et elle le désirait, à travers l'amour authentique qu'elle avait pour le géniteur. C'était un amour encore œdipien, puisqu'il s'étayait sur le fait que ce jeune Tunisien était le frère de l'amant de la mère. Dans l'amant de sa mère, Meryl voyait enfin un homme convenant à celle-ci et lui permettant, à elle, de vivre avec son frère cadet la fécondité et la féminité qu'elle désirait. Le jeune Tunisien désirait, lui aussi, cet enfant, ne fût-ce que pour faire la nique à son grand frère, qui ne faisait pas d'enfant à sa concubine ; il y avait au moins cette rivalité-là dans son désir d'avoir un enfant. C'est ici qu'est intervenu le côté vénal de la mère de Meryl ; elle voulait que sa fille continue à travailler pour elle, en faisant la putain, pour rapporter de l'argent ; un enfant, bien sûr, ne pouvait que gêner ce projet. C'est parce qu'elle commençait à vieillir que cette femme devenait vénale. On ne voit pas du tout le rôle des garçons dans la vie de cette femme ; c'était sa fille, et non ses fils, qui devait l'entretenir, pour qu'à son tour elle entretienne des hommes.

Pour Meryl, le désir d'avoir un enfant était clair et authentique. Ce dont elle avait besoin, c'était qu'on soutienne son désir de vivre en couple. C'est pourquoi, d'ailleurs, l'enfant n'a souffert aucun dommage. Sa mère et lui sont dans un lien tout à fait solide, car son identité, comme enfant de ce couple, est indélébile ; c'est un enfant de l'amour, et du désir ; il est donc bien parti dans la vie. Il risque peut-être de faire les frais de l'éducation au commerce vénal, plus tard, mais, sur le plan de la libido, c'est-à-dire du désir et de l'amour, il a bien choisi sa mère.

P. : *Peut-on dire que Meryl a eu un enfant pour pouvoir se séparer de sa mère ?*

F. D. : Je ne le crois pas, bien que ce soit en ayant un enfant qu'une femme se sépare de sa mère définitivement, comme un homme se sépare définitivement de son père lorsqu'il devient père à son tour.

P. : *Je crois pourtant que Meryl savait clairement que sa mère n'accepterait pas qu'elle ait un enfant.*

F. D. : C'était sa seule manière de montrer à sa mère qu'elle ne voulait pas être incestueuse et qu'elle en avait assez de jouer le rôle de mère à l'égard de ses frères, bref, qu'elle était femme. D'ailleurs, voit-on beaucoup de femmes ne devenir mères qu'après avoir liquidé tous leurs problèmes ? C'est toujours à travers son premier enfant qu'une femme a accès à sa véritable puissance de femme par rapport à sa mère. Il est très rare qu'elle y vienne par le simple souci narcissique de s'entretenir elle-même. Or, Meryl entretenait plus qu'elle-même : elle entretenait sa mère matériellement, la soutenait moralement, s'occupait du foyer. Elle tenait donc la place de sa grand-mère maternelle et de son grand-père paternel, puisqu'elle payait de sa personne et de son corps pour sa mère. Il ne faut pas oublier que sa mère lui a fait tuer un premier enfant ; c'est très important, car ce premier avortement lui a fait sentir jusqu'où elle pouvait aller dans sa dépendance à sa mère : ce premier enfant, il est certain qu'elle l'a désiré, mais elle n'était pas soutenue par le géniteur ; tandis que celui qui est né avait un père – un homme qui, aux yeux de Meryl, était quelqu'un de bien, puisqu'il était de la lignée de l'amant de sa propre mère. Alors que son géniteur à elle était un homme impuissant, le bébé de la famille en quelque sorte. C'est peut-être, d'ailleurs, la raison pour laquelle, dans cette histoire, on ne voit pas les frères se manifester, car, pour s'en sortir, ils doivent disparaître du tableau.

Meryl a certainement souffert de ce premier avortement qui lui a été imposé parce qu'elle était mineure. Or, imposer un avortement à une femme mineure, sous prétexte qu'elle n'aura pas de quoi élever son enfant et qu'elle est mineure, est un double crime. Maintenant que l'avortement est dépénalisé, on voit couramment ce genre de choses. On se sert de ce changement de perspective sur la fécondité des filles jeunes pour prétendre que « souffler n'est pas jouer » et que l'avortement n'est rien du tout. La « travailler » pour qu'elle fasse adopter son premier enfant aurait été sain ; mais l'obliger à faire adopter le second était très nuisible et aurait tué en elle sa féminité. Il est intéressant de voir que le trouble physique qu'elle a eu s'est porté sur l'image pulmonaire, sur l'image du corps la plus archaïque, puisque respirer signifie passer de la planète maternelle à son propre espace respirable. Or, elle ne pouvait plus s'assumer si elle n'était pas mère. Il ne faut pas oublier que Meryl est la première et l'unique fille, située entre deux garçons et deux autres garçons ; et que la naissance de cette fille a dû être très importante pour la mère qui était si déçue des hommes.

Pourquoi Meryl a-t-elle abandonné son enfant ? Il est clair que ce n'est pas par manque d'amour, mais strictement pour des raisons économiques ; pour éviter aussi le danger d'avoir son propre père à sa charge, et de se retrouver ainsi dans une position incestueuse. Ce que sa mère lui avait fait jouer vis-à-vis de ses frères, la vie le lui a fait rejouer à l'égard de son enfant ; en effet, ce petit devenait dangereux, puisque, à cause de lui, le père de Meryl se trouvait lâché par sa concubine. Car, pour une fille, au moment de la résolution de l'Œdipe, si son père et sa mère ne s'entendent plus, il ne fait pas de doute que la faute lui en revient. La rupture entre son père et la concubine l'a rendue coupable d'être venue chez celui-ci, alors qu'il était normal qu'elle retournât vers le grand-père de son enfant, puisque sa mère ne voulait plus la recevoir. Le grand-père étant un bébé et sa concubine une chipie, Meryl, en quelque sorte, congédie tout le monde à ce moment-là. Seul le couple italien, adoptant l'enfant, représentait pour elle non seulement la possibilité de s'installer quelque part, mais surtout de se libérer de son père et de sa mère.

P. : *Je dois préciser que Meryl n'était pas intéressée par l'argent. C'est sa mère qui l'était ; la preuve en est qu'elle a récupéré une partie des trois mille dollars. Monnayer les visites du couple à l'enfant était encore une façon de jouer les mères maquerelles. Les parents adoptifs qui pouvaient accepter ça étaient des voyeurs d'enfant. Payer pour voir un enfant, quelle saloperie de parents adoptifs !*

F. D. : La meilleure des choses eût été que ces Italiens marrainent cette jeune femme et l'aident, comme si elle avait été leur fille, à élever son petit garçon. Ces gens voulaient rapter un enfant, et non pas aider un être humain à devenir adulte.

P. : *Ces Italiens – des gens de la quarantaine – ne pouvaient pas avoir d'enfant et ils avaient fait une demande aux services sociaux qui, je crois, avait été refusée. Ils voulaient avoir un enfant en très bas âge.*

F. D. : C'étaient donc des pédérastes, et non des gens de niveau relationnel génital, qui veulent avoir un enfant parce que la nature ne leur en donne pas. Ils étaient en âge d'être les parents de Meryl, et non pas d'un bébé ! C'est pourquoi la grand-mère, sentant le vrai désir de ces gens, était prête à l'utiliser pour les faire payer. Quant au docteur X., c'est un médecin vraiment inquiétant.

P. : *Lui aussi a touché une somme.*

F. D. : Je n'ai rien à objecter, pour ma part, à ce que des gens qui aident une jeune femme à avoir un enfant, vivant, soient payés. C'est un tel cadeau ! Et, si le geste est authentique, le payer ne gâche pas les choses. Vous savez qu'on s'est opposé, en France, à ce que des mères enceintes soient entretenues par un couple qui adopterait l'enfant, sous prétexte que ce serait une prime à la grossesse commerciale. Si l'enfant ne veut pas vivre dans une grossesse commerciale, il y aura fausse couche. Si, au contraire, il s'accommode de cette situation, c'est qu'il y a de quoi vivre pour lui dans ce désir-là, dans cet amour de sa mère gestante, quitte à ce qu'il ne supporte pas les conséquences du marché, une fois installé chez le couple adoptant. On oublie trop que l'enfant qui survit est en accord avec les conditions de sa vie. Tout prouve que l'enfant de Meryl, lui, n'avait pas à rester avec les parents adoptifs, puisque sa mère ne reconnaissait pas l'avoir vendu définitivement.

P. : *La cour faisait valoir que l'enfant n'avait connu sa mère qu'une dizaine de jours...*

F. D. : Une dizaine de jours, et neuf mois de grossesse !

P. : ... *Tandis qu'il a vécu un an et demi avec le couple italien. Et on déduisait de ce fait qu'il était attaché davantage à ces gens qu'à sa mère.*

F. D. : Pourquoi ? Ce n'est pas parce qu'un enfant vit avec quelqu'un qu'il y est attaché.

P. : *Habituellement, si.*

F. D. : Mais non, ce n'est pas vrai ! « Habituellement », cela ne veut rien dire. Sinon qu'on s'en tient aux apparences du comportement. Or, un enfant a des attachements internes, grâce auxquels il se reconnaît lui-même comme étant le même, depuis toujours. Les parents adoptifs de celui-ci ont brisé quelque chose en lui. Mais, en retrouvant sa mère, il a reconnu la véhémence un peu foutraque de celle-ci et son odeur comme ce qui était vital pour lui. Comme, de son côté, la grand-mère doit continuer de parler du couple « Macaroni », celui-ci existe pour l'enfant dans les signifiants. Du reste, il est possible qu'il les retrouve un jour, et qu'eux-mêmes attendent leur proie... On ne peut pas savoir, avec cette grand-mère maquerelle. Mais l'enfant n'est pas tombé des nues, il sait tout ça, il aime sa mère, car il sent qu'elle l'aime, à la fois d'amour et de désir ; et qu'il a été le fruit d'un père et d'une mère qui s'aimaient.

Vous me demandez : « Quand un enfant est-il le fruit du désir ? » Lorsque les parents dont il est issu s'aimaient au moment où ils l'ont conçu. Meryl a caché à sa mère qu'elle était enceinte pour pouvoir garder l'enfant ; il est visible qu'elle et le jeune Tunisien s'aimaient. Quelle leçon garder de cette histoire ? Peut-être dire aux filles dans les écoles que, lorsqu'elles deviennent mères, elles peuvent demander à être émancipées à l'égard de leur mère.

X. : *Selon la loi française, ce n'est pas nécessaire puisque, tout en étant mineur par rapport à ses parents, on est immédiatement majeur par rapport à son enfant.*

F. D. : Mais les filles ne le savent pas. Voilà ce qu'aurait dû lui dire le docteur X. J'ai vu des filles saines, mais un peu imprudentes, devenir des délinquantes à vie parce que, enceintes, le médecin chez lequel les avait emmenées la mère les avait suggestionnées pour leur faire admettre qu'elles ne pouvaient qu'avorter. Et quand ce n'est pas la mère, c'est l'assistante sociale qui décourage la jeune fille, en lui faisant du chantage : on ne l'aimera plus si elle n'avorte pas. Et ces pauvres filles sont réduites à rien par ces discours, marquées pour la vie (ainsi que leur meilleure amie, car elles en ont toujours une) par cette conviction que « la société est délinquante ». Donc, en devenant délinquantes à leur tour, elles croient rétablir la justice dans une société injuste.

L'enfant de Meryl a été conçu dans un orgasme, c'est pourquoi il est ressenti valable par sa mère, et qu'il se ressent lui-même comme tel. Au contraire, l'enfant qui naît d'une femme qui subit son homme est l'enfant d'une prostitution légale payante ; il a le désir de naître, et, comme le père le désire, cela fait déjà deux désirs ; mais celui de la mère n'y est pas, même si elle se met à l'aimer après. Car la mère peut se sentir frustrée de porter quelque chose qui ne l'a pas encore rendue femme.

Être fruit du désir suscite chez un enfant son propre désir de naître de deux compagnons dont l'union a eu le sens d'une rénovation de l'un par l'autre : une puissance, inconnue d'eux, invite un hôte à venir s'incarner ; c'est cela, l'enfant du désir. Quant à l'enfant de l'amour, illégitime, c'est celui pour lequel on se sent capable de faire le minimum que doivent faire des parents pour un enfant. Voilà pourquoi des parents se mettent à voler : pour subvenir aux besoins de l'enfant, mais sans pouvoir soutenir la loi de vie des hommes qui leur apparaît comme un mensonge.

Par ailleurs, le prénom de ce garçon est-il français ou a-t-il une résonance maghrébine ?

P. : *Elle l'avait appelé Jean-Paul. Mais – et je ne sais pas pourquoi – il porte le prénom que lui a donné la famille italienne ; elle le lui a laissé.*

F. D. : Vous voyez, ça prouve qu'elle aime son enfant. En revanche, que les parents adoptifs lui aient retiré le prénom que sa mère lui avait donné est bien la preuve qu'ils ne l'aimaient pas.

Le travail du psychanalyste, ici, eût été de rendre possible une rencontre entre les parents adoptifs, la jeune mère et le bébé.

P. : *Quand il a été question qu'elle reprenne l'enfant, Meryl avait pensé vivre chez le couple italien et même apprendre un peu leur langue.*

F. D. : Quelque chose de méditerranéen l'attirait sans doute chez eux, comme chez le père de son enfant qui est tunisien.

P. : *Meryl a les cheveux noirs, le père de l'enfant aussi probablement ; l'enfant a effectivement le type méditerranéen.*

F. D. : Le projet de Meryl était tout à fait cohérent. Pourquoi ces gens n'auraient-ils pas pu l'aimer ? On a le sentiment que la grand-mère de Meryl a très bien élevé ses filles jusqu'à leur sexuation, c'est-à-dire jusqu'à trois ans ; peut-être jusqu'à six, sept ans ; mais il semble qu'elles n'aient pas eu de couple parental sur lequel s'appuyer pour résoudre leur Œdipe ; selon moi, c'est la raison pour laquelle la mère de Meryl a accepté d'avoir un homme infantile et fragile. Ces deux femmes, la mère et la tante, ont dû perdre leur père jeunes, leur mère n'a sans doute pas pu bien s'occuper d'elles ensuite.

X. : *Dans quel cas le désir d'avoir un enfant est-il pathologique chez une femme, même si elle a préparé la layette?*

F. D. : Dans le cas où elle n'a encore jamais connu l'orgasme avec un homme ; lorsqu'elle n'est donc pas adulte. Une fille de cinq ou huit ans, mais aussi bien une femme qui est restée à cet âge-là, peut désirer avoir des enfants comme s'il s'agissait de poupées, et leur préparer une maison et des affaires de poupées. Ce sont les enfants de son narcissisme, nés d'un être imaginaire, produits d'une fécondation artificielle, ou d'un homme-maman, ou d'un trésorier-payeur. En revanche, quand une femme se comporte véritablement en femme avec un homme de son âge en concevant un enfant, celui-ci est *a priori* dans les conditions d'un être sain, partant avec sa pleine puissance de libido, et sans avoir rien pris à la mère ni au père. Il n'a pris que le surplus de leur amour, c'est-à-dire la perte de la conscience dans la jouissance, moment où les pulsions de mort se désintriquent des pulsions de vie. Mais si la mère n'éprouve rien avec son homme, l'enfant fille sera objet de la jouissance du père, et ce non pas seulement lors de la conception, mais dans les coïts qui auront lieu durant la grossesse. Et sans doute est-ce là une des raisons pour lesquelles les hommes sont polygames : parce qu'ils peuvent faire l'amour à deux femmes à la fois, en une même personne, lorsqu'ils le font à leur femme, enceinte d'une fille. Il est très important de comprendre les différences profondes qui existent entre la génitalité d'un homme et celle d'une femme. Et de savoir – comme on le voit dans les analyses – combien une fille peut se sentir, toute sa vie, barrée par la culpabilité d'être la femme de son père, à la place de sa mère. Qu'il soit vrai ou faux qu'une petite fille éprouve *in utero* la jouissance de l'orgasme entre son père et sa mère n'empêche pas que, dans un souvenir-écran, c'est ce dont elle a gardé la trace, comme celle qui dit : « Avant même de respirer de l'air, j'étais déjà la femme de papa. » D'où la culpabilité la plus profonde chez une fille, comme si Dieu lui-même lui interdisait de se marier. J'ai eu l'occasion de rencontrer une religieuse qui avait dû sortir du couvent pour névrose obsessionnelle grave. Pour prononcer ses vœux perpétuels, il lui fallait choisir une carte et un verset de la Bible. Elle pouvait choisir même jusqu'à deux versets, mais elle en voulait trois. Trois désirs d'entrer en religion, c'était interdit par la Règle. Or, elle n'avait pas pu trouver un verset qui représente à lui seul trois désirs. Elle en était donc devenue dingue ; elle se minait, ne dormait plus, alors que tout s'était bien passé pour elle jusqu'alors, dans cet ordre contemplatif où l'on travaillait la terre.

Juste avant d'être réglée, elle avait perdu sa mère, qui était morte d'un cancer du sein. Elle avait élevé son dernier frère âgé de deux ans, en faisant des études par correspondance. Elle vivait avec son père, ce petit et un autre frère. Quand le petit a eu dix ans, elle a pensé qu'il fallait qu'elle fasse quelque chose de sa vie. A ce moment, sa meilleure amie meurt, événement qui répétait pour elle la mort de sa mère. Un curé met le grappin sur elle, en lui disant que sa meilleure amie était une grande âme, etc. Ne connaissant plus de femme à qui parler, elle s'est laissé prendre par les religieuses chez lesquelles ce curé à la fausse mystique l'avait envoyée. Le psychiatre qui l'a vue au moment de cette crise, dont le symptôme s'était cristallisé sur le choix des versets, a demandé qu'on l'envoie dans un autre couvent, qui n'était pas régulier ; elle y a rencontré des religieuses qui faisaient des études pour devenir infirmière, professeur. Elle a ainsi retrouvé la force de reprendre ses études qu'elle avait dû arrêter, puis elle a entrepris une analyse dans laquelle elle a découvert le drame qui avait été celui de ses parents : sa mère ne désirait pas son père, elle l'avait épousé par solitude, sans jamais se trouver auprès de lui. Elle-même, dès ses six ans, s'était mise à redouter son père – qui n'était pas particulièrement effrayant –, et ce, d'autant plus qu'elle était très attirée vers lui.

X. : *Que pensez-vous de la distinction que fait Anna Freud entre parent psychologique et parent biologique, à propos des mères qui abandonnent leur enfant pour le reprendre ensuite ?*

F. D. : Vous avez bien vu d'après le cas de Meryl que c'est faux : ce n'est pas parce qu'elle avait donné son enfant en adoption qu'elle ne l'aimait pas, au contraire. C'est ce que, du reste, je regrette chez Anna Freud, que j'ai connue : elle ne s'occupait pas du vécu de la libido du sujet, mais seulement du vécu apparent. Je ne sais pas si vous avez vu ce film sur des enfants juifs, placés un peu partout, parce qu'on n'avait pas retrouvé leurs parents, et que, pour consoler, on gavait, à les rendre obèses. Alors qu'ils avaient entre cinq et dix ans, on voulait à tout prix les replonger dans une relation biologique de petit enfant à la mère, sans leur parler de la mort de celle-ci. C'est peut-être après avoir vu ce film qu'Anna Freud a pensé qu'il ne fallait pas rabattre les enfants sur la relation à leurs parents biologiques, parce que sinon on en faisait des infirmes.

X. : *Est-ce que la simple verbalisation par la mère biologique de son désir de reprendre son enfant peut nous suffire, à nous, experts ?*

F. D. : Non, bien sûr. Mais, si vous les recevez ensemble, l'enfant vous signifiera son désir. En une heure de temps ; dans le cabinet du psychanalyste, la vérité devient criante entre l'enfant et ses parents. En voyant comment l'enfant regarde celui qui lui parle, on reconnaît le niveau affectif où il se trouve, ou son niveau œdipien. Tandis que vouloir, comme ces Italiens, adopter l'enfant de Meryl au lieu d'adopter la mère équivaut à couper un arbre et se réjouir de le rapporter chez soi sans ses racines.

***

P. : *Je vais exposer un cas qui, au Tribunal de la jeunesse, a soulevé beaucoup de questions et de prises de position contradictoires. Il s'agit d'un garçon, Robert, qui aura bientôt quinze ans. L'histoire commence en 1983, au moment où la Direction de la protection de la jeunesse, la DPJ, reçoit une information selon laquelle le conjoint de Mme K., prénommé Roger, aurait un commerce sexuel, depuis des années, avec le fils de cette dernière, le jeune Robert. Roger aurait donné de l'argent à l'enfant pour qu'il garde le silence. La mère ignorerait tout de cette situation. La dénonciation en a été officiellement formulée par Nelly, dix-sept ans, fille aînée de Mme K. Nelly s'est présentée à la DPJ, affolée à l'idée de retourner chez elle, demandant à être placée hors de son foyer ; Robert lui aurait, la veille, confirmé les soupçons qu'elle avait concernant des relations sexuelles entre son beau-père et lui. Depuis une année, en effet, Nelly avait acquis la certitude que Roger réveillait Robert vers minuit, lui faisait consommer de l'al-*

cool, pour se livrer ensuite sur lui à des activités sexuelles. Les révélations de Nelly à une travailleuse sociale obligeaient celle-ci, selon la loi 24, à dénoncer cette situation à la DPJ, qui ouvrit une enquête. Les parents ne se présentèrent pas à la première convocation, mais ils vinrent à la seconde, accompagnés de Robert. Nelly était également présente. Confrontés aux allégations de celle-ci, les parents et Robert nièrent tout de ces prétendus abus sexuels. L'adolescent exprima, devant ses parents, une très grande colère contre sa sœur. Ceux-ci expliquèrent que Nelly leur avait toujours créé des problèmes à la maison, qu'elle fabulait à tour de bras. N'avait-elle pas, la semaine précédente, commis un vol de bijoux chez des particuliers ? Ainsi, les parents font un portrait très négatif de Nelly, par opposition à Robert, lequel les aiderait beaucoup à la maison. Refusant de reprendre Nelly chez eux, ils demandent que son placement se poursuive jusqu'à la fin de l'année scolaire.

Quand, deux mois plus tard, je rencontre la mère, elle me précise qu'elle veut donner sa fille en adoption à son ex-belle-famille, aux grands-parents paternels de Nelly, tant elle leur cause de tracas par les accusations qu'elle lance contre Roger, son second mari.

Au cours de la première entrevue, les trois frères de Roger ayant été souvent mentionnés, il est décidé de les convoquer à la seconde entrevue.

Pour plus de clarté, voici comment se compose la constellation familiale : Mme K. est âgée de trente-cinq ans. Elle s'est mariée vers dix-huit ans avec M. K., dont elle a eu deux enfants, Nelly et Robert. Après six ans de mariage, M. K. meurt d'un cancer. Robert est alors âgé de quatre ans. L'année suivante, Mme K. se remarie avec Roger, un cousin germain, de sept ans plus jeune qu'elle (leurs mères sont sœurs). Ce couple a un enfant deux ans plus tard, Sophie, âgée aujourd'hui de sept ans. Nous n'avons aucun renseignement sur les parents de M. K., sinon qu'ils aiment beaucoup Nelly et Robert et qu'ils ont gardé des contacts avec eux. Mme K. (que nous continuerons de désigner par l'initiale du nom de son premier mari) travaille depuis plusieurs années dans les assurances. D'apparence masculine, elle s'est présentée à l'entrevue très sûre d'elle, prétendant ne rien comprendre aux accusations, en rejetant la responsabilité sur Nelly, qu'elle répudie avec une rage et un mépris saisissants. Roger, son conjoint, est âgé de vingt-neuf ans (il avait vingt ans lorsqu'il a épousé sa cousine, alors âgée de vingt-sept ans). Il est le deuxième d'une famille de cinq garçons ; le rôle de ses frères est perçu comme important au procès. Les trois derniers garçons viendront notamment demander protection à la Cour, pour éviter les poursuites à la cour criminelle. La fratrie est composée ainsi : R., trente ans, Roger, vingt-neuf, Y., vingt-six, Rémi, vingt-quatre, S., vingt et un. Celui de trente ans est resté en dehors de l'affaire, ayant fait la preuve qu'il avait coupé complètement avec ses frères.

Selon les plus jeunes frères, les deux aînés, R. et Roger, auraient subi les agressions sexuelles de leur père, et ce, dès cinq ou six ans. Roger aurait à son tour abusé sexuellement de ses frères, très tôt, forçant son cadet, Rémi, dès l'âge de huit ans, à avoir des contacts sexuels avec lui. Ce dernier, redoutant la violence de l'aîné, n'osait pas lui refuser. Rémi aurait donc eu des relations sexuelles avec Roger, jusqu'au mariage de celui-ci. S., le dernier, aurait eu lui aussi des contacts sexuels avec Roger, dès l'âge de sept ans, et la dernière fois à une date encore toute récente. Roger nie fermement, quant à lui, avoir eu la moindre relation sexuelle avec ses frères, depuis son mariage, il y a neuf ans. Il affirme que sa vie sexuelle avec sa femme le satisfait, et que la vie privée de ses frères, ainsi que leur orientation sexuelle, ne l'intéresse pas. Il est à noter que, depuis deux ans, deux des frères qui ont témoigné à la Cour sont venus habiter l'étage inférieur de Mme K. et de son mari, sur leur invitation. Les trois frères ont avoué que, depuis les dix dernières années, ils avaient eu des contacts sexuels tant avec Roger qu'avec Robert, et même avec Nelly ; plus récemment encore, avec Sophie, âgée alors de six ans. Ils se décrivent comme ayant des difficultés sur le plan sexuel ; et ce serait dans l'espoir d'aider Robert qu'ils seraient venus se livrer au tribunal. S'ils ont demandé la protection de la Cour, c'est qu'ils étaient passibles d'emprisonnement. Ils pensent tous trois que leur frère Roger est malade, qu'il peut être violent.

Robert, lui, aurait commencé à l'âge de six ans à avoir des relations sexuelles tant avec ses oncles qu'avec son beau-père, ce que l'adolescent nie en grande partie. Il admet qu'un de ses oncles a déjà tenté de le violer ; sa mère l'aurait su, affirme-t-il, mais n'aurait rien dit. Il déclare, par ailleurs, que son beau-père, Roger, n'est pas comme ses oncles. Il dit cependant : « Roger aurait peut-être voulu, mais moi non. » Il ajoute : « Un père comme lui, on ne peut pas s'en passer ! » Roger parle dans les mêmes termes de son fils adoptif : « C'est le meilleur enfant du monde, serviable, gentil, poli. Il n'est pas comme Nelly, lui. »

Robert affiche la même attitude de rejet pour Nelly que sa mère. Mme K. affirme ne s'être jamais inquiétée de savoir si son mari avait des relations homosexuelles avec Robert, ou seulement même s'il était homosexuel. Elle déclare avoir des relations sexuelles satisfaisantes avec lui. En revanche, elle soupçonne ses beaux-frères d'avoir eu des contacts sexuels avec son fils, depuis qu'elle a surpris l'un d'eux, il y a quatre ou cinq ans, se rajustant près du lit de Robert. Elle rapporte également que Sophie lui aurait révélé qu'un autre oncle l'aurait déculottée et se serait lui-même déshabillé devant elle. Ces faits ne semblent pas troubler Mme K. outre mesure.

En somme, Robert, Nelly et Sophie auraient eu de fréquents contacts sexuels avec leurs oncles, tandis que, selon ces derniers, Roger et Robert n'en avaient pas moins souvent ensemble ; ce que l'un et l'autre ont nié avec véhémence.

Devant les divergences des dépositions, le travailleur social a jugé bon de saisir le tribunal de la jeunesse de ce dossier, en demandant le retrait de Robert, pour une période d'un an, de son milieu familial, avec interdiction de tout contact entre l'adolescent et ses oncles, et autorisation de contacts, sous contrôle, entre lui et son beau-père. Il a demandé, en outre, que Roger reçoive une aide spécialisée.

Les avocats de la défense, ceux des parents et celui de l'adolescent se sont alors entendus devant la gravité des accusations pour demander une évaluation psychologique de l'adolescent...

F. D. : Il était temps !

P. : *J'ai rencontré Robert à deux reprises, pendant deux heures environ chaque fois. Après un entretien clinique, je lui ai fait passer les tests projectifs, le Rorschach, le TAT, et je lui ai demandé de dessiner. Tout au long de l'entrevue, Robert était plutôt calme, quoique assez distant émotivement. Il se contentait de répondre à mes questions, et je le sentais sur la défensive, comme si le contenu du rapport à la justice était dirigé contre lui. Il défendait avec acharnement son beau-père, expliquant que c'était à ses oncles que l'on aurait pu reprocher certaines avances sexuelles dont il avait été l'objet. Alors qu'il se décrit comme très à l'aise chez lui, s'entendant bien avec ses deux parents, il devient plus agressif lorsqu'il en vient à parler des avances de ses oncles, minimisant fortement, par ailleurs, leurs abus sexuels à son endroit. La version qu'il donne de ces relations est très différente de celle des oncles en question, comme s'il voulait se protéger d'éventuelles sanctions.*

Aux tests projectifs, j'ai constaté avec stupéfaction que la vie fantasmatique de cet adolescent s'inscrivait en opposition complète avec son comportement conscient lors de l'entretien. Si l'on analyse le discours inconscient et pré-conscient de Robert à travers ses contenus projectifs, nous découvrons un adolescent terrorisé et obsédé par une culpabilité dévorante. De plus, l'intensité de ses pulsions agressives ne se trouve limitée que par la mort ou par une condamnation émanant des personnages qu'il évoque lui-même. Tout en gardant un bon contact avec la réalité, Robert apparaît, au Rorschach, à la merci de ses pulsions agressives : les termes de « police », de « délation », de « meurtre » et de « condamnation » reviennent constamment dans le TAT. Les relations interpersonnelles ne sont vues que comme source de conflits, lesquels ne trouvent généralement de solution que par la mort ou par l'arrestation de l'un des protagonistes. Je peux vous lire quelques-unes des histoires que Robert a fournies au TAT. A la planche « dépression », représentant un garçon couché près de son lit avec un fusil, Robert déclare : « C'est un garçon qui a commis un crime et qui, au lieu de se sauver, reste sur place, parce que ça lui fait de la peine. Il veut changer de vie, il se fait arrêter ; mais il n'aura pas une lourde condamnation, et il ne commettra pas d'autre crime. » A la planche représentant une opération qui se passe dans le dos d'un garçon, il associe : « C'est un gars qui veut avoir de l'argent, qui tue des gens et qui veut devenir riche. Il veut finalement cesser de commettre des crimes, et il s'en va. Il tue pour avoir de l'argent et pour faire du mal. Il veut de l'argent pour être important et pour montrer qu'il a de la valeur. » A la planche de la relation mère-fils, où l'on voit un garçon debout avec sa mère, près de la fenêtre : « C'est un genre d'inspecteur, ou de policier, qui vient chez une dame lui apprendre une mauvaise nouvelle, la mort de son fils ou de son mari. Le garçon aurait commis un vol à main armée ; la police aurait tiré dessus, et il serait mort. » La planche 7BM [1] *: ce serait « un garçon qui se rendrait à la cour parce qu'il se sentirait coupable de mauvais coups, de vols et de meurtres qu'il aurait commis. Il irait en prison, et son avocat s'excuse de ne pas avoir pu l'aider. Soit le gars change complètement de vie, soit il recommence. » A la planche 9BM, représentant beaucoup d'hommes couchés dans une atmosphère d'homosexualité latente, lors d'une sieste : « C'est un gars qui s'est fait prendre par la police ; ou deux qui se sont tirés dessus. Il y a quelques morts. Il y a eu des jugements et des condamnations. » La planche du garçon grimpant à une corde : « C'est un gars qui veut commettre un vol chez quelqu'un qui habite au deuxième, ou au troisième. Il grimpe à la corde et fait son vol. La police fait une enquête et le recherche. Dans ce cas précis, on ne le retrouvera pas, car le gars est un spécialiste. Peut-être va-t-il essayer de vendre ce qu'il a volé. »*

1. BM : *boy-man :* pour garçon ou pour homme. Les planches pour fille ou femme sont notées GW en anglais : *girl-woman.*

F. D. : Cette planche est très intéressante, car elle superpose la relation au monde extérieur au lien ombilical. Robert a volé la place de sa sœur, et n'a pas été arrêté pour autant. C'est la culpabilité envers sa sœur qui se marque là. La corde ne se termine pas en bas de la figure, elle n'apparaît qu'en haut. C'est la planche de la naissance ; et Robert, lui, grimpe à son cordon ombilical, en ayant volé tout ce qu'il lui fallait dans la vie fœtale. Or, ce qu'il a volé, il le place dans une vie intérieure et non dans une vie sociale, où il situe, au contraire, le meurtre dont il va être puni.

P. : *A ce moment-là, d'ailleurs, il n'était pas triste.*

F. D. : Heureusement ! Puisque c'est de sa vie même qu'il s'agit. Il a volé de quoi vivre. J'aime beaucoup le TAT, car les psychanalystes peuvent le lire à deux niveaux différents. La planche 2, notamment, est révélatrice des enfants qui n'ont pas l'esprit de synthèse, car ils ne voient pas qu'elle représente la fécondité de la terre, du travail et de l'amour ! La mère qui est enceinte fait une sorte de layette avec ses mains. Et puis il y a le soleil et l'homme trimant derrière le cheval, enfin, la fille avec des livres. Les pulsions passives sont représentées par la fille au moment de l'étude, pendant la phase de latence encore non érotisée. C'est donc la fécondité potentielle de tous les niveaux de la libido. Or, certains enfants ne le voient pas. Qu'avait-il associé, Robert, autour du violon ? Les enfants y voient souvent une image de vitesse, prenant ce qui est figuré au premier plan pour des rails ; ou bien, s'ils le reconnaissent comme tel, ils imaginent que quelqu'un s'en emparant va ravir tout le monde par son jeu.

P. : *Pour Robert, c'est une image de capitulation. « C'est quelqu'un qui voudrait apprendre le violon ; mais il y a de la misère ; il trouve ça trop compliqué, il décide de ne pas l'apprendre. »*

F. D. : La signification du « violon » dépend également pour l'enfant du contexte social. Peut-être Robert aime-t-il la musique, alors que l'on ne va pas au concert, dans cette famille-là ?

P. : *Pourtant il joue du clairon.*

F. D. : Oui, mais c'est gratuit ; on apprend à jouer du clairon dans une clique de village. Avoir un violon et prendre des leçons, c'est différent.

P. : *Sur la planche sexuelle, il associe : « C'est un gars qui arrive chez lui et qui trouve sa femme morte. Il a de la peine et il braille. Ou bien c'est lui qui l'a tuée, peut-être parce qu'elle aurait couché avec un autre homme ; ou bien il ferait partie d'une bande ; sa femme, au courant de trop d'affaires, voudrait le dénoncer. La bande a commis des meurtres et des vols, et va se faire arrêter sur des indices. L'homme va être condamné. » Planche 14 (la pièce vide ; de la lumière à l'extérieur ; un homme à la fenêtre) : « C'est un gars qui est en train de commettre un vol, ou qui veut se suicider parce qu'il est tanné par tout ce qui se passe, la vie, l'argent, le chômage... Il va mourir, ou il va être transporté à l'hôpital. »*

F. D. : Et à la carte blanche, que dit-il ?

P. : *Il raconte son histoire : « Il y a des troubles dans la famille à cause de quelqu'un. Il ne sait pas quoi faire. Des personnes disent des mensonges par jalousie d'être repoussées de la famille. D'autres sont plus gâtées* [*il s'agit de l'attitude de sa sœur par rapport à lui*]. *Ils se sont trompés, c'est de la jalousie, ça n'a pas donné grand-chose ; et ça lui retombe sur le dos. »*

Au Rorschach, l'agressivité est omniprésente. Il voit toujours deux personnes sur les côtés : « Ça a l'air d'être la police, on dirait qu'ils emmènent quelqu'un. Il y a comme un bras qui saisit la personne – c'est peut-être une femme – ayant commis une violence et peut-être un vol » (c'est sans doute encore une fois une référence à sa sœur). Planche 2 : « Ce sont deux personnes qui se disputent, qui se battent. Il y a du sang ; elles ne s'aiment pas. Elles vont se faire arrêter, ou on va les séparer. » Planche 3 : « Deux personnes qui tirent chacune de leur côté et qui ne veulent pas lâcher prise. Ce sont des femmes, d'après leur buste. L'une va céder, peut-être, l'autre va l'avoir. » Planche 4, celle de la sexualité : « C'est un monstre en train de détruire un arbre ; il se défoule sur quelque chose. » Il voit « une sorte d'animal auquel on a enlevé les dents et les os, qui serait couché sur une sorte de peau ». Planche 7 : « Deux personnes qui s'aiment et qui pourtant se séparent. Elles semblent vouloir s'embrasser, mais leurs bras vont en sens inverse. Elles se mettent à marcher, chacune de son côté, et ne pourront pas s'embrasser. » La dernière planche : « Des insectes se disputant entre eux, des mille-pattes, des araignées, qui cherchent leur nourriture et qui vont tout séparer en deux. »

L'image paternelle (d'après la planche 4) est perçue inconsciemment par Robert comme très menaçante. Il n'est certainement pas malvenu d'interpréter cette relation comme très dangereuse, notamment sur le plan sexuel.

F. D. : A quatre ans, il a certainement tué son père. C'est normal ! Mais il a fantasmé, par ailleurs, qu'il avait tué le père de sa sœur, laquelle était à cette époque dans l'amour du père, tandis que Robert était en rivalité avec lui. Car, pour un enfant de cet âge, le fantasme d'avoir tué son père n'implique nullement celui d'avoir tué le père de sa sœur. Cette logique est contraire à celle des adultes, mais c'est celle des enfants. C'est à ce moment-là que chacun est allé de son côté. Il ne s'agit pas ici de l'histoire actuelle de Robert et de sa sœur, mais de ce qui s'est passé au moment de la grande maladie du père.

Le Rorschach, dans ses formes imprécises, soutient des entités ; c'est en quoi le Rorschach est très dangereux, alors que le TAT ne l'est jamais. J'ai entendu un jeune agrégatif de philosophie délirer, pendant trois mois, sur le divan, après avoir passé le Rorschach – c'était la mode à cette époque pour ces étudiants en philo de s'essayer aux tests, pour savoir ce qu'était la psychologie. Ce garçon, très sensible, est devenu par la suite un écrivain de grande valeur. C'était terrible de voir combien ce test l'avait chaviré. Je dois préciser que la mère de ce jeune homme avait une infirmité de naissance : un bras arrêté au coude. Elle portait donc une prothèse, dont il avait découvert l'existence vers sept ans. (Cette femme avait dépassé son infirmité, en devenant un sculpteur remarquable.) C'est probablement la raison pour laquelle ce test a plongé ce garçon si fortement dans l'archaïque. Il a mis trois mois à s'en remettre ; le psychiatre qui me l'avait envoyé pensait qu'il entrait dans une démence précoce tardive – il avait vingt-deux ans. Le Rorschach est d'autant plus dangereux qu'il est fondé sur une symétrie absolue, laquelle n'est pas de l'ordre de l'humain, dans lequel seuls les membres sont symétriques. C'est en associant à propos des membres que l'infirmité de sa mère lui était apparue. Quand sa mère l'avait accompagné avec son mari la première fois, je ne m'étais pas doutée moi-même de son infirmité. La symétrie du Rorschach fait donc réémerger des fantasmes archaïques prégénitaux. Dans le cas de Robert, ce sont des fantasmes de sa petite enfance avec sa sœur. Quant au test de Szondi, il est probablement intéressant quant à la morpho-génétique, à l'influence des lignées. Scott, en Belgique, s'en sert avec un talent de psychanalyste ; mais je pense, pour ma part, que ce test est à fuir. On ne voudrait jamais avoir à rencontrer aucune des personnes que fait apparaître ce test.

Avez-vous eu un moment, ensuite, pour parler avec Robert de ces tests et lui demander ce qu'il pensait de ses réponses ?

P. : *Après les tests, je suis restée stupéfaite de m'entendre dire moi-même à la Cour qu'il y avait deux messages complètement différents dans ce qu'exprimait Robert : celui par lequel il se protège en disant : « Il n'y a rien, je suis bien dans ma peau, tout va bien. Je vais d'autant mieux que ma sœur est partie et nous a débarrassé le plancher », et celui qu'il laisse passer dans les tests. J'ai essayé de travailler avec lui ce malaise, pendant des entrevues où il n'enlevait pas son manteau malgré la chaleur du bureau ; restant assis sur le bord de la chaise et ne voulant jamais commenter quoi que ce soit. Après avoir passé les tests, il a dit à ses parents : « Ça a duré quatre heures ! C'était très long* [*alors que les tests n'ont pris que deux heures*], *elle m'a fait dire des niaiseries tout le long, elle m'a fait dessiner. A quoi ça sert ? » Il est devenu très défensif.*

F. D. : Mais qu'est-ce qui ne va pas chez ce garçon, selon vous ? Avez-vous vu des tests d'adolescents normaux ? Ils ont les mêmes fantasmes de violence que Robert ; c'est pourquoi ils adorent les films d'horreur et de crimes.

P. : *Mais il y a, chez lui, une telle culpabilité...*

F. D. : A cause de la mort de son père, quand il avait quatre ans. D'ailleurs, il a estimé à quatre heures la durée des tests, soit le double du temps réel ; parce que, pour lui, il y a un double père. L'âge affectif de cet adolescent est inférieur de deux ou trois ans à son âge réel, et c'est normal, étant donné la mort du père. Cependant, dans la ligné paternelle, on l'aime, on s'occupe de lui.

P. : *De façon sporadique, tout de même.*

F. D. : Ce qui est important, c'est qu'il a deux pères : celui qui est mort, quand il avait quatre ans ; c'est de la mort de ce père-là qu'il se sent coupable, alors que, en plein Œdipe, il voulait l'évincer ; et l'autre, qui est un père actuel. Je suis étonnée, en outre, que personne, dans ce dossier, n'ait posé la question : de quelles relations sexuelles s'agit-il entre cet adolescent et son beau-père ? S'agit-il de touche-pipi, d'attouchements de bébés ? Est-ce une sexualité d'enfants ? Ou sinon, alors, qui pénètre qui ? Qui connaît l'orgasme ? Celui qui pénètre ou celui qui est pénétré – et qui reçoit de l'argent pour subir ça ? Être pénétré, ce n'est pas être homosexuel ; c'est l'autre qui l'est. Si vous connaissiez le nombre de jeunes, nullement homosexuels, qui se laissent pénétrer par des adultes pour de l'argent, pour payer leurs études ! C'est une prostitution de son corps pour se promotionner. Mais ceux qui ont eu un père, étant jeunes, ont eu une relation structurante avec lui : ils ne deviennent pas de véritables homosexuels, et ne se laissent jamais pénétrer par un amant qui les entretient. Il existe, il est vrai, certains pères qui se révèlent, à la puberté de leurs enfants, voyeuristes ou jaloux des succès sexuels de ceux-ci. « Amène-moi ta petite amie, je vous regarderai derrière la porte. » Ce sont des pères qui n'ont pas dépassé les jeux sexuels de l'enfance et qui se mettent à régresser juste après l'Œdipe de leurs enfants. Ceux-ci ne deviennent pas nécessairement pervers, mais ils seront, de toute façon, assez profondément troublés. Ils auront des possibilités de sublimation, mais pas d'accès à la génitalité.

Lorsque Robert parle d'argent, il en est à l'époque de ses quatre ans, comme lorsqu'il était à l'âge d'avoir une puissance anale. Sublimer la pulsion anale, c'est gagner de l'argent. Tandis que lui s'est arrêté au fantasme d'avoir tué, donc à la peur d'être pris par la police et d'être privé de puissance. C'est pourquoi il a régressé vers la mort de son père pour se regreffer, en homosexualité saine de garçon, sur son beau-père – homosexualité passive et saine à l'égard d'un homme qui, en effet, peut le pervertir. Mais s'il n'y a pas eu souffrance physique, c'est-à-dire pénétration douloureuse...

P. : *Les oncles ont confirmé qu'ils avaient subi une pénétration de la part de Roger.*

F. D. : Les oncles, c'est autre chose.

P. : *Le père nie tout, Robert aussi ; alors on n'arrive plus à savoir.*

F. D. : Qu'il y ait eu pénétration m'étonne beaucoup ; car, dans ce cas, l'enfant montrerait des signes de souffrance. Or, il n'en montre pas. Je pense qu'il y a eu, entre le beau-père et l'enfant, des jeux masturbatoires. Il est probable qu'il y a quelque chose de pathologique chez cet homme ; mais je ne comprends pas pourquoi, si on avait mis Robert en pension, il lui aurait été interdit d'écrire à sa mère ou de voir les siens.

C'est, au contraire, dans ces conditions-là qu'on pouvait l'aider à se séparer de son milieu, tout en se valorisant aux yeux de ses parents. C'est le comportement de Nelly qui peut inquiéter, mais pas celui de Robert. Je crois que l'ambiguïté de Nelly provient de l'homosexualité latente de la mère, qui n'a pas pu supporter sa fille au moment où celle-ci était dans l'Œdipe, à la mort de son mari. Vous n'avez pas vu de photos de la famille antérieures à la mort du père ?

P. : *Non.*

F. D. : Je gagerais que la mère devait avoir alors des cheveux vaporeux, qu'elle voulait être séduisante. Je crois que la difficulté pour Nelly est d'avoir eu une mère qui ne lui permettait pas de devenir séduisante pour son beau-père. Ainsi Nelly était jalouse que le petit, Robert, s'entende avec son beau-père dans une homosexualité latente régressive, tandis qu'elle-même, qui était en hétérosexualité, a échoué vis-à-vis de ce beau-père. En effet, il aime les femmes coiffées comme des hommes, les femmes ambiguës. Il fait venir ses frères dans l'appartement voisin, pour montrer, comme un macho, qu'il est l'aîné ; et s'il s'entend bien avec sa femme, c'est parce qu'ils s'entendent tous deux dans leur homosexualité latente. Pourquoi, en effet, étant donné tous ces drames, ne pas séparer le jeune garçon de son entourage, en lui expliquant que tout le monde se calmera s'il va en pension, mais en l'assurant qu'il pourra voir sa mère tous les huit jours, ou lui écrire, et que son père pourra venir également le voir ?

L'obstacle majeur reste cette loi qui, chez vous, oblige le thérapeute à avertir la justice des projets dangereux d'un patient (à distinguer des fantasmes qui, eux, sont sans danger). Je vous le répète, les tests de ce garçon ne révèlent rien d'inquiétant. Seule la pression policière autour de lui peut le faire croire. La carte blanche du test vous a bien montré tout ce qu'il était en train de vivre en adhérant à son présent, puisqu'il n'a pas fourni là des fantasmes archaïques, mais une élaboration sur des faits réels. Car il ne s'agit pas de névrose quand un pot de fleurs vous tombe sur la tête ou quand le père meurt. Or, c'est bien la mort du père qui lui est tombée sur la tête, au moment où il vivait ses fantasmes œdipiens de rivalité avec celui-ci, tout en désirant rester avec sa mère et sa sœur, à laquelle il est encore aujourd'hui très lié (il le dit par l'expression : « chacun va de son côté »). La mort du père, le laissant seul garçon au foyer, rendait impossible pour lui la sublimation de son homosexualité, dans l'intelligence, le cœur et l'amitié virile. Or, cet enfant avait besoin de fantasmer la poursuite du désir du père.

Le problème de Nelly est grave, car il met en cause la possibilité pour elle d'avoir une descendance. Elle crève de jalousie que son beau-père ne couche pas avec elle. Elle en est revenue à l'âge de sept ans. C'est elle qui aurait besoin d'une relation analytique. Que le père couche avec une femme d'apparence garçonne, stricte dans ses vêtements et sa coiffure, n'implique nullement qu'il couche avec des garçons ; l'être d'une femme ne se réduit pas au paraître. Nelly a développé un fantasme. Quant à la promiscuité de touche-pipi, ce sont des histoires de maternelle.

P. : *Ça va beaucoup plus loin. Comme je l'ai dit, il y a eu, selon les oncles, pénétration.*

F. D. : En tout cas, Robert ne les aime pas.

P. : *Il s'en moque.*

F. D. : Il fait ça pour avoir la paix à la maison, comme les garçons qui se font entretenir pour faire leurs études, mais il n'en est pas perverti pour autant ; et il est dans une situation moins difficile que lorsque son père est mort.

P. : *Ça ne veut pas dire qu'il faut éloigner cet enfant-là de sa famille.*

F. D. : Ça lui ferait du bien ! s'il ne se sent pas éloigné de cœur. De toute façon, il ne faut pas blâmer les parents.

P. : *On l'a éloigné de chez lui dix jours, il est devenu fou. « Je butais dans les portes », disait-il. Son agressivité ressortait, car il avait été placé chez un frère de sa mère. Il était dans un état si pitoyable que la travailleuse sociale a décrété qu'il devait rentrer chez lui.*

F. D. : Tout cela à cause de sa sœur, qui est en situation œdipienne et qui, de ce fait, se permet de faire la loi à la justice, espérant la mettre de son côté.

P. : *La loi sociale va encore plus loin qu'elle... Mais quand il y a « abus sexuel », situation d'inceste...*

F. D. : C'est ce qu'on voit lorsqu'un enfant est terrorisé par son père. Mais vous l'avez vu, en face de son père. Il n'était pas terrorisé ? Cela prouve qu'il n'y a pas abus sexuel. Il n'y a pas abus sexuel lorsqu'une mère laisse son enfant encore petit l'embrasser ; mais c'est le cas lorsque les parents demandent à un enfant de neuf ou dix ans de venir les câliner pour leur propre plaisir. Il y a tout autant abus sexuel lorsqu'un enfant veut aller dans le lit de ses parents, au-delà de deux ans ; ils en sont complices au même titre. La psychanalyse nous a appris que la sexualité ne se limite pas au rapport des sexes, et que c'est l'abus sexuel qui stérilise les avenues de la génitalité future, quand la castration génitale, l'interdit du corps à corps n'ont pas été donnés.

Cet enfant, Robert, est protégé de l'inceste avec sa mère par ce beau-père, c'est certain. Alors que son géniteur, en mourant, a cessé de l'en protéger. La fille, elle, est restée en souffrance, puisqu'elle voulait tuer sa mère avant son père, et qu'elle s'est trouvée avoir tué son père. Voilà le problème de Nelly. Robert, lui, est un garçon dont la puberté est retardée, dans la mesure où, à quatorze ans, il n'a pas de petite amie. Peut-être en a-t-il une, mais on n'y a même pas songé. Ce que vous appelez « abus sexuel » l'a confronté un peu trop brutalement à la réalité du corps à corps génital ; mais, jusqu'à présent, cela n'était pas nuisible. Cela peut le devenir si cette situation se prolonge, si ses oncles, au lieu de commencer à s'intéresser aux femmes, continuent de jouer à touche-pipi avec lui, le plus jeune de la meute.

X. : *Pourriez-vous nous en dire davantage sur cette mère qui a épousé son cousin germain ? Comment est-ce possible ?*

F. D. : Selon vos lois, on peut épouser un cousin germain. En France aussi. Peut-être Mme K. a-t-elle eu le sentiment de se dédouaner vis-à-vis d'elle-même, en se mariant une seconde fois. On ne sait pas si elle a aimé son premier mari, le père de Robert et Nelly. Mais à voir comment Nelly se trouve aujourd'hui piégée dans un Œdipe mal liquidé, parce que sa mère y faisait barrage, on peut penser que Mme K. aimait son mari. Épouser son cousin, plus jeune qu'elle de sept ans, dont les frères avaient besoin d'« une grande sœur » pour s'équilibrer, c'était, face au deuil de son premier mari, régresser dans sa propre famille. On ne sait même pas si la mère de Mme K. et de sa sœur n'a pas dû elle-même survivre à la mort de son propre mari. Mme K. est, par ailleurs, restée en bons termes avec la famille de son premier mari, puisque les enfants y sont bien accueillis. C'est donc vis-à-vis d'elle-même qu'elle a dû se sentir coupable. Je pense que donner à son apparence physique la marque du neutre est une régression chez cette femme, comme chez beaucoup de jeunes filles qui jouent soit les vamps, soit les garçons manqués. Lorsqu'elles veulent ressembler à des garçons elles font la taure, comme des génisses attendant d'être couvertes par le taureau. Or, Mme K. souffrait de ne plus avoir de relations sexuelles avec son premier mari, au temps déjà où il était gravement malade ; son apparence portait la trace de cette souffrance de son corps. Il fallait bien qu'elle trouve quelqu'un. Et pour ce cousin qui ne demandait pas mieux, il était, bien sûr, œdipien de prendre une femme dont le mari est mort. Comme il avait vingt ans, il est très possible qu'elle ait été sa première maîtresse. Il le dit bien : depuis son mariage, il n'a pas eu de relations sexuelles avec ses frères.

P. : *C'est fortement démenti par les frères.*

F. D. : Comment voulez-vous croire ces bébés géants, ces clowns qui sont venus, là, touiller l'urétral et l'anal ?

P. : *Comment expliquez-vous la passivité de Mme K. dans toute cette affaire ?*

F. D. : C'est qu'elle est très féminine sous ses apparences de garçon. Elle a donné cette apparence à son corps dans la régression du deuil. Comme une jeune fille qui, avant d'être révélée par l'amour d'un garçon, joue soit à l'allumeuse qui a peur, soit au camarade comme un garçon. Elle est alors très difficile à accoster pour les garçons qui la croient homosexuelle. Il faut beaucoup se méfier de la mascarade féminine, qui cache très souvent une grande frigidité. Au contraire, un aspect de garçon manqué, lorsqu'il se prolonge, est le signe d'une grande féminité qui se cache. Entre ces deux modes de paraître, vous rencontrez les filles qui vous disent qu'elles aimeraient avoir des enfants de n'importe qui, pourvu qu'elles en aient. Ce ne sont pas encore des femmes, mais elles sont féminines pour la maternité, c'est-à-dire qu'elles sont anales passives. Elles ne sont pas dans la génitalité active. Les filles génitales actives ont très peur des garçons, elles craignent de mal tomber. Elles se déguisent pour pouvoir les refuser et être plus fortes qu'eux. Mais le jour où un garçon est à leur hauteur, celui-là les rend femmes en cinq minutes. La sexualité féminine est très différente de la sexualité masculine, laquelle se voit dans le comportement ; tandis que l'apparence de la fille peut signifier exactement le contraire de ce qu'elle ressent.

P. : *Mais comment expliquer le fait qu'elle n'ait pas réagi aux propos de sa petite fille de six ans, Sophie, qui déclare qu'un oncle l'aurait déculottée ?*

F. D. : Parce que la mère n'y croit pas ! Elle en a vu d'autres ! Elle trouve surtout que c'est « foutaise de gouvernement », cette salope de Nelly qui veut tout faire sauter ! Je crois que les travailleurs sociaux s'y sont mal pris : on ne commence pas tout de suite par faire une enquête.

P. : *Ils sont très stricts, dès qu'ils pensent que l'enfant est en danger.*

F. D. : Mais c'est l'enfant qu'il faut aider. Le tester – comme on vous a demandé de faire après toute cette comédie – était bien difficile. L'enfant n'était pas dans une situation de confiance pour parler. Il fallait surtout, dès le début, lui permettre de parler de sa relation à sa sœur, pour qu'il puisse ensuite aborder la mort de son père, quand il était petit. Tandis qu'on le jette d'emblée au cœur même d'une situation qui, en ce moment, est structurante pour lui. Il est en danger de tomber dans la passivité, s'il continue à vouloir défendre tout le monde, pour que le couple de son beau-père et de sa mère ne soit pas menacé. Il empêche ce couple d'être en danger, tandis que Nelly vit de mettre en danger ce couple ; au point qu'elle ne peut avoir envie de quitter la famille sans que son frère doive le faire aussi ; car elle ne peut pas souffrir qu'il puisse être aimé de cet homme qui ne l'aime pas, elle. Elle voulait répéter avec cet homme ce qu'elle avait réussi avec son père. Nous ne savons pas ce qui s'est passé, il y a longtemps, entre cette fille et cette mère, et qui se répète. Comme nous ignorons tout de l'évolution de cette femme avec son premier mari ; quant au second, il représente davantage une smala familiale qu'un mari. Enfin ! elle fait l'amour avec lui. De plus, comme les jeunes oncles ne portent pas le même nom que Robert, celui-ci hérite, maintenant, de l'attitude pseudo-paternante qui, dans une famille, échoit au grand frère. Les oncles peuvent en être jaloux, comme Nelly ; on ne sait pas. Que visent-ils ? Il voulaient en tout cas que l'on s'occupe d'eux puisqu'ils ont demandé protection à la justice. Gagnent-ils leur vie et sont-ils majeurs ?

P. : *Oui.*

F. D. : Ont-ils des petites amies ?

P. : *Non. Ils se déclarent homosexuels.*

F. D. : Ils font du prosélytisme pour la Gay's Liberation.

P. : *Quand j'ai vu Robert avec ses parents, j'ai trouvé, au début, qu'il y avait chez eux beaucoup de dramatisation sans que l'enfant ait paru en danger outre mesure.*

F. D. : Il est certain qu'il ne l'est pas davantage aujourd'hui que lorsqu'il avait trois ou quatre ans, au moment de la maladie de son père.

P. : *Le juge a été un peu troublé, puisqu'il s'est demandé s'il laisserait faire ces tripotages généralisés sur son propre enfant.*

F. D. : Il s'est mis à la place du père cancéreux, du père mort qui veille sur cette famille.

P. : *Si Roger, le beau-père, s'en allait comme il prétend être prêt à le faire, je pense que ce serait pour Robert tuer son père une seconde fois.*

F. D. : Mais il n'y a pas de raison non plus que la mère soit sacrifiée à l'Œdipe de sa fille et à celui de son fils, qui, tous deux, pour des raisons différentes, prennent leurs fantasmes pour la réalité.

P. : *Qu'est-ce qui vous faisait dire que ce ne serait pas mauvais pour Robert d'être éloigné de chez lui ?*

F. D. : Une psychothérapie pourrait le préparer à faire honneur à son père, M. K., qui est passé complètement à l'as. Personne n'en parle, alors qu'il est le géniteur. Le grand-père paternel vit encore, et personne ne l'a jamais vu. Pourquoi ne pas mettre Robert, un temps, chez ses grands-parents paternels ? Car ce qui permet à un fils de se développer, c'est, même au foyer, de mettre sa mère à distance, en se rapprochant, selon un idéal homosexuel, de son père. Lorsque celui-ci n'est pas pervers, il se sert de l'homosexualité de son fils pour le guider vers un devenir hétérosexuel, hors de la famille. Chacun me paraît si infantile que je me demande ce que la justice, avec ses gros sabots, vient faire dans cette histoire de nursery. Robert, à douze ans, se défend bien contre ses pulsions à commettre des crimes. La loi est donc en place pour lui. Je comprends très bien qu'il ne veuille pas s'en aller ; c'est la mère et le père qu'il faudrait aider pour qu'ils permettent à cet enfant de sortir de leur giron.

P. : *Il est compréhensible que, dans ce contexte, les parents se sentent traqués.*

X. : *Et Sophie, la petite, dans cette histoire ?*

P. : *Elle reste à la maison, elle va à l'école...*

F. D. : Et elle a beaucoup de zizis à regarder.

P. : *En effet, il suffit d'ailleurs de regarder les dessins de Robert. « A l'école, le père, la mère et lui passant le balai devant la petite Sophie qui regarde. »*

F. D. : Vous avez vu ? Ce qui est intéressant dans ce dessin, c'est que Robert est le seul à avoir des oreilles. Il y a même une oreille dans ce meuble. Il n'y a que lui qui entende dans cette famille. La mère est marquée au nombril ; elle porte la trace d'un deuil à l'ombilic. Et regardez les pieds des tables ; elles sont animalisées, puisqu'elles ont des genoux. Enfin, tout le monde essaie de voir clair. On astique les carreaux, on astique la table ; on voit clair par la télévision où quelqu'un dit : « Je suis la loi. » On voit un enfant qui semble assis sur un pot de chambre, en train de regarder la télévision. Au mur est accroché le portrait d'un clown. L'enfant sur le pot représente la loi anale, le clown un moi idéal, un être échappant à la loi des humains, un être qui n'est pas passé par la castration génitale. Le clown n'a ni père ni mère. Toute cette histoire est, comme je l'ai dit, une histoire de clowneries pré-œdipiennes. Si cela avait été « pour de vrai », Robert se serait senti trop coupable pour le représenter ainsi dans son dessin.

X. : *Et si tous les membres de la famille s'étaient entendus pour tenir ce discours au tribunal ?*

F. D. : C'est impossible. Les oncles ne se seraient pas entendus pour dire que leur frère les avait masturbés. Ils n'en étaient pas à un niveau de discours aussi élaboré.

P. : *Robert pouvait subir l'influence de leur comportement.*

F. D. : Mais l'homosexualité n'est pas une affaire de comportement, c'est une question de structure. Pour l'instant, Robert n'est ni homosexuel ni hétérosexuel. D'après les tests, il serait plutôt hétérosexuel ; mais il apparaît surtout comme un garçon de douze ans, en phase de latence, qui se sent coupable d'avoir tué son père.

10

Le dessin en psychanalyse d'enfants

Un père mort imaginaire au lieu du père symbolique - Le fantasme de recevoir plus en monnaie que la pièce donnée - La technique de Mme Morgenstern - L'enfant devenu fou en retrouvant son père qu'il croyait mort - Sur le traitement des enfants mutiques - « Au thérapeute de ne pas confondre littérature et délinquance » - « Conception » orale et castration primaire - La vérité est au verso - Python et Jupiterre - La méprise de Freud, inaugurale de la psychanalyse d'enfants.

P. : *C'est sur l'interprétation des dessins en thérapie d'enfant que je voudrais vous interroger, à travers des cas.*

Le premier enfant dont je veux vous parler, Christian, m'a laissé perplexe par son mutisme sélectif, et m'a séduit, dès le début, par son habileté à s'exprimer par le dessin.

Voici quelques aperçus sur le déroulement de cette cure. La mère me téléphone pour une consultation, après une visite à l'école, l'institutrice s'étant plainte, semble-t-il, du retrait de Christian de la vie de la classe, de son silence. Il ne parle à personne, et il refuse de lire à haute voix quand son tour vient. La mère dit comprendre que son mutisme soit mal supporté par l'institutrice et par ses camarades. Elle s'inquiète pour l'adaptation scolaire et sociale de son fils. Elle affirme que Christian est très malheureux de cette situation. Il voudrait bien parler, mais c'est plus fort que lui : il ne peut *pas parler. Il lui arrive même de pleurer le soir dans son lit et de se plaindre de sa gêne, de sa timidité. Je sens chez cette mère une sorte d'appel au secours urgent.*

Lors de la première entrevue avec elle, j'apprends que Christian est le dernier-né d'une famille de cinq ou six enfants. Il est né dix ans après l'avant-dernier. Il a perdu son père alors qu'il avait entre deux et trois ans. La mère ne me semble pas avoir fait le deuil de son mari, sur le décès duquel elle refuse de parler avec précision. Cette fois-là, j'ai cru comprendre que le père était mort dans un accident de voiture. Mais ensuite, sur mon lieu de travail, j'ai entendu une personne parler de la mère de Christian, et de la souffrance qu'elle avait connue en accompagnant son mari dans la phase terminale d'un cancer au cerveau. Où est la vérité ? Je l'ignore. Car lorsque, ultérieurement, j'ai discrètement invité la mère à me préciser les conditions de la mort de son mari, je n'ai pas obtenu de réponse. Et je trouvais délicat de lui faire part de l'autre version.

Lors du premier entretien, elle m'a laissé entendre que Christian ne parlait à personne d'autre qu'elle. J'apprendrai plus tard qu'il parle quand même un peu à ses frères et sœurs, mais jamais aux oncles, tantes, non plus qu'à l'institutrice, à ses copains de classe, ni à personne du voisinage. Il ne répond jamais au téléphone, ne va nulle part, refuse d'entrer chez les voisins et n'a pas d'amis. Il se retire souvent dans la solitude, regarde la télévision, lit beaucoup : des bandes dessinées, mais aussi des livres pour de plus âgés que lui ; un traité de chimie, par exemple. Il bricole beaucoup, et reste la plupart du temps dans sa chambre. Sa mère s'occupe beaucoup de lui et semble agir comme intermédiaire verbal entre lui et autrui. Enfin, malgré son mutisme et sa non-participation, il obtient d'excellents résultats scolaires.

Ma première impression sur le plan clinique fut que le garçon dont on m'avait parlé était un enfant intelligent, brillant même, qui, pour un motif d'ordre agressif probablement, refusait de parler et d'entrer en relation avec les autres. Ma curiosité a été piquée, et j'ai proposé à la mère un premier rendez-vous pour l'enfant.

Je les reçois tous deux quelques jours plus tard. Dans la salle d'attente, Christian se lève aussitôt et se dirige vers la porte de mon cabinet. Il ne répond pas à la question que je pose toujours à la première séance : « Qu'est-ce qui t'amène ici ? » Je lui raconte alors, dans les grandes lignes, ce que sa mère m'a dit sur lui, et lui demande s'il est d'accord avec les propos de celle-ci. Comme réponse, j'obtiens un léger hochement de la tête affirmatif. Je lui dis que je comprends que parler lui soit difficile, mais que, peut-être, il peut s'exprimer autrement – par le dessin par exemple –, en lui montrant les crayons et la feuille disposés sur la table. Il est visible qu'il ne peut *pas parler, même s'il le souhaite. Il se dirige sans hésiter vers la table à dessin, il s'arrête, reste un instant songeur, me lance un regard en coin, tel que j'aurais pu ne pas le voir. Je lui réfléchis* [1] *son hésitation, l'assurant qu'il peut me dire ce qu'il veut, que cela restera entre nous ; à moins que lui-même ne veuille en parler à quelqu'un d'autre.*

Il produit alors un dessin. Je souligne en passant que Christian travaille de façon obsessionnelle, très rigide. Chaque fois qu'il sort un crayon de l'étui, il le range aussitôt, mais très lentement, avant d'en sortir un autre. Pendant qu'il dessine, j'interviens beaucoup, pour établir, ou même forcer, une relation avec lui. Ce dessin, il le construit ainsi : d'abord une patate au centre, sans ce chapeau, que l'on voit à gauche. Puis il dessine la fleur, le papillon, la soucoupe volante, l'avion, le nuage, le soleil ; à ce moment-là, j'interviens en lui demandant de m'expliquer ce que c'est ; il écrit alors le mot « patate » ; je réagis, en disant : « Oh là là ! » Il fait ensuite le gâteau, et marque : « Cent ans pour Patate » ; je réagis par un nouveau : « Oh là là ! » Je demande ce que l'on voit en haut du dessin ; il se met à dessiner le feu ; puis il me montre le trajet de la soucoupe volante, en haut à gauche, et écrit : « feu ». Donc la soucoupe volante fait feu sur l'avion et sur le nuage. Je dis : « Oh là là ! C'est une soucoupe volante qui est fâchée contre l'avion, contre le nuage... » ; il dessine alors l'escargot. Je ponctue : « Oh là là ! » Puis c'est l'éclair partant du nuage, qui cache le soleil, et se dirigeant vers la fleur ; je lui dis : « Oh là là ! Mais la fleur, elle va se faire zigouiller ! » ; il dessine alors un parapluie à la fleur, un parapluie à l'escargot ;

1. Ce participant emploie les expressions : « lui réfléchir », « lui refléter », dans le sens de « donner à comprendre ». Cette formule d'une scansion, plus souvent que d'une interprétation, est inusitée en France, mais elle n'est pas contradictoire avec l'usage psychanalytique.

l'éclair aboutit ainsi entre le nuage et le parapluie, au-dessus de l'escargot. Je lui demande ce qui arrive au papillon ; s'il monte ou s'il descend ; il me fait alors le chemin en spirales, de la fleur jusqu'au papillon, et je comprends que c'est un papillon qui monte. Il dessine l'oiseau ; je demande aussi où il va. En réponse, il me fait l'oiseau dans le nid, sur l'arbre. Je lui dis : « Mais il y a beaucoup de circulation, il se passe beaucoup de choses, il risque d'y avoir des accidents : le papillon, l'oiseau, la soucoupe volante, ça bouge beaucoup ! » La séance est terminée, et je prends quelques notes.

F. D. : Et cela, en bas, qu'est-ce que c'est, qui ressemble à un drapeau ?

P. : *C'est : « Cent ans pour Patate » ; un gâteau d'anniversaire.*

F. D. : Combien y a-t-il de bougies ?

P. : *Trois. Il faut remarquer que la fleur a des racines...*

F. D. : Trois également.

X. : *A quel moment a-t-il dessiné le chapeau ?*

P. : *Je ne saurais vous dire à quel moment précis, mais je sais qu'il a ajouté « patate » après avoir fait le gâteau. Ainsi, cet enfant, qui vient consulter parce qu'il est malheureux, nous fait comme premier dessin une fête. Cependant, il faut préciser que, au Québec, « faire patate » veut dire « manquer son coup ». D'après ce dessin, j'ai constaté que cet enfant vit loin de lui-même – parce qu'il dessine tout à fait en haut de la feuille –, dans un monde infantile, imaginaire, très riche en fantasmes. J'ai remarqué son comportement obsessif, compulsif : il range les crayons chaque fois et travaille lentement, avec parcimonie. J'ai noté également son agressivité, ses défenses – annulation rétroactive, formations réactionnelles. J'ai remarqué enfin chez lui une quête de gratifications narcissiques. Il entretient avec moi une sorte de conversation sociale et polie, par correspondance, me donnant le sentiment, ou l'illusion, qu'il me parle par son dessin ; alors que, en réalité, il ne fait peut-être que me répondre comme un enfant docile qui dirait : « Oui, monsieur. Non, monsieur. S'il vous plaît. Merci. » C'est moi qu'il gratifie, au fond, en me donnant l'illusion de répondre à mon désir. Je m'étais tellement fait à l'idée que cet enfant n'allait pas s'exprimer que, de le voir ainsi réagir à mes questions, me parler par son dessin, m'a beaucoup satisfait de ce premier contact.*

Je n'ai pas été moins content de percevoir chez lui une intelligence vive, articulée. De plus, cet enfant est très agréable à voir, il est très beau (il avait six ans lorsque je l'ai vu à cette première séance). Je le verrai ensuite régulièrement au rythme d'une séance de trente minutes par semaine. Entre janvier et juin, il dessine à chaque séance. Et, d'abord, ce dessin d'un animal rugissant, coincé entre un arbre et un rocher. Comme chaque fois, il refuse de me donner la main en arrivant et en partant. Il s'installe sans hésitation à la table où papiers et crayons sont toujours disposés. Je lui rends le dessin, en lui interprétant l'embarras probable de cet animal ; c'est alors qu'il figure cette sorte de « Brrrrrr ». Je lui reflète que l'animal semble non seulement coincé, mais aussi fâché, et qu'il se sent peut-être pris dans un piège, dans une situation nouvelle – je fais ainsi allusion à la séance présente. Il ajoute alors des nuages et de la pluie, en haut, à droite ; je lui fais remarquer que l'animal entend sans doute mal ce qui se passe ici, parce qu'il semble ne pas avoir d'oreilles, mais seulement des cornes ; il met alors un point d'interrogation entre les deux cornes ; je lui répète que, peut-être, il se demande ce qu'il vient faire ici, qu'il trouve peut-être que je le fais attendre trop longtemps ; ou peut-être me pose-t-il, lui, une question. Mais, pour l'instant, je ne sais que répondre.

La semaine suivante, après une seconde d'hésitation, Christian entreprend cet autre dessin, magnifique, comme tous ceux que fait cet enfant de six ans. Cette fois, il y a un papillon, une chenille, du gazon, une fleur. Quand je lui demande quelle relation il y aurait entre ces éléments, il dessine des œufs, au pied de l'arbre, à gauche de la page, et un cocon sur le tronc de l'arbre, à mi-hauteur. Je lui reflète qu'il y a des choses qui veulent ou qui vont changer, que chaque chose devient autre qu'elle-même, en lui désignant la chenille et le papillon ; il me montre alors le cycle de reproduction : le papillon va pondre ses œufs ; l'œuf deviendra une chenille, qui formera un cocon dans l'arbre, pour donner naissance à un autre papillon. J'écris pour la première fois dans mes notes que Christian se questionne sur son origine et sur sa naissance, lui qui est né tardivement – puisque ses frères et sœurs pourraient être ses parents –, mais je ne lui reflète pas sa préoccupation sur lui-même, me donnant comme prétexte que le temps de la séance est écoulé.

A la séance suivante, après son hésitation initiale, et peut-être un moment de réflexion, il produit le dessin d'un bonhomme de neige portant un drapeau avec les souhaits de « Joyeux Carnaval ». (Nous sommes alors en février, au début de la période carnavalesque à Québec.) Il dessine également le crayon de couleur avec lequel il a fait le bonhomme de neige, ajoute les nuages, le soleil, l'oiseau, signe le dessin et reproduit sur la feuille le crayon de couleur qui a servi à dessiner chaque élément. Je lui reflète qu'ici chaque crayon a produit quelque chose ; et l'on sait qui *a produit* quoi. *Mais je ne vais pas jusqu'à verbaliser son interrogation sur* qui *l'a produit,* lui. *Pourquoi ne lui en parlai-je pas ? Résistance ? Contre-transfert ?*

La semaine suivante, dans la salle d'attente, la mère me tend un billet, en me disant qu'elle y a inscrit quelques notes à mon intention. Je refuse de prendre le billet et lui signifie que nous pouvons en parler tous les trois ensemble à la fin de la séance, ou tout de suite, si Christian le veut bien. Elle préfère attendre. En séance, Christian reste pensif. Je lui reflète son hésitation, que je rapporte au désir de sa mère de me parler. Feignant de ne pas m'entendre, Christian entame une série de multiplications, ce qui me laisse perplexe et froid : je ne comprends pas le sens de ce pseudo-dessin ; je suis inquiet : tout cela m'apparaît rigide, obsessif, compulsif ; je crains alors – à tort, sans doute, mais c'était l'effet de ma réaction subjective – une sorte d'obsessionnalisation du traitement. Je traduis donc mon sentiment à Christian, en multipliant mes questions sur le sens de ces multiplications. Je suis vraiment embêté. Je lui dis qu'il a peut-être envie de jouer à l'école, ici, ou de montrer qu'il est bon en mathématiques, alors que sa mère veut peut-être me dire que quelque chose ne va pas. Puis me revient l'intuition que j'ai eue devant son dessin du cycle de la reproduction, avec la chenille et le papillon ; je lui fais remarquer alors que les chiffres, lorsqu'ils jouent ensemble, lorsqu'ils s'assemblent, donnent naissance à un autre chiffre. « Ensemble ils forment un chiffre nouveau », lui dis-je. Cependant, du fait de ma résistance, tout à fait inconsciente, je ne lui en dis pas plus ; je n'établis pas de parallèle entre le cycle de la reproduction, la multiplication et la génération. Son absence de réaction aurait dû m'inviter à poursuivre, à parler clairement. Mais son mutisme, son impassibilité avaient sur moi un effet paralysant. Je me sentais obligé d'observer une conduite prudente, pour ne pas dire défensive.

La mère me signale un début de bégaiement chez Christian qui semble coïncider avec le début de la thérapie. Selon elle, ce serait la troisième phase de bégaiement que connaît Christian ; la première étant survenue avant l'âge de trois ans – probablement à la mort du père ; la deuxième, à l'entrée à la maternelle. Elle me parle également du départ de la maison de la sœur préférée de Christian, l'aînée, qui est partie récemment faire ses études dans une autre ville.

La séance suivante apporte un dessin sur le thème de la famille, encore une fois : un seul parent poisson, accompagné de petits enfants poissons. Il dessine d'abord quatre poissons de la gauche vers la droite, de plus en plus gros à mesure qu'il approche du centre de la feuille ; puis, en ordre décroissant, 4, 3, 2, 1 petits poissons au-dessus de chacun ; il ajoute le fond de mer, des algues, un escargot, un crabe. Je lui signale, à ce moment-là, que deux poissons ont la bouche ouverte, et qu'ils semblent peut-être vouloir dire quelque chose, mais que je n'entends pas et que je voudrais bien comprendre ; alors, il ajoute des dents au plus grand des poissons ; je lui fais remarquer que ce poisson a l'air fâché et semble vouloir mordre ; pour la première fois en thérapie, Christian sourit, en se mordillant les doigts pour cacher son sourire. J'ai le sentiment, à la fin de cette séance, qu'une relation transférentielle – contre-transférentielle, devrais-je dire – est engagée. Je me sens en effet attaché à cet enfant, pour des motifs inconscients qui ne m'apparaîtront que tout récemment. Je crois que je l'admirais pour son agressivité.

Une semaine plus tard, Christian esquisse le thème familial : un oiseau, un nid avec des fleurs, des petits enfants oiseaux. Il semble s'interroger sur sa famille, sur ses origines. Soulève-t-il la question de la rivalité fraternelle ? C'est la question qui m'est venue durant la séance, mais je n'en dis mot, car cela me semble trop éloigné de ses préoccupations. Je me demande alors ce que la mère ressentait face à Christian âgé de deux ou trois ans, alors que son mari était mort et qu'elle avait cinq ou six enfants en âge de fréquenter l'université. A-t-elle alors regretté la naissance de Christian ? Ces questions restent en suspens.

Le dessin suivant est rigide, rationnel, mais il représente encore une fois les étapes du développement dans la reproduction. On y voit le développement de la grenouille et celui des poissons, depuis l'œuf jusqu'à la maturité. « Christian dessine des petits animaux marins dans leur milieu aquatique ; sa préoccupation est donc très primaire », noterai-je, toujours sans rien lui en dire. (Pour la première fois, une sœur de Christian l'accompagne avec sa mère à la séance.)

Je me demande cette fois si Christian ne dessine pas le contraire de ses désirs. Construit-il le développement d'un être pour cacher des désirs de destruction ? Ou s'interroge-t-il sur sa propre croissance, ou sa propre naissance ? Cette dernière question apparaîtra, beaucoup plus tard, comme étant la plus pertinente, à la lumière du premier séminaire de Mme Dolto. La question de la fratrie semble se poser ici, notamment à travers le chiffre 5, qui rappelle sans doute les cinq ou six frères. Sur un autre dessin, ils sont neuf ; or six enfants + Christian = sept, font neuf avec les parents. Je reste cependant dubitatif, car l'obsession compulsive de son dessin m'inquiète toujours.

La suite ressemble beaucoup à ces huit premières séances. Christian continue de dessiner des thèmes familiaux ; tantôt il écrit une historiette, tantôt il aligne des chiffres ou des éléments, puis des ensembles d'éléments. Je reste séduit par les dessins et le mutisme de cet enfant. Deux événements méritent peut-être encore d'être rapportés. Un jour où la neige tombait dru et où la circulation tournait au ralenti, Christian est arrivé, pour la première fois, en retard de quelques minutes à sa séance. Je l'attends d'ordinaire dans un bureau semblable à la salle d'attente, face à l'ascenseur. Cette fois, les portes de l'ascenseur s'ouvrent et, tout souriant, Christian s'élance littéralement vers moi. Notez qu'il y a trois ascenseurs, et que les portes du premier, à l'extrême droite, ouvrent directement sur la salle d'attente. Celles de l'ascenseur de l'extrême gauche ouvrent sur le bureau. La confusion est facile. Christian s'empresse alors de retirer ses bottes, son anorak, et se rend compte tout à coup qu'il n'est pas dans la salle d'attente. Je lui signifie qu'il s'est trompé, mais qu'il peut quand même laisser là ses affaires et que nous pouvons passer dans l'autre pièce. Il ramasse rapidement bottes, mitaines, anorak, et se retire dans la salle d'attente d'un air confus. Durant la séance, il refuse de dessiner. Je lui reflète qu'il n'avait peut-être pas envie de venir aujourd'hui, qu'il a été surpris de me voir dans ce bureau, face à l'ascenseur, et de s'être laissé aller à cet élan vers moi. Pas de réponse. Je lui reflète qu'il est peut-être humilié, fâché de s'être trompé. Pas de réponse. Il demeure impassible, paralysé, jusqu'au moment où, une minute avant la fin, avec hésitation, il tracera une ligne et me tendra la feuille pour que je complète le dessin. Je lui avais proposé ce jeu de « squiggle » de Winnicott au début de la semaine, alors qu'il restait le crayon en suspens, l'air embêté.

Comme, cette fois, la séance est terminée, je refuse de compléter le dessin, en lui disant que nous pourrons le poursuivre la semaine suivante.

Après cet incident, Christian ne vient pas à la séance suivante. La mère, bouleversée, me téléphone dans l'après-

midi pour excuser l'absence de son fils, en m'expliquant qu'elle a été très peinée d'une mésaventure qui lui est survenue la veille, après la classe. Des élèves, impatientés par son silence, l'avaient pris à partie pour le forcer à leur parler. Ils l'auraient bousculé, pincé, griffé, giflé. Christian aurait ensuite déclaré à sa mère : « Maman, j'ai été fort, je ne leur ai pas parlé. » Le même soir, tout pleurant dans son lit, il dit à sa mère qu'il ne veut plus venir à ses séances, parce que je ne lui apprends pas à parler, mais seulement à dessiner. La mère lui demande de faire des efforts, tout en décidant de ne pas le forcer à venir à sa séance. A l'heure où il aurait dû se trouver chez moi, Christian a dit à sa mère : « Je crois que je vais retourner voir le monsieur. »

La semaine suivante, sa mère l'ayant accompagné à sa demande dans la salle de thérapie, j'en profite pour signifier à Christian, devant elle, que son pouvoir de parler ou de ne pas parler est de sa seule responsabilité ; et que personne, et surtout pas moi, ne va le forcer à parler.

La mère ne paraît pas vouloir parler à Christian du décès de son père. Elle semble ne pas avoir fait le deuil de son mari. Ce n'est qu'intuition de ma part. Mais tout semble centré sur cette question des origines, chez Christian.

Je crois, cependant, que le thérapeute est très concerné par tout ce que ressent un enfant en thérapie. S'en démêler n'est pas toujours facile. De plus, il m'apparaît délicat d'intervenir au moment même de l'élaboration d'un dessin ; ce serait comme intervenir au moment où le rêveur rêve.

Ce qui peut apparaître comme une résistance de ma part à lui livrer une interprétation, je l'ai ressenti comme une sorte de prudence, voire de crainte à aller trop loin, trop vite. Je sens que je pourrais m'en justifier par des intellectualisations sur la patience indispensable en thérapie, sur la perlaboration.

Peut-on, madame Dolto, dégager certains paramètres dans l'utilisation du dessin en thérapie, certains guides pour son interprétation ?

F. D. : L'enfant est-il toujours en traitement avec vous ?

P. : *Il l'a repris depuis quinze jours, après avoir demandé à sa mère s'il allait revoir le monsieur cette année ; je lui ai alors demandé un paiement symbolique ; celui qu'il a apporté était plus élevé que nécessaire.*

F. D. : Il faut le refuser dans ces cas-là. Qu'aviez-vous choisi ?

P. : *Je l'ai refusé. C'est lui qui avait choisi un sou noir. Or, il a apporté un sou blanc, c'est-à-dire l'équivalent de dix sous noirs. Ce qu'on appelle ici « sou noir » est une pièce en cuivre.*

F. D. : « Cul-ivre », ce n'est pas mal ! Quand on est « noir », on est « ivre ». Comprendre le cheminement des associations verbales qui aboutissent à l'argot permet de comprendre le langage des enfants. Il a donc donné un sou *blanc,* comme le poisson de son dessin. Certaines formes, dans ses dessins, ne sont pas coloriées ; c'est important, car le blanc sert à figurer une forme ou une idée sans affect. J'ai été frappée de voir, dans son second dessin de la chenille, que le premier escargot qu'il a fait ait, en quelque sorte, une tête « en blanc », non « investie » d'une expression quelconque. Il a dessiné trois petites demi-lunes foncées, puis, à part, une autre petite demi-lune. Ce trois et demi est intéressant parce qu'il renvoie à son premier dessin, dans lequel il avait représenté trois bougies. Trois ans, trois ans et demi. Il en est au début de sa vie.

P. : *Ce trois ans et demi me fait penser qu'il signe toujours ses dessins : « Christian X. six ans et demi » ; « sept ans et demi ». Le demi est donc précieux pour lui.*

F. D. : L'âge qu'il avait à la mort de son père compte aussi certainement dans sa vie. Cet événement a dû marquer également sa sœur qui est devenue alors une pseudo-mère pour lui ; c'est-à-dire qu'elle ne l'a pas marqué de la castration et qu'il est resté ainsi son pseudo-enfant, un enfant imaginaire, incestueux. Sa sœur a continué de l'aimer jusqu'à maintenant ; mais, à la mort du père, Christian ne pouvait plus être situé dans une triangulation, fût-elle seulement imaginaire, puisqu'il n'y avait plus d'homme pour la soutenir. Il s'est inscrit dans un autre trio. Mère-sœur-lui. Il sait qu'il est l'enfant réel du père mort ; mais ce père mort est devenu un père imaginaire, ce qui occulte pour cet enfant la fonction symbolique du père.

En outre, lorsqu'un enfant, dans une famille nombreuse le plus souvent, investit, comme doublure d'un parent, une sœur ou un frère aîné, ceux-ci ne le frappent pas de l'interdit de l'inceste, puisqu'ils y restent eux-mêmes assujettis à l'égard de leurs parents ; en s'identifiant à eux, l'enfant ne risque pas d'être en rivalité avec eux pour la possession du géniteur ou de la génitrice. C'est pourquoi le départ récent de sa sœur a dû le toucher, en le confrontant à ce problème.

Depuis le paiement symbolique, vous l'avez donc vu déjà deux fois. Que s'est-il passé entre vous à propos de ce paiement ?

P. : *Je lui ai dit qu'il fallait clarifier ce point d'abord ; il ne m'a pas écouté. J'ai peut-être eu tort de le laisser continuer à dessiner ; c'est seulement à la fin de la séance, lorsqu'il a repoussé légèrement vers moi le sou que j'avais avancé vers lui, que je lui ai dit qu'il voulait peut-être que je lui rende la monnaie, parce qu'il n'avait pas d'autre sou.*

F. D. : Peut-être voulait-il payer rétroactivement les séances précédentes. Combien lui en aviez-vous donné ?

P. : *Vingt.*

F. D. : S'il s'agissait de cela, il vous devait un autre sou blanc.

P. : *Je n'en sais rien. En tout cas, lorsque je lui ai dit : « Peut-être que je te dois de la monnaie ? », j'ai reçu un petit hochement de tête en réponse. J'avais neuf sous. Grand sourire de satisfaction ; il les a mis dans sa poche.*

F. D. : « J'ai donné une pièce, et il m'en rend neuf ! » a-t-il pensé.

P. : *C'est ça. Le prochain paiement est la semaine prochaine.*

F. D. : Il faut absolument que vous compreniez son jeu. Car ce qu'il rejoue avec vous ainsi, c'est le fait que son père ne lui a rien donné. Sa sœur également l'a volé en s'en allant ; il attend donc qu'on lui rende quelque chose, dans la réalité. Il cherche à ce que lui soient rendues des forces qui lui ont été prises. Peut-être ce fantasme est-il à analyser ; en tout cas, vous devez lui redire : « Comme paiement, je te demande un sou noir. » Il faut qu'il comprenne que son désir que vous lui rendiez plus qu'il ne vous donne est un désir qui ne sera pas satisfait, mais qu'il a le droit de le formuler, d'autant que ce désir se justifie de sa propre histoire.

P. : *Ce que vous dites là est intéressant, car le dessin qu'il a fait pendant que nous discutions de ce paiement était un arc-en-ciel avec, en dessous, des nuages, de la pluie, une très grande fleur, et un soleil. Je lui ai dit : « Cette fleur a bien de la chance ; elle a tout ce qu'il faut pour devenir grande : de l'eau, du soleil, de la terre... » A ce moment-là il m'a souri et a ajouté, à l'autre bout de la feuille, un arbre très stylisé, magnifique. Je lui ai dit que, sans doute, lui aussi avait hâte de devenir grand et fort et qu'il se demandait peut-être s'il avait tout ce qu'il fallait.*

F. D. : Qu'il ait dit à sa mère, lorsque ses camarades l'ont agressé : « J'ai été fort, je ne leur ai pas parlé ! » ; en déclarant, par ailleurs, qu'il voulait recevoir de vous la possibilité de parler, indique qu'il veut être fort d'un côté – puisque ne pas parler avec des camarades de son âge, c'est être fort – et faible d'un autre côté, avec vous. C'est un enfant survolté, de vouloir être un grand, et de ne pas rester à sa vraie place ; car, lorsqu'il était petit, comme ses frères et sœurs étaient grands, il restait seul entre père et mère ; or, il aurait voulu être comme les autres, qui n'avaient déjà plus besoin de leurs parents. C'est ce qui rend difficile la situation du dernier, qui se trouve être l'enfant de six grandes personnes. Il ne sait pas très bien qui l'a engendré, surtout si la mère se réjouit de voir une de ses filles tenir son propre rôle et qu'elle lui cède sa place. On ne voit plus guère ce genre de situation dans les familles d'aujourd'hui, mais, même dans les cas où, lorsqu'il y a trois ou quatre enfants, l'écart d'âge est de six ans entre l'aîné et le puîné, celui-ci devient le pseudo-enfant œdipien de ses frères et sœurs. Quelque chose alors se gauchit chez la fille aînée qui tient imaginairement le rôle de la mère, si celle-ci ne lui dit pas qu'elle n'a plus besoin d'être aidée pour élever le dernier ; et, de toute façon, c'est très néfaste pour le petit.

A travers le dessin, vous avez travaillé comme quelqu'un qui *désirait* entrer en contact avec cet enfant ; pourquoi pas ? C'est maintenant que ça va devenir de l'analyse : avec l'introduction du paiement symbolique. Auparavant, ce n'était encore que la rencontre de quelqu'un. En outre – et vous l'avez constaté –, le jour où il est arrivé joyeux comme tout parce qu'il pensait entrer dans la salle d'attente, il n'a pas été humilié, mais il a cru qu'il avait commis une faute ; car c'est un enfant perfectionniste ; il veut être « comme les grands » ; il agit donc conformément au règlement obsessionnel. Vous lui avez interprété qu'il ne voulait peut-être pas sa séance, alors que vous aviez pourtant bien vu qu'il était arrivé rayonnant !

P. : *En effet !*

F. D. : Or, il voulait sa séance. Et il a été comme trahi par lui-même, d'avoir commis un impair. Il a été très choqué d'être à pied d'œuvre sans être passé par les médiations. L'ascenseur s'est trompé (qui était aussi bien : « là, sans sœur »). Je me demande si cet incident ne doit pas être rapproché du fait qu'il s'est trouvé à pied d'œuvre pour être l'amant de sa mère, quand il a tué son père, au début de l'Œdipe, à trois ans. Il se serait replié ensuite sur sa sœur. C'est toujours par rapport à l'Œdipe que j'envisage ce que l'on me dit de l'histoire de quelqu'un.

En ce qui concerne la technique, un seul dessin suffit pour que l'enfant entre en relation. Cela, je l'ai appris de Mme Morgenstern, qui a été la première psychanalyste d'enfants en France. Avec les premiers enfants mutiques, très intelligents, qu'elle a vus, elle se comportait comme je l'ai toujours fait moi-même ensuite : comme avec les adultes, c'est-à-dire en restant dans le silence total. Elle se présentait, et c'était tout. A la première séance, il ne faut pas demander à l'enfant : « Qu'as-tu à dire ? » (vous avez d'ailleurs réparé ensuite, en lui disant qui vous étiez, mais devant sa mère). Car lorsque l'on parle, c'est à *quelqu'un ;* or, à la première séance, l'enfant ne vous connaît pas. Il faut donc lui dire qui vous êtes, et pourquoi vous avez accepté de le voir.

Ce que vous lui avez dit à propos du dessin était très pertinent. Qu'il vous parle de ses rêves et rêveries, puisque c'est *lui* qui fait le travail de comprendre ce qui est en lui. La règle fondamentale de l'analyse, c'est de faire comprendre au patient que c'est *lui* qui travaille. Vous avez très bien fait de lui préciser que vous ne répéteriez à personne ce qu'il vous dirait. D'ailleurs, dès la première entrevue, dites aux parents de ne pas demander à l'enfant ce qu'il se passe entre lui et vous ; et, à l'enfant, qu'il est souhaitable qu'il n'en parle pas à sa mère. Les parents peuvent vous écrire un petit mot si quelque chose les inquiète ; mais il faut les avertir que cela fait partie du jeu que l'enfant leur raconte des choses fausses qui se seraient passées pendant la séance. J'ai publié *le Cas Dominique* pour que les parents comprennent que l'enfant peut fabuler ; non seulement cela lui arrive, mais il en a le droit.

Parlez également de la probation de trois ou quatre séances pendant laquelle, vous comme lui, déciderez si le travail en commun sera ou non poursuivi. C'est durant ces séances préliminaires que l'on s'étudie l'un l'autre, avant de commencer le traitement, pour savoir si le mode de travail intéresse l'enfant et s'il peut être bon pour lui. Voilà, selon moi, les meilleures conditions dans lesquelles faire débuter une thérapie.

Maintenant que vous avez introduit le paiement symbolique avec Christian, il doit s'y tenir ; soutenez son désir en lui parlant, mais sans lui rendre la monnaie de sa pièce : « Tu aimerais me donner neuf fois plus », ou bien : « Tu voudrais que je te rende neuf pièces sur une. Qu'est-ce que ça veut dire que " tu aimerais " cela ? » Analysez le transfert, mais n'agissez pas selon le désir de l'enfant. En analysant ainsi son dire, vous aurez la possibilité de lui rappeler la séance où il posait des multiplications, ce qui signifie peut-être qu'il voudrait que ses forces se multiplient pour qu'il puisse parler quand il vient vous voir. « C'est toi qui décideras si tes forces se multiplient en accord avec toi-même ; et être en accord avec toi, c'est également être en accord avec le contrat que tu as pris avec moi, oralement : *un sou noir* pour une séance. » Il faut s'en tenir strictement au paiement convenu. S'il vous apporte un cadeau, par exemple un dessin au lieu du sou noir, il faut lui rappeler le contrat. Car s'il veut vous séduire par un cadeau, c'est qu'il se trouve dans une situation agréable, mais qui a été érotisée ; il n'est pas en situation d'analyse.

Je crois que, lorsque Christian a dit à sa mère en parlant de vous : « Je ne retournerai pas le voir », il tâtait le terrain, pour savoir s'il avait le droit de grandir ou s'il devait rester petit. Il y a ici quelque chose de difficile à cerner, car la mère, tout en étant très désireuse qu'il soit aidé, cache un secret qui touche aux possibilités de virilisation de son fils. On dirait qu'il eût fallu qu'il soit fille pour qu'elle soit contente. J'ai eu cette idée devant le dessin des oiseaux : chacun a une masse noire dans le ventre ; l'un pose une patte dans une flaque de pipi ; seul l'oiseau bleu, accroupi, n'a pas de plaque noire au ventre ; mais son corps est très curieux : sa tête sort d'un cou qui porte une croix.

P. : *C'est un œuf qui est en train de se casser, et l'oiseau est en train d'en sortir...*

F. D. : Mais cet oiseau est le seul à être tout bleu, alors que les autres ont en plus du rouge, et quelque chose à l'intérieur du ventre. On voit, de chaque côté, deux oiseaux guetter cet oiseau bleu, prêts à se précipiter sur lui.

Quand je travaille avec un enfant sur un dessin, je lui demande de me le raconter. Moi-même, je ne lui décris jamais ce que j'en perçois. On a ainsi la surprise d'entendre certains enfants – je pense aux traumatisés, notamment – raconter une tout autre histoire que celle qui est figurée dans leur dessin. C'est à la séance suivante qu'ils vous racontent l'histoire correspondant effectivement au dessin qu'ils ont fait à la séance précédente. Je pense ici au cas d'un enfant qui m'avait d'abord expliqué, en commentant un dessin : « Ça, c'est une église, et ça, c'est des messieurs à ski. » Il s'agissait en fait du traumatisme qu'avait représenté pour lui l'annonce de la mort de son père, disparu dans une crevasse. Cet événement était représenté par les skieurs à la recherche du père. A la séance suivante, l'enfant dessine à nouveau des « messieurs à ski » et dit : « C'est la prière à l'église. » C'était la prière qu'on avait fait dire, tous les jours, pour le papa mort. Or, un jour, le père était revenu ; et l'enfant était devenu fou. Le père n'était pas mort ; il avait survécu à une chute en montagne, mais, blessé, il avait été gardé trois mois par un berger. A la fonte des neiges, il avait été conduit à l'hôpital, où on avait dû lui recasser la jambe qui s'était mal refaite. L'enfant entendait bien sa mère parler des lettres qu'elle recevait, qui lui donnaient des nouvelles de son mari, mais il en était resté au traumatisme initial de la disparition ; de sorte que, lorsque son père est revenu, il s'est caché pour ne pas le voir. Depuis, il avait très peur de son père. A la fin du traitement, complètement guéri, il a dit : « Je sais bien que c'est mon père ; mais celui qui est revenu n'est pas mon papa d'avant. Ce ne sera jamais le *même*. – Pourquoi ? – Parce que mon papa n'avait *jamais* mis de casquette. » Il m'a laissée sur ce mot, qui était certainement une condensation de « casse-quéquette ».

Cet enfant avait eu, pendant l'absence du père, une relation phallique à sa mère, très intense, puisque, pour lui, le père était mort. Et lorsque, ensuite, celui-ci était revenu, il était complètement diminué. La mère ne s'était rendu compte de rien, ne s'était pas aperçue que son fils n'avait pas reconnu son père.

Revenons au dessin de Christian. Je n'avais pas remarqué que les cous des oiseaux étaient verts ; je croyais qu'ils étaient noirs. C'est important qu'ils soient verts, ainsi que les queues, car le vert est une couleur de vie ; c'est donc que, bien qu'obsessionnel dans son comportement, cet enfant ne l'est pas du tout dans sa vie intérieure. Un véritable obsessionnel ne mettrait pas du vert à des endroits aussi importants que les racines, la queue, le cou.

Je continue de penser que cet enfant a été désiré comme fille par sa mère. C'est certainement autour de la sexuation que le problème s'est déclaré chez lui. Voilà à quoi me fait penser ce dessin.

Maintenant, voyez celui-ci : ce papillon-ci est noir, tandis que le premier que nous avons vu n'était pas investi : il n'avait pas de couleur à la tête. A travers ce papillon noir, il vous parle évidemment de la mort de son père. Voyez que la bête à Bon Dieu a également la tête dans le noir. Le papillon ressemble à un squelette ; on voit des os.

Votre manière de travailler n'est pas mauvaise, puisque vous entrez en relation avec l'enfant par le contre-transfert, ou, comme vous dites, par désir de communiquer avec lui ; mais vous apprendrez à vous taire complètement. Ma manière de travailler – qui n'est pas l'unique – est la suivante : je dis seulement à l'enfant : « Raconte-moi ton dessin. » S'il ne peut rien dire, je relance seulement ainsi : « Ah bon ? Tu ne peux rien dire... Pourtant ton dessin parle. Tu voudrais qu'il parle, sans que celui qui l'a fait parle ? » Si, alors, il dit quelque chose, je propose : « Et si on disait qu'on était dans le dessin, qui s'y trouverait ? Toi, est-ce que tu y serais ? Et moi, est-ce que j'y serais ? » Il s'agit de faire vivre le dessin, sans réagir, comme vous le faites, avec des « Oh là là ! », d'autant qu'ainsi il vous a fait prendre sa place. Car lorsque vous avez dit « Oh là là ! », c'est son escargot qui s'est trouvé diminué pour lui. Or, l'escargot est la première image motrice, dans le dessin d'enfant – et le sien est magnifique : il y a, chez cet enfant, une dynamique de départ formidable. Cela se voit au rond de la coquille, à l'exactitude mathématique de la spirale. La sienne est parfaite – ce qui est très rare – ; de plus elle est violette, c'est-à-dire sans sexe. Car les couleurs ont un sens pour les enfants, elles constituent des messages – ce sont eux qui me l'ont appris. Ainsi le violet est la couleur préférée des enfants des deux sexes, au premier âge.

J'en reviens à la technique de Mme Morgenstern, qui faisait des traitements d'enfants sans dire *un* mot, pendant peut-être un an. On prend ses dessins, on lui dit seulement au revoir, jusqu'au jour où l'enfant se met à parler. Il raconte alors tout ce qu'il a dessiné depuis le début.

J'ai eu en contrôle une thérapeute qui est à la fois, comme souvent à Paris, analyste d'enfants et analyste d'adultes. Comme les analyses d'enfants sont très fatigantes, ils ne composent environ que le cinquième de la clientèle. Les enfants permettent à l'analyste de s'analyser plus profondément ; mais c'est un travail éprouvant, qui suscite des résistances. L'analyste dont je vous parle tombe sur un enfant qui ne disait pas un mot – c'était son premier contrôle d'analyse d'enfant. C'était pour elle une discipline ascétique car je lui avais demandé, de son côté, de ne pas proférer une parole dans cette cure. Et l'enfant s'est guéri ainsi ; sans jamais rien dire lui-même. Il venait régulièrement à l'heure, apportant toujours son paiement symbolique. Or, une fois, les quarante minutes de la séance étant écoulées, il a dit : « Déjà ? » tant il s'était passé de choses en lui. En contrôle, l'analyste apporte du matériel à travailler ; celle-ci ne m'apportait que sa déception. Je lui expliquais que l'enfant était en traitement, même si ni elle ni moi n'y comprenions rien. Les petits détails, comme ce « déjà ? », prouvaient cependant à quel point le travail se faisait en lui. Cet enfant vivait ses pulsions passives chez son analyste. Il avait perdu sa mère à trois ans. Élevé par sa grand-mère maternelle, son père s'étant remarié, il avait eu, à l'école, des problèmes au frein de la langue, et ne pouvait plus entrer en contact avec personne. Il était dominé par ses pulsions passives, tout comme Christian qui, par culpabilité d'avoir raté son coup, a dessiné la « patate ». Christian a raté son coup, c'est-à-dire qu'il l'a malheureusement réussi, puisqu'il a fait mourir son père, par l'effet de sa pensée magique. L'enfant a besoin de désirer la mort, mais sans qu'elle arrive réellement. Sinon, c'est pour lui un traumatisme, car il se trouve placé devant un : « Tu as le droit de satisfaire ton désir incestueux. » Dans le cas de l'enfant dont je viens de vous parler, c'était : « Tu as le droit d'être la femme de papa. »

Car l'enfant est encore ambigu dans ses choix, dans les débuts de l'Œdipe ; de même, il est fragile, face à la réalisation de ses désirs, qu'ils soient homosexuels ou hétérosexuels. Je crois que c'est à cause de cette culpabilité que Christian vous a apporté la « patate », et le *bleu* (couleur préférée des petites filles avant l'Œdipe). Car il a écrit « patate » en vert, mais il l'a dessinée en bleu. Ce que vous avez dit sur le sens de l'expression « faire patate », au Québec, est évidemment très éclairant par ailleurs. Il a écrit « trois ans » en violet, c'est-à-dire qu'il a probablement représenté, par l'indistinction de cette couleur, l'époque précédant la sexuation et l'Œdipe. « Cent ans » doit s'entendre, dans son dessin, aussi bien comme « sentant » que comme « cent années » [1]. Serait-ce l'âge du grand-père paternel aujourd'hui ? Nous ne le savons pas. Le thérapeute doit associer, s'il le peut : comme il ne disait rien, vous ne pouviez pas le faire. Du coup, c'est vous qui vous représentez par ces « Oh là là ! ». Car, en ponctuant ainsi le dessin qu'il fait de son escargot, vous lui signifiez qu'il a raté son coup.

La marguerite, avec un visage complètement ravi dans le cœur rouge entouré de bleu, est le représentant de son narcissisme. On voit que son narcissisme était initialement très positif ; Christian était probablement adoré de toute la famille, comme l'enfant unique de tant de grandes personnes. Il est important de savoir comment un enfant comprenait la mort, avant même que son père meure. Lorsqu'il s'agit d'une mort subite, le père passe d'une vie de relations pleines à l'état absolu de chose. Mais il se peut que la mère de Christian n'ait pas voulu vous parler de la mort de son mari, en raison de sa décrépitude progressive, qu'elle n'aurait pas supportée. Pour un enfant, voir son père diminué implique que celui-ci meure, alors qu'il est le soutien des pulsions actives. Je pense que Christian freine ses pulsions actives, car ce sont elles qui, pour lui, ont fait mourir son père. Si le père a décliné de façon spectaculaire, il a cessé d'être pour l'enfant le représentant des pulsions phalliques actives.

1. Ou « sans temps » (donc sans moi).

Or, dans le couple bicéphale, la mère représente les pulsions passives aussi puissamment que le père les pulsions actives. Je vous le répète, cet enfant est dominé par d'énormes pulsions passives.

P. : *Pourquoi la mère a-t-elle attendu si longtemps pour l'amener en thérapie ? Son mari était un universitaire ; je le suis également. Il y a sans doute recoupement...*

F. D. : Recoupement dans le sens où l'enfant aurait trouvé un substitut paternel en vous ? Cela ne tient pas debout. Car un auxiliaire masculin, c'est un éducateur, non un thérapeute. Quant au psychanalyste, il est indifférent qu'il soit d'un sexe ou de l'autre, sauf – je fais une restriction – quand il a affaire à du « puceau-pucelle en chaleur », c'est-à-dire lorsque le corps de l'adolescent est sexué, mais le sujet pas encore. Car si la puissance de ses freins était ajustée à celle de sa machine, le sujet n'aurait pas besoin de psychanalyse ! Tout d'un coup, il y a une poussée génitale chez un être humain qui est encore enfant dans sa manière de comprendre le monde ; il se trouve en danger avec un psychothérapeute de l'autre sexe. Cette situation peut faire flamber le désir du corps et replonger artificiellement l'adolescent dans l'hétérosexualité précédant l'Œdipe. Alors que le transfert doit permettre d'étudier autant l'homosexualité que l'hétérosexualité du sujet. C'est pourquoi, si le psychanalyste est du même sexe que l'adolescent, il est d'emblée pour celui-ci un aîné, travaillant, sachant sublimer ses pulsions, quelles qu'elles soient ; il est reconnu par la société comme un auxiliaire possible pour cet adolescent. De ce fait le thérapeute ne fait pas flamber la sexuation génitale ; il ne reste alors, tout au plus, que des questions de séduction, qu'il faut, bien sûr, analyser.

Ce cas m'a beaucoup intéressée. Il aurait fallu attendre, cependant, que l'enfant vous parle lui-même de ses dessins, et que ce soit lui qui entre en relation avec vous. Je ne trouve pas que vous ayez fait de grosses erreurs, sauf le jour de sa méprise, à la sortie de l'ascenseur. Il aurait fallu lui dire, à ce moment-là : « J'ai vu que tu sortais de l'ascenseur avec un grand sourire, et tout d'un coup, à cause de moi [car c'était à cause de vous], tu t'es trouvé embarrassé. » Comme ce qui s'est passé à la mort de son père. C'est pourquoi il ne voulait pas vous revoir.

***

P. : *Je vais vous présenter un cas que je suis, moi aussi, à travers le dessin : celui d'un garçon que j'ai vu pendant deux ans, jusqu'à ce qu'il demande lui-même l'interruption du traitement. Il a maintenant onze ans.*

Je lui ai demandé l'autorisation de parler ici de lui et de ce que nous avons vécu ensemble. Il a accepté, en me demandant, lorsque je lui ai expliqué le principe du secret professionnel, s'il pouvait choisir lui-même le nom sous lequel il serait représenté. Il m'a dit : « Je voudrais m'appeler " Kent Clark ". » C'est pourquoi je vais vous parler de Kent.

La mère de Kent s'est adressée au Centre de services sociaux où je suis consultante, se plaignant de l'agressivité de son fils. Un premier contact avec une travailleuse sociale révèle que Kent présente d'autres difficultés ; il se dit malheureux d'être un garçon, s'habille avec les vêtements de sa mère ou de sa sœur, et souffre du rejet de ses camarades d'école. La première entrevue avec la mère m'apporte les données suivantes : les parents se sont séparés alors que Kent avait deux ans. La mère est restée seule avec les deux enfants, Kent et sa sœur, d'un an plus jeune que lui. La mère a dû se remettre au travail. Le père a gardé des contacts avec les enfants, mais peu fréquents et irréguliers. Kent se plaint de ne pas pouvoir se fier à son père. La mère le décrit comme agressif envers elle et sa sœur, ne tolérant aucun refus. Il lui arrive d'écrire des lettres d'amour à sa mère, et d'en laisser traîner d'autres, adressées à son père, dans lesquelles il se plaint des mauvais traitements que sa mère lui infligerait. Il veut être une fille et affirme qu'à dix-huit ans il se fera opérer pour le devenir. Il se pavane dans les vêtements de sa mère ou de sa sœur, prenant des poses féminines. On se moque de lui à l'école et dans le voisinage. Sa mère dit qu'il a un sommeil agité et qu'il veut se coucher toutes les nuits avec elle. De plus, Kent renie le nom de son père et voudrait porter celui de sa mère. Il la questionne souvent sur son divorce, lui demandant pourquoi elle ne se remarie pas.

Elle me dit que Kent est malheureux et qu'il a besoin d'elle. Je lui demande de dire à l'enfant que, s'il le désire, je le rencontrerai.

F. D. : Le patronyme du père est-il un prénom ? Ou bien signifie-t-il quelque chose de péjoratif pour l'enfant ?

P. : *Ni l'un ni l'autre. Le lendemain, un appel de la mère me confirme que Kent accepte de me rencontrer. En raison de la distance et des difficultés de transport, je me rends à l'école pour rencontrer l'enfant ; je lui dis que sa mère est d'accord pour qu'il me voie et que nous essayions ensemble de comprendre ses difficultés. Il me répond immédiatement : « Je vais te dessiner ce qui me fait de la peine. » Il fait alors ce premier dessin que voici, en m'expliquant qu'une fille à l'école se moque de lui parce qu'il a les dents jaunes. Il me dit que c'est à cause de la pâte dentifrice qu'il utilisait quand il était petit, qui contenait sûrement quelque chose de mauvais. Il a les dents tachées ; son père lui-même se moque de lui à cause de ça. Je lui dis qu'il pense peut-être que sa mère n'a pas tout fait pour bien l'aimer, et qu'il se demande si je vais pouvoir l'aider quand il se sentira taché dans son cœur. Il enchaîne immédiatement sur un rêve : sa mère le chasse de la maison. Je lui demande alors s'il connaît les raisons du départ de son père. Il me répond que c'est parce que son père et sa mère n'aimaient pas les mêmes émissions de télé. Je lui dis qu'il craint peut-être que sa mère ne le chasse, comme elle a chassé son père, puisqu'il est lui-même très différent d'elle ; cela, il le nie. Puis il déclare qu'il va me dessiner une autre chose qui le rend triste : la nuit, il pense à sa grand-mère maternelle ; si elle mourait, il n'aurait plus le goût de vivre. Cette grand-mère s'occupe beaucoup de lui ; elle lui donne des petits travaux à faire... Kent est très triste en évoquant tout cela. A la fin de cette première rencontre, il me dit, en partant, qu'il déteste se faire garder ; surtout le jeudi ; sa mère travaillant tard le soir, il doit dormir chez la gardienne.*

Je voudrais vous livrer les hypothèses qui me sont venues après deux rencontres avec Kent. La première, c'est que le divorce des parents vient compliquer pour lui la résolution de l'Œdipe et le processus d'identification masculine. Dès le début de l'entrevue, il se place en position triangulaire, en me montrant les fantasmes qui l'habitent. Ce qu'il a reçu de sa mère est mauvais, et il ne peut être reconnu par son père comme le fils dont celui-ci serait fier. Je me suis interrogée, par ailleurs, sur la signification des dents tachées ; la tache serait-elle la punition de son agressivité orale ? Kent, en effet, se pose en victime, dans une attitude passive : il tient à nier l'existence de son pénis, en demandant que l'autre la nie également ; en même temps, il fantasme son pénis comme démesurément grand, à la mesure de ses désirs œdipiens, comme on peut le voir sur son second dessin : on voit que la clôture arrive à la hauteur du pénis ; mais elle peut aussi bien servir de substitut au pénis qu'elle cache en s'y superposant. Le rêve qu'il m'a raconté exprimerait-il sa crainte que ses désirs soient rejetés par sa mère, comme l'ont été ceux de son père ; ou bien s'agit-il du désir d'être rejeté par elle, pour être ainsi aidé à contrôler la force de ses désirs ?

Je commence la thérapie sur ces interrogations, au rythme d'une rencontre de quarante-cinq minutes par semaine. J'ai identifié quatre phases dans ce traitement. Pendant la première, Kent exprime son sentiment d'être responsable de l'éclatement familial ; il croit que son père est parti à cause de ses désirs œdipiens, qu'il ressent comme mauvais. De nombreux fantasmes d'attaque sadique envers la mère se retrouvent dans ses dessins ; fantasmes où il est à la fois agresseur et victime. Voici les dessins. Il dessine souvent ce maniaque, ici, dans le petit carré noir, qui kidnappe des femmes et leur fait subir de mauvais traitements ; il les jette dans le feu, puis les fait dévorer par les crocodiles ; à gauche, on voit des squelettes de femmes qui ont déjà été tuées. Puis viennent deux dessins relatant une seule histoire en trois épisodes : un maniaque poursuit des femmes qu'il identifie à Monique, une personne avec qui je travaille (à l'extrême droite), à France, la travailleuse sociale qui a rencontré sa mère ; lui-même est dans mes bras, en haut du dessin, ce qui me fait dire qu'il est à la fois victime et agresseur, puisqu'il se retrouvera tout seul lorsque j'aurai été tuée.

F. D. : Il est voyeur de la scène.

P. : *Derrière ses pulsions œdipiennes apparaissent des pulsions orales très actives, qui s'expriment à travers les thèmes de vampirisme vécus dans le transfert. Kent dira par exemple : « Je suis Dracula, et j'aimerais bien te faire une bonne morsure dans le cou. »*

F. D. : Sur ce dessin, le rôle de France est énorme. Quelle est l'histoire entre France et la mère ? Est-ce France qui est masculine ?

P. : *Dans le centre où je travaille, tous les enfants sont admis par le biais d'une travailleuse sociale. C'était France qui, à ce moment-là, était en contact avec la mère qui demandait le placement de l'enfant.*

F. D. : Quel âge avait Kent alors ?

P. : *Quelques mois de moins qu'à notre première entrevue. C'est la conversation qu'elle a eue avec France qui a amené la mère à changer d'idée et à demander que je voie son fils. France s'est pratiquement retirée de la situation et ne voit plus la mère qu'occasionnellement, une fois ou deux tous les trois mois.*

F. D. : Kent ressent, en tout cas, cette travailleuse sociale comme très négative ; il perçoit que le placement eût été meilleur pour lui. Or, c'est elle qui a empêché qu'il puisse devenir homme en étant séparé de sa mère. C'est la sorcière épouvantable qui a enclavé toute son agressivité. C'est une occasion de plus de se convaincre qu'il ne faut pas céder à des idées toutes faites, du type : « un enfant ne doit pas être séparé de sa mère » ; au contraire, cette séparation est positive quand il n'y a pas de quoi vivre avec une mère dépressive, empêchant les pulsions de l'enfant de se vivre et d'être sublimées. Au lieu de devenir homme, cet enfant est resté agressif envers sa mère, poussé à transgresser le tabou de l'anal par le nuire-détruire ; comme la dépression de sa mère lui rendait impossible de la lâcher, il s'est retourné contre elle. Le placement était vraiment la solution. Voyez, à gauche de son dessin, l'énorme épée phallique qui sort du ventre de cette femme, ou qui lui rentre dedans – c'est soit l'un, soit l'autre. C'est une sorcière, elle a une jambe de bois ; elle est phallique, avec cette tête de diable.

Pourquoi pensez-vous que ses dents jaunes signifient une punition du désir de devenir homme comme papa ?

P. : *C'est ainsi que j'ai compris son désir d'interrompre le traitement.*

F. D. : Ce cas est intéressant en ce qu'il permet de comprendre la fonction de l'agressivité non intégrée, mais heureusement présente chez un enfant. Un enfant très agressif est moins en danger qu'un enfant très passif. Cependant, la psychothérapie d'un enfant très agressif n'est pas facile. L'éventualité de l'inceste scie le sexe du garçon. C'est pour se défendre de l'inceste qu'il est agressif ; pour être frère ou sœur de sa mère, quand il n'a pas le tabou du cannibalisme. Kent souffrait d'avoir les dents jaunes, et de ne pas voir suffisamment souvent sa grand-mère maternelle. Mais il ne comprenait pas pourquoi il voulait être femme ; or, ou il prenait la place de sa grand-mère, ou il était la fille ou le fils de sa grand-mère ; pourvu qu'il fût avec elle.

P. : *Il m'a parlé de sa grand-mère, de temps en temps ; puis, un jour, il m'a déclaré : « C'est la seule personne qui me considère comme un garçon. »*

F. D. : Voilà, c'est ça.

P. : *Dans la seconde phase de la cure, les thèmes se transforment peu à peu. Kent s'interroge sur les différences sexuelles, et l'on voit dans ses dessins que certaines parties du corps, notamment les yeux, sont sexuées. Kent a de très beaux yeux, et se l'entend dire par beaucoup de gens. Cela le fâche car, dit-il, ce sont les filles auxquelles on parle de leurs beaux yeux. Il s'interroge aussi sur la possibilité de vivre avec sa mère autre chose qu'une relation dangereuse, et tente de maîtriser sa crainte d'être détruit par elle. Ce qui me fait dire cela, c'est qu'en haut de ce dessin il y a une mère, donnant des bonbons à l'enfant qui a les dents cariées ; en bas, la mère donne à l'enfant des fruits et des légumes ; celui-ci a de belles dents.*

F. D. : Les dents jaunes chez les enfants viennent aussi de certains antibiotiques, administrés précocement. Il faudrait que vous sachiez si c'est son cas.

P. : *J'ai pensé à cela à cause de son association sur la pâte dentifrice qui blanchit les dents, contenant quelque chose de mauvais.*

F. D. : Le « pour-faire-beau » a fait laid. Peut-être. Mais je ne sais pas pourquoi vous l'avez associé, vous, à ce qui vient de la mère. La pâte dentifrice ne vient pas de la mère, elle vient du commerce. La mère a suscité en lui une telle force, pour qu'il ait tenté ainsi de la remonter de sa dépression, qu'il n'avait plus de frein contre ses pulsions, plus de ressort pour s'humaniser. Car, vous le savez, une mère dépressive a besoin d'un enfant agressif. C'est un *besoin,* ce n'est pas un désir. Et l'enfant, lui, érotise son agressivité, de sorte que toute personne qui s'interpose entre sa mère et lui impose à ses pulsions une tension pénible. Cet enfant serait soulagé d'être séparé de sa mère, même s'il devait en souffrir sur le moment. Il retrouverait son équilibre ; il est vrai que sa mère serait encore plus dépressive.

Dans cet autre dessin, il apporte toute son agressivité première : dans ce nuage, avec le feu en bas, le feu du désir. Face à sa mère, il ne pouvait que chercher à être femme, pour ne pas être en danger d'inceste : être une amie de sa mère. Être travesti, pour lui, c'est être viril sur le mode anal, oral, mais non au sens génital, puisqu'il voudrait se rendre fille ; viril n'a pas ici un sens sexué ; cela signifie seulement pour lui être complémentaire de sa mère. Puisque le père ne « complémente » pas la mère, il manque à Kent une image masculine pour la complémenter. Faire comme le père, ce serait s'en aller. Quitter la place. Être placé.

P. : *Dans les dessins suivants, j'avais vu une tentative de la part de Kent de maîtriser quelque chose : c'est encore une histoire à plusieurs séquences, qu'il intitule « Les meurtres à New York » ; trois dessins figurent trois meurtres différents. Avant de commencer, il m'a dit : « Je vais mettre un indice sur chacun des dessins et tu vas devoir deviner qui est le meurtrier. »*

F. D. : Que vous en a-t-il dit, lui ?

P. : *Le premier meurtre est celui d'une femme dans son bureau. La seconde femme est la rivale de la première, dans une histoire triangulaire où l'une est la maîtresse du mari de l'autre.*

F. D. : Le revolver est à gauche de la personne qui a la jambe bleue ; c'est-à-dire que celle qui porte une arme est un personnage féminin. A droite, celui qui tient un couteau a assassiné le poussin. Cela ressemble beaucoup à une histoire d'avortement.

P. : *Le troisième meurtre est celui d'une femme qui a été coupée en morceaux à coups de hache.*

F. D. : Cet enfant n'aurait-il pas passé de tests ? Avez-vous ici le Binet-Simon ? A la question : « On a trouvé une femme coupée en dix-huit morceaux ; on pense que c'est un suicide. Qu'y a-t-il d'incongru à cela ? », certains enfants répondent : « C'est dix-huit kilos et pas dix-huit morceaux », parce qu'ils croient tellement à ce que disent les grandes personnes qu'ils corrigent seulement un détail. *(Rires.)*

P. : *Voici le dernier dessin de la série : quatre suspects parmi lesquels il me demande de trouver le coupable. On retrouve les personnages en bleu, qui figurent sur d'autres dessins. Mais je trouve étonnant qu'il n'y ait pas de rouge.*

F. D. : Sur le dessin précédent, on dirait que c'est une partie seulement du meurtrier qui tue, comme s'il s'agissait d'un objet partiel du sujet, s'agressant lui-même. Sur celui-ci, c'est l'organe mâle du personnage en train de dire « bravo ! » qui tue. De plus, cet organe est rouge. Le personnage qu'il a nommé « Sylvie » (s'il vit) est en bleu. C'est donc qu'il ne peut pas intégrer sa virilité, parce qu'il est vu comme un enfant neutre par sa mère. Il est possible aussi que cela vienne de la naissance de sa petite sœur, quand il avait un an ; cela pourrait être la cause de cette identification à une fille. Il n'a pas reçu d'explication sur cette naissance, mais il a pu conclure ultérieurement que le père était parti, précisément, parce qu'il avait eu une fille.

P. : *Il va aborder ensuite ses fantasmes relatifs aux relations sexuelles et à ses craintes que des blessures s'ensuivent, pour l'homme comme pour la femme, et pour lui-même. Ici il dessine un grand accident, et il me raconte que l'auto du milieu était stationnée derrière un camion, et qu'un autre camion l'a tamponnée par l'arrière, la poussant dans celui de devant ; tout a pris feu. Dans l'auto, il y avait deux femmes, l'une qui conduisait, et une autre qui est sortie par la fenêtre, et qui est tombée ; les deux sont mortes ; tout a sauté.*

F. D. : Les roues ressemblent à des œufs... des œufs abîmés.

P. : *Je me rappelle maintenant que la travailleuse sociale m'a dit que l'agressivité de l'enfant avait beaucoup diminué récemment, et qu'il semblait craindre moins sa mère. Au cours de la première phase, il m'avait avoué avoir mis le feu dans un chalet, non loin de chez lui ; il n'en avait jamais parlé à personne. Il m'a demandé ensuite de le dire à sa mère. Je lui ai répondu que c'était à lui de le faire, s'il le désirait. De longs mois se sont passés jusqu'à ce qu'un matin il se lève et dise à sa mère, pendant le petit déjeuner : « Tu sais, le chalet, c'est moi qui y ai mis le feu. » Voici le dessin correspondant.*

F. D. : Que s'est-il passé réellement dans cet accident ?

P. : *Il m'a expliqué qu'il s'amusait avec des allumettes qui lui ont échappé par accident ; il est allé avertir lui-même les pompiers. La première fois qu'il m'en avait parlé, il avait seulement insisté sur le fait que c'était lui qui avait appelé les pompiers ; c'est plus tard qu'il m'a avoué avoir provoqué l'incendie.*

F. D. : Le signifiant « chalet » entre-t-il en jeu ? « Chat-laid ». Ici, appelle-t-on le sexe féminin « chatte » ?

P. : *Pas au Québec.*

F. D. : On dit « mon petit chat » aux bébés. Combien d'enfants petits entendant pleurer un nouveau-né croient que c'est un chat qui miaule, tant qu'ils ne l'ont pas encore vu. Un nouveau-né est assez effrayant pour un enfant ; il s'attend à trouver un camarade, et il est très surpris de voir un être si impuissant. La stupéfaction ne disparaît que lorsqu'on lui dit que lui-même est passé par là.

Demandez-lui pourquoi il n'aimait pas ce chalet ; pourquoi il voulait le faire flamber. A qui appartenait ce chalet ? C'est important. Comment la mère a-t-elle réagi en apprenant cela ?

P. : *Elle a fait une scène terrible ; elle a téléphoné au centre, affolée, en disant que son fils devenait délinquant et qu'il fallait faire quelque chose.*

F. D. : On voit Kent, sur le dessin, tenant l'allumette, comme s'il voulait faire flamber la première image. On dirait que le second personnage que l'on voit ici n'est pas le même que le premier. C'est une particularité du dessin des enfants orphelins d'un parent. Un orphelin fait une première ébauche d'un visage, puis il dit qu'elle est ratée et il en fait un autre, à moitié, là encore.

P. : *Habituellement, il a beaucoup de facilité à dessiner ; ça lui vient tout seul. Au contraire, avec ce dessin, il a eu beaucoup de mal, effaçant et recommençant. Il a dit : « Je veux faire un garçon, mais je n'en suis pas capable. »*

F. D. : A quel moment a-t-il avoué avoir allumé l'incendie ?

P. : *Avant de faire ce dessin.*

F. D. : Le garçon tient une allumette qui est comme un pénis enflammé.

P. : *Je dis que c'est avant, mais c'est en fait à peu près en même temps.*

F. D. : C'est un moment important, parce qu'il a assumé le passé, ce que sa mère n'a pas fait. Alors qu'il entre dans la phase dominée par le tabou de nuire, consécutif à la castration anale et urétrale, c'est à ce moment-là que sa mère le croit délinquant ; au moment précisément où il ne l'est plus. En reconnaissant qu'il était l'auteur de l'incendie, il a montré qu'il faisait la différence entre le sentiment de la responsabilité et un agir du passé qu'il désavoue présentement. Ce qu'il représente dans son dessin est un fantasme. Il distingue entre fantasme et agir. Au thérapeute de ne pas confondre littérature et délinquance.

Il y a un verso à ce dessin : toute cette société en flammes ; ce suppliant, ici, au milieu de toutes ces bonnes sœurs dans l'enfer, c'est lui, Kent, vu du côté où, comme il le dit, il ne peut pas « faire un garçon ». Excepté le garçon, il n'y a que des femmes dans le feu. C'est pourquoi ce dessin est très important par rapport à ce qu'il a assumé par son aveu ; puisqu'il s'est représenté ici comme l'homme qui fait flamber les femmes.

P. : *C'est dans la troisième phase de la thérapie qu'il aborde la question de son désir d'être opéré, pour devenir la femme bio-ionique, personnage d'un feuilleton de télévision. J'ai tiré de ce fantasme deux éléments importants : d'abord, une identification à la femme blessée qui devient invulnérable, après avoir subi une opération à la suite d'un accident. Ce personnage devient ainsi une super-femme invincible. J'y ai vu également une identification à l'agresseur car, au cours d'une séance où Kent joue le rôle de la femme bio-ionique, il me regarde et dit : « Tu ne me fais pas peur. » Dans la même séance, il me dira aussi ne pas aimer son corps de garçon et être jaloux des femmes, qui peuvent avoir des bébés ; associant sur le fait qu'il a trouvé un petit chat qu'il a recueilli, nourri et réchauffé. Je lui donne l'interprétation suivante : son désir d'être femme et d'avoir des bébés exprime, en fait, son désir d'être ce bébé au chaud dans la mère.*

Dans les séances qui suivent apparaissent des fantasmes sur sa vie intra-utérine : il se voit heureux dans le giron maternel, mais surveillé et jalousé par un homme à l'extérieur. Il est donc question de l'éloignement du père. Sur le dessin que voici, il s'identifie à cette sorte de petit bouchon noir, en m'expliquant qu'il est entré par la bouche et ressorti par le vagin ; c'est lui qui a écrit « vagin » ici.

F. D. : Je vous arrête tout de suite, parce que je voudrais comprendre pourquoi, lorsqu'il a exprimé son désir d'être femme pour être génitalement puissant, vous lui avez donné une interprétation selon laquelle il voulait retourner dans sa mère. S'identifier à une femme ici, ça voulait dire pouvoir aimer un petit et en être responsable. Il vous dit ensuite que la fécondation est d'ordre oral ; c'est parce qu'il ne lui a pas été dit que les enfants sont aussi les enfants du père. Il n'a pas pu le représenter sur le dessin qui est au recto ; mais, au verso, il l'a bien dit, à travers un fantasme : il sait que c'est du désir que les femmes ont besoin ; du désir d'un homme : l'enfer [1]. Il ignore que c'est pour la fécondité que l'homme est nécessaire à la femme. Il croit qu'elle avale un objet oral qui sort par en bas, comme si la mère ne portait pas l'enfant du désir qu'elle a de l'homme. C'est ce qui ne lui a pas été dit : que la femme n'aurait pas d'enfants si l'homme ne les lui donnait pas. L'effet de la castration primaire pour le garçon, c'est d'accepter que les pulsions anales et orales ne le rendent pas fécond. Or, les enfants croient que les femmes ont des enfants caca magique ; fantasme qui apparaît très souvent, à la naissance du premier enfant, chez beaucoup de pères qui n'ont pas dépassé la castration primaire. La castration primaire pour la fille, c'est reconnaître qu'elle n'a pas de pénis ; mais elle est surcompensée par le fait qu'elle peut faire les bébés, elle. Il est extravagant d'ailleurs que les adultes disent « faire un bébé », car il ne s'agit pas de *faire,* mais de *concevoir :* « concevoir » réfère au père, tandis que « faire » évoque quelque chose qui semble ne provenir que de soi seul ; c'est le registre anal. Le jeune Kent en est là.

Faites très attention à l'importance de la castration primaire, elle ouvre le garçon à des fantasmes qui le virilisent, en lui faisant prendre conscience du rôle essentiel de l'homme dans la fécondité de la femme. Sa puissance est rétablie à ce moment-là. La fille est consolée de sa castration primaire, mais pas le garçon. Le drame se produit pour lui lorsqu'il ne peut plus uriner en érection. C'est à ce moment-là que les revolvers prennent une telle importance pour le garçon, les revolvers qui « jutent », justement. La fille, elle, a le fantasme du gros ventre, plein de caca magique, produit par de la nourriture magique. Beaucoup de filles imaginent que les enfants sont tout faits dans le ventre. Ce sont, pour elles, les

1. Les enfants perçoivent tous, intuitivement, que le besoin du corps n'est pas tout chez l'homme et chez la femme et que l'amour est en relation avec le désir plus qu'avec le besoin *(NdA).*

enfants imaginaires qu'elles ont, dans l'inconscient, avec le père, et même avec la mère ; des enfants homosexuels ou hétérosexuels, prégénitaux, pré-œdipiens. Lors de l'Œdipe, la fille dit que peu lui importe l'homme, elle veut des enfants. Il y a bien des mères pour lesquelles leur mari est juste le « fonctionnant » nécessaire à faire vivre des enfants antérogrades ; conçus dans leurs fantasmes d'enfance à elles, avec le grand-père, la grand-mère ou le père.

Dans ce dessin, Kent montre Méduse et dit : « Je suis sorti par son vagin, et j'étais entré par sa bouche. » Il a la croyance que sa mère a avalé un champignon noir (« noir » qui peut signifier soûl). Peut-être le père l'a-t-il conçu dans un rut d'ivresse? Ce champignon, il l'a appelé *python.* Python, c'est « ton pis », c'est le pénis-à-maman. Pas le phallus, le pénis. Il n'y a pas de phallus ici ; Kent est impuissant. Il est donc l'objet partiel, sorti du corps de la mère, sous l'eau, dans les eaux amniotiques.

Ici, il a écrit « Jupiterre ». Nous y sommes ! « Jus-pis-terre » ; c'est le moment où il ne pouvait plus pisser en érection. Dans ce mot, il a condensé l'histoire de l'érection qui ne prend pas sens. Il éclaire le drame de cette castration imaginaire du garçon, de ne pas pouvoir être père au même titre que la mère est mère ; de ne pouvoir être aussi puissant génitalement, génétiquement, que la mère. Être homme, c'est être un pauvre type par rapport à la mère toute-puissante. L'homme ne peut que « caramboler » agressivement. Voilà comment cet enfant se représente le rapport d'un homme et d'une femme ; puisqu'il a écrit en haut : *« JUPITERRE »*, et que le « PYTHON » noir c'est lui, entrant par la bouche (le vagin denté) de la mère, et sortant par le « VAGIN », mot qu'il a écrit en bas. C'est, aux deux sens du terme, une « conception » digestive, puisque, dans son dessin, la bouche et le tube digestif se terminent dans le vagin. Le vagin, c'est la pisse de la fille. C'est un enfant qui croit que c'est en excrémentant qu'on met ses petits au monde. Ce cas est très beau.

Il ne faut jamais oublier de retourner les dessins d'enfants, car l'on a souvent la clé dans ce qui est représenté au verso. Au verso de ce dessin, on compte fleurette. Il s'appelle « P'tit

Poil » et flirte avec « Marina ». En bas, « P'tit Poil » apporte un trèfle à trois feuilles à « Marina », ravie. Ils ne sont que des demi-corps, et prendre leur pied est tout ce qu'ils peuvent faire. Ce dessin est fantastique, au dos de l'histoire de « JUS-PISTER » ! Il a démarré sur ce fantasme, parce que vous lui avez interprété qu'il voulait rentrer dans sa mère. On peut dire que c'est heureux, que les hommes veuillent rentrer dans les femmes ! Mais par où ? Ce n'est pas « entrer tout entier », comme vous lui en avez donné l'image ; c'est entrer par le sexe. C'est ce que vous lui avez suggéré qui l'a fait partir dans ces fantasmes de carambolages de voitures, qui donnent la mort. Ici, il cherche comment donner la vie, et comment assumer son être-vivant, puisqu'il se représente comme issu d'une femme qui a accouché de lui digestivement, sans reconnaître le rôle du désir de l'homme dans la conception. Dans ce dessin, il dit bien le versant de l'amour, mais entre deux moitiés d'êtres. Leurs bras sont entiers mais le bas de leur corps est inachevé.

A cet endroit, il a écrit : « Je n'aime pas parler comme ça ; ça m'énerve. Le fun. » Ça veut dire quoi, le *fun ?*

P. : *Ça signifie : « c'est amusant ». Il répondait à ma question sur ce qui s'est passé entre la bouche et le vagin.*

F. D. : Il a écrit « le fun » en haut à gauche, montrant que c'est dans la tête que se passe le plaisir, pendant que Python est dans la bouche de la mère (Python, c'est lui) ; ça fait le manège dans le cœur de la mère, ça tourne ; et c'est ainsi qu'il a été conçu. A gauche, il a écrit : « Je n'aime pas parler comme ça », c'est-à-dire parler du plaisir et du manège (mais nous n'avons pas d'association sur ce qu'est, pour lui, le manège). Dans le manège, il a écrit « moi », et dessiné une espèce de petit phallus ; puis « *sa* m'énerve ». Et, à droite, il a écrit : « Ne me demande pas ça. Je me demande pourquoi mon père a divorcé. » Il ne se demande pas quel était le plaisir de sa mère, mais pourquoi son père a divorcé de sa mère. Il ne se pose pas de question sur ce qui se vit dans le corps de la mère, surtout pendant qu'elle est en train de le concevoir : car Python entre dans le corps de sa mère à ce moment-là, produisant le manège dans le cœur de celle-ci. Son corps est dans le cœur de la mère, puisqu'il se met dans cette petite maison. La seule chose qu'il puisse faire est du tam-tam, du cœur à cœur, dans le corps de sa mère.

P. : *Le dessin que voici, il l'a fait entre deux séances et, quand il me l'a tendu, il m'a dit : « Il n'est pas beau, hein ? » Et il a voulu le reprendre pour le déchirer. Je le lui ai arraché avant, en lui disant qu'on ne déchirait pas ça. Il est resté tout étonné, continuant à dire qu'il n'était pas beau.*

F. D. : Il n'a rien raconté sur tous ces serpents dans l'arbre ?

P. : *Non.*

F. D. : Ni sur le serpent qui monte dans le tronc de l'arbre ; ni sur cette espèce d'hippocampe ?

P. : *Non.*

F. D. : Vous ne lui avez pas demandé ce qu'il y trouvait de « pas beau » ? Alors pourquoi lui avoir déclaré qu'il ne fallait pas le déchirer ? Ce qui compte, c'est son avis, car il a sûrement raison, lui, de ne pas le trouver beau ; il faut seulement lui demander pourquoi.

P. : *Durant cette même période, il s'est mis à grossir et à surveiller son poids toutes les semaines. Jusqu'à une séance que je voudrais raconter intégralement. Il arrive en disant qu'il veut jouer au médecin. Il me donne le rôle du médecin et prend celui du patient. Il me dit qu'il souffle d'être curieux, et me demande si on en guérit. Je lui demande de m'expliquer ce qu'il veut dire par « curieux ». J'entre dans le jeu et je fais mine de rédiger son dossier pendant qu'il me parle. J'écris : « Le patient souffre d'être trop curieux. » Il me regarde faire, et il vient ajouter un E à son nom que j'avais inscrit en haut de la feuille. Je me montre surprise et lui demande, en le regardant : « Vous êtes un monsieur-*

madame ? » Il se plaint de maux de ventre. « Vous êtes curieux de savoir ce qui se passe dans votre ventre ? Parlez-m'en davantage. – Ça donne des coups dans le ventre ; et cela dure depuis environ sept mois. » Un autre médecin lui a dit qu'il était « enceinte », mais il ne le croit pas, car il n'a que dix-huit ans et n'a jamais couché avec personne ; sauf avec sa mère quand il avait cinq ans. Je lui propose de l'examiner pour voir de quoi il peut bien souffrir.

F. D. : En corrigeant son nom sur son dossier, il vous dit qu'il est femme. Il est donc une fille qui a couché avec sa mère. C'est que probablement la mère couchait avec la grand-mère maternelle. Il vous fait l'analyse de sa mère dans cette histoire-là. Donc, vous ne savez pas si vous avez affaire à votre patient, ou à quelqu'un qui fait l'analyse de la relation de sa mère à sa propre mère, antérieure à sa naissance à lui. La mère de Kent n'a pas couché avec un homme ; elle n'a couché qu'avec sa mère, quand elle avait cinq ans.

P. : *Il dit ensuite qu'il ne veut pas de radiographie. Il va se cacher, et il fait un dessin. Il revient, s'étend par terre et met le dessin sur son ventre en me disant : « Prends une photo. » Je fais semblant de prendre une photo, d'aller la développer ; puis je reviens et lui dis : « Effectivement, je pense que vous êtes enceinte. » Il est fâché et demande d'où ça vient. Il raconte qu'il est allé au cinéma ; un garçon était assis à côté de lui ; ils se sont parlé. Le garçon était malheureux, parce qu'il avait perdu sa mère dans l'incendie de leur maison. Le père a été blessé dans cet incendie. Il continue de me parler comme s'il était une fille, et me dit : « Je l'ai ramené chez moi et nous nous sommes couchés. Ne serait-ce pas lui qui m'aurait mis enceinte pendant mon sommeil ? » Il se lève, fait semblant de téléphoner au garçon en question et lui demande : « Est-ce toi qui as couché avec moi le soir du cinéma ? » Après une pause, il dit : « Salaud ! » et raccroche. Il revient vers moi et dit : « Je veux me faire avorter. » L'entrevue est presque terminée, il reste une ou deux minutes. Je lui dis : « Écoutez, monsieur-madame, un avortement est une affaire sérieuse qu'on ne décide pas comme ça. Je vous donne un rendez-vous pour la semaine prochaine, et nous en reparlerons. »*

F. D. : Vous vous êtes bien débrouillée, à la fin, grâce à ce « monsieur-madame ». Car, on le voit bien, le problème de l'avortement est apparu dès le début, dans ses premiers dessins.

P. : *D'ailleurs, il a conclu la séance en disant : « Si c'est un garçon, je vais peut-être le garder. »*

Or, après cette séance, il s'est passé un événement qui a bouleversé beaucoup de choses, pour moi davantage que pour lui : une grève s'est déclenchée à l'école où je le rencontrais, ainsi je n'ai pas eu de séance avec lui pendant cinq semaines. J'ai eu le sentiment que la relation s'était beaucoup détériorée entre lui et moi et que rien ne marchait plus. Mais j'ai compris récemment que c'était moi qui avais très mal vécu cette rupture, car je me sentais responsable de l'avoir laissé tomber.

F. D. : Cette interruption s'est peut-être trouvée en résonance pour lui avec le moment où il a été lâché par sa mère, quand sa petite sœur est née. De toute façon, vous auriez pu lui écrire que cette interruption était due à la grève, et lui dire qu'il pouvait vous envoyer des dessins. Il m'est arrivé, à Trousseau, de travailler ainsi avec des enfants qui n'avaient pas besoin de *me rencontrer,* mais de *me dire ce qu'ils avaient à dire.* Je donnais parfois une interprétation, sous la forme d'une question, dans un petit mot sous enveloppe, que la surveillante transmettait aux enfants quand ils revenaient. Quand je sentais qu'ils voulaient vraiment me voir, je demandais à la maîtresse de les laisser venir – car ils n'avaient pas le droit de sortir de l'école aux heures de classe. Je les voyais donc toutes les cinq ou six semaines. Et les enfants allaient ainsi au bout de leur traitement, le transfert étant soutenu. Car il faut soutenir le transfert.

X. : *J'ai une remarque à faire au sujet du pseudonyme que ce garçon a choisi, Kent Clark. C'est le nom inversé du double de Superman ; c'est-à-dire d'un personnage castré.*

F. D. : Cet enfant, en effet, ne demande pas mieux que de recevoir la castration. La castration est symboligène, elle permet la symbolisation des pulsions. Ce sont les pulsions urétrales et anales qui doivent être castrées pour que le sujet puisse atteindre au génital. La génitalité n'a rien à voir avec le rut, qui est le propre de l'animalité, non de la virilité. La virilité pour un père, géniteur, c'est d'adopter les enfants de la femme qu'il aime. Une femme porte en elle, depuis son enfance, des enfants imaginaires. Mais les enfants qu'elle aime sont ceux qu'elle a de l'homme qu'elle aime. De ces objets partiels que sont le sexe de l'homme et celui de la femme naissent des enfants, dans l'amour de deux êtres responsables de les avoir laissés venir dans le désir de leur cœur à cœur. Ce sont deux lignées qui se croisent dans l'amour d'un enfant. Il arrive qu'un enfant ne naisse pas du désir, mais seulement du besoin. Or, sans castration du désir, pas de symbolisation. C'est celui qui peut maîtriser son désir, et ne donner sa semence que dans l'amour, qui est un homme ; de même n'est pas femme celle qui se soumet comme un sac, mais celle qui désire un homme et veut lui donner une descendance.

X. : *Il est intéressant de voir que, à travers ce pseudonyme, cet enfant joue à être castré sans l'être.*

F. D. : Vous voulez dire « mutilé ». Car ce qu'on appelle la castration en psychanalyse n'est pas du tout la mutilation de l'organe, c'est l'interdit de satisfaire le désir dans le seul corps à corps ; c'est cet interdit qui va permettre au désir de se satisfaire par la parole, par l'amour, par la culture. La castration symboligène n'est pas une mutilation. La mutilation est la suppression dans le corps de la production des gonades. Lorsque l'on parle de castration, au sens de l'émasculation, il ne s'agit pas de la suppression du pénis, mais de celle des testicules. C'est la méprise qu'a commise Freud, dans le cas du petit Hans, méprise grâce à laquelle il a inauguré l'analyse d'enfants. Hans pensait que son pénis allait tomber ; et, en effet, le désir de la mère de Hans pour son mari est tombé à la naissance de la petite sœur. Le père souffrait de n'être plus bon qu'à rapporter de l'argent à la maison ; en cela, le petit Hans n'avait plus de père ; celui-ci n'était plus qu'un trésorier-payeur, écrasé de travail, alors que sa femme vivait avec le bébé et la bonne – trois femmes ensemble. Quant à Hans, il n'existait plus pour sa mère ; elle lui a menti, puisque, lorsqu'il lui a demandé : « As-tu un fait-pipi ? », elle lui a répondu : « Mais bien sûr ! » Bien sûr, elle avait de quoi faire pipi, mais elle n'avait pas *un* « fait-pipi ». Il demandait à sa mère : « As-tu un pénis ? », et elle a répondu : « Bien sûr, j'en ai un. » De ce moment, pour lui, les carottes étaient cuites du côté de la mère : puisqu'elle avait un pénis, elle n'avait ni besoin ni désir d'un homme. C'est la mutilation urétrale que Hans craignait, c'est-à-dire une opération que son corps aurait subie pour qu'il naisse fille – puisque, en effet, la mère préférait les filles.

Quant au père, il avait bien ce qu'il lui fallait, le pauvre homme, mais on ne le laissait pas s'en servir, puisque sa femme ne l'aimait plus. C'est du reste pourquoi le père, Freud et Hans sont allés d'un côté, tandis que la mère est restée avec sa fille et la bonne. Dans la névrose du petit Hans, c'est donc de la mutilation du pénis urétral qu'il s'agissait, et non de la castration œdipienne ; il n'y avait pas d'Œdipe en jeu. Hans entrait alors dans l'Œdipe, mais comme les parents n'étaient pas le support d'un amour génital l'un pour l'autre, il s'arrêtait à : « Si je n'avais pas de pénis, je serais mieux aimé par ma mère, car devenir comme mon père veut dire : être laissé tomber. » Être fier de son sexe de garçon n'est possible que si le père, dans la vie réelle de la famille, a sa place d'homme, désiré par la mère. De même pour la fille dans son rapport à la mère.

Pour qu'il y ait castration génitale, il faut qu'il y ait situation triangulaire de trois personnes : deux adultes et l'enfant désirant être à l'image de l'adulte de son propre sexe, ce dernier ayant une vie génitale *satisfaisante.* Pour qu'un enfant puisse intégrer l'Œdipe, il faut que cette condition soit réalisée dans sa famille, sinon il ne reçoit pas l'interdit de l'inceste, lequel se traduit par un : « Je ne ferai jamais aussi bien que papa fait avec maman. »

Liste des cas présentés par les participants

Chap. 1 — MONSIEUR A. : haine pour son second fils adoptif, Paul, onze ans, qui lui a volé une somme assez importante.

LOUIS : enfant énurétique. Son père, Dominique, asthmatique, a connu trois placements avant d'être adopté à trois ans. Couple parental insatisfait sexuellement.

Chap. 2 — SIMON et la « pupine » : saignements au pénis. Régression psychotique.

Chap. 5 — DEBORAH : avortement d'une jeune fille adoptée.

JANE : avortement d'une jeune fille mal entendante.

Chap. 6 — D. : jeune garçon pervers, au fusil à canon scié. Faire jouir sa mère en provoquant son sourire. Régression sur le plan du langage.

Chap. 9 — MERYL : jeune fille, en quelque sorte prostituée par sa mère. Reprend, grâce à une décision du tribunal, son enfant qu'elle avait donné en adoption.

ROBERT : procès pour un cas présumé d'homosexualité entre un beau-père et son fils, impliquant également les oncles (évaluation psychologique : tests de Rorschach, TAT).

Chap. 10 — CHRISTIAN : enfant mutique.

KENT CLARK (pseudonyme choisi par l'enfant) : refus de son sexe comme du nom de son père.

Liste des principaux cas et exemples cliniques de F. Dolto

Autres exemples

Index

INDEX

INDEX

Table

CET OUVRAGE A ÉTÉ COMPOSÉ ET ACHEVÉ D'IMPRIMER
PAR L'IMPRIMERIE FLOCH À MAYENNE
DÉPÔT LÉGAL : AVRIL 1987. N° 9605 (25159)